人鬼之间

沈醉回忆录

沈醉回忆录

一个军统特务的忏悔录

人鬼之间

沈醉 著

中国文史出版社

图书在版编目（CIP）数据

人鬼之间／沈醉著．—2版．—北京：
中国文史出版社，2009.6（2020.5 重印）
ISBN 978－7－5034－2402－1

Ⅰ．①人… Ⅱ．①沈… Ⅲ．沈醉（1913～1996）—回忆录
Ⅳ．K827＝7

中国版本图书馆 CIP 数据核字（2009）第 086921 号

责任编辑：胡福星

出版发行：**中国文史出版社**
社　　址：北京市海淀区西八里庄 69 号院　　邮编：100142
电　　话：010－81136606　81136602　81136603（**发行部**）
传　　真：010－81136655
印　　装：廊坊市海涛印刷有限公司
经　　销：全国新华书店
开　　本：787mm×1092mm　1/16
印　　张：20.25
字　　数：270 千字
版　　次：2010 年 1 月北京第 2 版
印　　次：2020 年 5 月第 7 次印刷
定　　价：52.00 元

目录

目录

目录

人鬼之间

沈醉回忆录

“花花公子”的晚节

一、洒脱的警备司令大人

二、“御点”特使入敌穴

三、热热闹闹清乡，群丑竞登场

四、不慎泄天机，唐生明身陷险境

五、唐特使穿针引线，众汉奸脚踏两只船

六、唐生明献“三策”，李士群命归黄泉

七、鸟尽弓藏，唐生明险遭暗算

八、一生享尽人间福，到老终能晚节全

沈醉回忆录

唐生明，号季澧，湖南省东安县人。系曾与蒋介石争夺过中国统治权的唐生智先生的弟弟，在旧社会被人称为“福将”。但更多的人却在背地里叫他“花花公子”，并公开说他是一位“哪里有福享就哪里去的人”。这是指在抗日战争中，他跑到南京去投汪逆精卫。直到解放后，我为他写了一篇《我奉蒋介石之命参加汪伪政权的经过》的文章，发表在全国政协《文史资料选辑》第40辑上，国内外许多人才知道，他去投靠汪逆，不是为了追求沦陷区的生活享受，而是奉命去搞“曲线救国”的。但谁也不会料到，他能一心一意跟着共产党，在新社会欢度晚年，保持了崇高的晚节。

我与唐生明相识50多年，做过他的朋友、部下、同事。我对他的情况，了解虽不全面，但在与他相识后的50年中的一些活动，还是知道一点，我写这篇东西，是为了对他的怀念，也是想澄清一些人对他的误解。

一、洒脱的警备司令大人

他被蒋介石痛骂一顿，说他太糊涂，不懂利害。他说他什么朋友都交，也不管什么主义不主义，只要是认为可交的朋友，便推心置腹，就是掉脑袋也不在乎。

1934年间，我在上海担任军统局上海特区法租界组组长，兼国民党淞沪警备司令部侦察大队行动组长。有一天，军统头子戴笠打电话要我去他在上海的枫林桥寓所吃午饭时，他给我介绍认识了唐生明。他再三叮嘱我：以后唐在上海有什么小麻烦事找我时，一定要尽全力去办。他还补充了一句：不会有什么大事找你，大事他会找杜月笙（当时上海帮会大头子），只有遇到一些小事时才会找你的。我当即把我的几处电话都告诉了他，他记在一个小手册上。他给我的印象，是很大方、随便。他与戴笠边吃饭边谈话，都是些吃、喝、玩、乐的事，没有一句话是涉及国

家大事与时局的。临分手时，他要我当晚到扬子舞厅去找他。戴笠听了马上代我拒绝了，他告诉唐生明说，我除非有工作上的需要，平时不会上舞厅去玩的。

从认识他后，他从南京到上海去玩时，除请我吃过两次饭外，也为了一些小事找过我几次。记得最清楚的，是有次他在一家理发店理发，一位修指甲的女的给他修完指甲后，他顺手在她脸上掐了一下，没想到那个女的不依不饶，说他有意调戏她。全理发店的人都围过来责备他，最后的解决办法是要他拿出500元来赔偿女的名誉损失。他答应了，说打电话让人送钱来，他们同意把他扣在一间理发员休息的小房内，等人送钱来。接到他让我马上带500元去赎人的电话时，我知道是有人在敲诈他，他绝不会缺钱用，因他身上带有支票随时可以取钱，我便带了两个组员，开了一部装有回声喇叭的小警车，直奔他约定我去的地方。在快到达理发店时，我把回声喇叭按了两下，才把车停在理发店门口。当时警车没有装现在用的闪光红灯而是用回声很刺耳的叫声，表示是警备车，因为那种声音是说明有紧急事件，所以全理发店和附近商店的人员都出来看。我带的两个组员又把上衣搁在手上，腰上露出一边一支手枪和手铐。当时，租界上的探警要领国民党上海市公安局发的枪照才能佩带手枪入华界，而淞沪警备司令部和公安局的警探也要领取英、法租界巡捕房发的枪照才能佩枪入租界。理发店的人一看到我和组员见到唐生明马上脱帽行礼时，都惊呆了。我故意问唐：钱带来了，做什么用？他把手一指，叫我问一个自称是理发店老板的人。那人一看这种势头，哪还敢要什么钱，连连鞠躬说："误会！误会！"他才高高兴兴和我们一道走了。

还有两次是他在吃饭时和服务员吵闹打了人，也是被人扣了起来，我带人去把他接回的。

由于我和他有过这些往来，1938年初，他以长沙警备副司令、代理司令的身份，与常德警备司令兼第二行政区专员兼区保安司令酆悌对调到了常德，我在军统局临澧特别训练班当教官，便去常德看望他。他邀我去他家吃饭时，他和夫人徐来，都提出要我到常德，当他警备司令部稽查处处长。我连连摇头说不行，因军统局的人事制度很严，不允许个人活动工作。他说这不是个人活动，而是工作需要。他调常德时，军统局遵照戴笠指示，选派了黄埔四期毕业、与唐生明是同

戴笠

班同学和湖南同乡的邓墨村，去当他的稽查处长。邓为人忠厚拘谨，害怕出事，因警备司令部的主要工作都是落在稽查处头上，邓便遇事都去向他请示。他是一个不爱管事的人，有空便打牌、跳舞，很少去司令部上班，所以不到一个月，就感到邓墨村太啰唆，而知道我在上海搞这项工作熟悉，所以希望我去。我还是认为邓墨村没有犯什么错误，没有理由调动他。但他和徐来以及徐来最要好的女友张素贞都一再向我表示，一定要向戴笠去说，把我调过去。不久，戴笠从武汉经常德去临澧特训班，他们三人都向戴笠提出调我去的事，戴也认为邓谨慎一点没有理由换他，便答应把我派去帮助他，任稽查处副处长。我去了不到两个月，唐还是把邓免职由我担任了处长。戴笠把邓调到江西去任省站站长。唐并要我兼任第二区保安司令部侦察组组长，有关常德及二区治安问题，便要我全部负责放手去办，不必遇事找他。

我到常德不久，就看到军统局派了几辆大卡车来，由军统局特务总队一个大队长拿了戴笠一封亲笔信给唐生明。他们先去找我，要我带那个大队长去见唐。原来是上次戴笠经过常德时，看到警备司令部特务连正在下操，他一眼便看中了这个连的士兵身材高大结实，而且一律佩带驳壳枪，便向唐提出，要唐把这个连的士兵、武器、装备等都送给军统局特务总队的武装大队，因军统局刚成立的特务总队（后改特务总团）三个武装大队还差几个中队没有成立，唐一口就答应了。所以戴笠回到重庆，便马上派人派车到常德来接运这个连。唐看到信后，立即把那个连的连排长找来，说他已把这个连送给了军统局，要他们通知全连官兵，加发一个月薪饷，回去料理一下家务私事，三天后便乘车去重庆。我一看他那么随便就把一个特务连送掉了，反而有点着急，因为这个连不但担任警备司令部和稽查处的门岗哨卫，而且城区有什么事，稽查处还得调这个连去镇压。我便问他：你把特务连送掉了，谁来担任城区的治安警卫等工作？他说："我不是要

他们三天后才动身，三天内我不就可以把区保安司令部指挥的保安团中抽调一个连来代替特务连的工作。”我这才恍然大悟，原来他早已胸有成竹，估计他自答应戴笠要走特务连后，便已在做准备。果然，第四天一早，他指挥的保安团第三团团长便带了一个连来接替了特务连的一切工作。

唐生明刚调到常德时还有点后悔，因为常德远不如长沙好玩，连吃饭的几家菜馆做出来最好的菜也感到不合口味。过不久，长沙大火，一夜之间全城化为瓦砾灰烬。在全国一片责难声中，张皇失措的那位全省负责人，只好把长沙警备司令酆悌、长沙警察局局长文重孚、保安团团长徐昆三个人抛出来当替罪羊，公开枪决，以平民愤，造成历史上一件“下令无罪，执行有罪”的“三颗人头万古冤”。我还清楚地记得，当这一消息传到常德那天，唐生明和夫人徐来、张素贞与我等正在参加常德商会举行的一次盛大宴会。唐一听连连拍着自己的脑袋，高兴地说：“我要不调到常德，这顿饭就吃不成了！”我也补充一句：“常德的菜虽比长沙的差一点，但却安全得多。”在座的人自然就这件事频频举杯为他祝贺，说他真是一位名不虚传的“福将”。

我当了稽查处长后，为了调整部署稽查处的工作，曾花了不少时间，把全城都跑遍。当我把稽查处新的工作布置情况向他去汇报时，他听完之后，突然提出我不了解的两个地方，叫我一定要派人经常去那里巡查。我很奇怪，他怎么会比我还清楚常德的地形？他便毫无顾忌地告诉我：多年前，他大哥当第八军军长，他当团长时，才20多岁，驻军在常德。他大哥对他管教很严，为了不让他晚上出去玩，就把自己睡的床拦在房门口，让他睡在里面，免得他跑出去。而这位风流惯了的弟弟等哥哥一睡熟，就从哥哥的床铺底下爬了出去，等天快亮时，又从床底下爬了回来。他的话刚说完，徐来就说：“现在你晚上要出去玩，我替你把房门打开，不必再从床底下爬出去了。”唐听了一阵大笑，连说：“现在有这么漂亮的标准美人做夫人，打我也打不出去了。”玩笑开过之后，唐便告诉我，他指出的那两处地方，过去是许多暗娼居住的，最易窝藏盗贼与不宄之徒，所以要特别加倍注意。

我和唐生明在一起工作近两年，他和我有一个很重要的口头约定：稽查处该办的事，我可以放手去办，即使杀人杀错了，他也愿为我负责，但若涉及共产党问题的案件时，不论大小，哪怕一个人，都一定要先去告诉他，决不准我随便处理。我说现在是国共合作了，共同抗日，我是知道不能随便抓和杀的。他便一本正经地认真告诉我说：军统可不管什么合作不合作，抗战刚开始，他就知道，军统在上海和武汉照样秘密抓共产党。他强调在他主管的地区内，决不允许发生这种事情。我便向他保证：在常德地区和第二行政区各县内，我一定照他的指示办，不随便抓共产党和与共产党有关的嫌疑分子。所以在那段时间内，这个地区中虽发现过个别共产党的有关进步活动，但由于唐有话在先，所以没有造成捕人或行凶等暴行。

我记得有过一件这样的事：有天我接到常德汽车站检查所所长的电话，说一早上唐司令官亲自开车带两名卫士到了检查站，坐也不坐一下，便站在检查站停车检查的公路上，不知道要做什么。我立即赶去，只见他军服整齐地站在停车受检的栏杆前，朝从长沙方向来的车张望。我跑过去问他有什么事？我可以代办，请他去检查站休息。他只摇摇手，叫我不要站在他身边，我便去和检查所的人谈话，都猜不出司令官来有什么事。不一会儿，从长沙方面开来一辆黑色小车，正准备停车受检。他上前一看，马上向车内的人敬了一个军礼之后，便把手一扬，叫检查人员把栏杆高举，让汽车通过。车内的人也没有下车，什么手续也没办，就向桃源方向驶去。唐生明也立即跳上车尾随着走了，我便打电话到桃源汽车检查所，说司令官陪送客人经桃源时，千万不能让停车，要随到随放行。打完电话，我就等在检查所，直等到唐开车回来，他便邀我去他家。坐下之后，我才问：“刚才是送谁走?”他狠狠地吸了两口烟才反问我：“你猜猜是送谁走?”我摇摇头，心想许多人都说他是直肠子存不住话，怎么今天却把这样一件事保密到这种程度。他见我没能猜出，才用得意的口吻说：“我刚才护送出境的是周恩来。”我立即问他：“是不是共产党副主席和政治部副部长?”他连连点头，我当时真有点惊异，一位共产党副主席兼军委会政治部副部长（当时周兼国民党军委会政治部上将副部长）打从我管辖的地区经过，我事前竟毫无所知，连登记一下都没有，我怎么向军统局交代？他看到我在思忖，也看出了我的心事，便告诉我，他是接到长沙朋友的电话，知道周

任共产党副主席兼国民政府军事委员会政治部副部长时的周恩来

恩来要从长沙乘车经常德、沅陵去重庆，所以亲自护送他出境，还打了电话给沅陵警备司令孙常钧，要他亲自负责护送出境。他说周是他在黄埔军校的老师，他还说他在共产党中有不少朋友，过去共产党在平江、浏阳搞武装活动时，缺少枪支弹药，他还送过一批，后来这些武器都被拖上了井冈山。当时有人把这件事向蒋介石告了密，他被蒋介石痛骂一顿，说他太糊涂，不懂利害。他说他什么朋友都交，也不管什么主义不主义，只要是认为可交的朋友，便推心置腹，就是掉脑袋也不在乎。我从他家中出来，立即用加急密电向戴笠和军统报告：说唐生明护送周恩来过境，事前不告诉我，还把他和共产党交朋友等说了一些。戴笠可能比我更知道唐的为人，没有给我回电，只有军统回电指示我："继续注意，随时电告。"

唐生明在用人方面真做到了疑人不用，用人不疑。在他手下工作的人，可以放手做事，他从不在小事上斤斤计较，当时一些爱抓权的主管官批公文时，往往详细具体地批上自己的意见，要部下去执行；有时则批交主管官拟具办法呈阅后再决定。而唐生明批公文时，往往只批两个字，如交参谋处办的则批"参办"，交稽查处办的批"稽办"，从不主动去查问批办的事办得如何。有时部下主动去找他汇报办理情况，他总是说："办好就行了！"由于他这样对人对事，他的左右亲信便钻这一空子，常常使他上当受骗。而最使得他代人受过而深感头痛的一件事，是常德警备司令部刚扩大为常桃（桃源）警备司令部时，按组织规定，可在桃源设立一代行司令部职权的办事处，原任桃源县县长刘某，因在县长任内，任意鱼肉人民，被人告发而撤职。他一听到要在桃源成立警备司令部办事处，认为这是一个大好机会，只要设法把办事处主任这个职务弄到手，不但可以狠狠报复一下过去告发他的人，还可以驾轻就熟，大捞一把。他便不惜花大本钱，在唐的左右大肆活动。唐听了他的副官处长吕某的话，居然同意让刘去当桃源办事处主任。我得知这一消息，马上赶去力争不可再让刘回桃源，即使要用他，也只能在第二行政专区内给他别的职务。唐听了很多人的话，说出过一次毛病的人不会再乱来，一定会小心谨慎工作。我再劝他也不听，最后还是发表了刘某为常桃警备司令部驻桃源办事处主任。这个主任有许多地方比县长的职权大得多，因为抗战时期是“军事第一”，警备司令部根据紧急治罪法，可以先斩后奏，有权先杀人。刘某上任后，除了用种种办法去惩治告发过他的人外，连他们的家属也不放过，直至发展到找借口乱杀人。有一次他实行先斩后奏，一次枪决了与他不和的六个人。六条人命毕竟不是小事，反动政府再包庇，也经不住死者家属到处去控告，连素不怕事的唐生明也感到有点麻烦。我力主马上把刘某扣押交军法处，自己先处理好、站稳脚跟。唐还在犹豫时，得过刘好处的人，马上把这一消息告诉了刘，他便携老婆连夜潜逃。我一听到这消息，只在电话中告诉了一下住在离城20多里的唐生明，要求让我马上去把他追回，以免唐代人受过无法交代，他同意了。我估计，他们一定逃往云南，因一可以出国去，二是云南在龙云统治下不能随便去抓人。我利用军统关系，很快找到了汽车先赶到贵阳，刘和他老婆一下车就被抓到了。唐总算松了一口气，让我把刘押解到长沙去归案，他也自请处分。

霍揆彰

当时在湖南负责的军政首要，大都和唐生智、唐生明兄弟有深厚交情，不少是唐生智旧部，对唐生明自请处分根本不当一回事，因为主犯刘某已逮捕归案了。不过当时驻在常德的二十集团军副总司令兼洞庭湖警备总司令霍揆彰，却早就想找碴子并掉常桃警备司令部。因霍是国民党中陈诚系统骨干，陈和戴笠是对头，霍认为唐与戴笠有关，特别对唐的生活作风不满，唐又不向他低头。看到桃源发生草菅

人命的事，唐自请处分竟没有一点表示，还是照样在常德花天酒地，他便通过陈诚等向湖南省负责人建议，既有洞庭湖警备总司令和二十四军在这一带驻防，常桃警备司令就没有存在的必要了。他们要求撤销常桃警备司令部，业务并入洞庭湖警备总司令部，常德治安留一个稽查处就可以了。这也是对唐的一种处分。这一建议很快得到批准。霍揆彰本想借此机会把稽查处抓过去，派他的人来当处长，结果由于各地的稽查处和警察局一贯是由军统人员担任，他无法抓到手，便将稽查处改为常德军警稽查处，仍由我任处长，不过要受洞庭湖警备总司令部的节制。

当我把这一情况向戴笠和军统汇报后，戴笠马上发来一急电让我转给唐生明，说有要事面商，希望接电后即去重庆。唐接到撤销常桃警备司令部命令后，正感到苦闷时，得到戴笠电报，便叫我复电，说他先回东安老家去看看母亲，紧跟着去重庆。结束工作全由副官处长吕某代为办理，他原来兼的第二区行政专员与区保安司令一年前就让给他的同乡前辈冯天柱了，所以结束工作很快就办理好了。

我把唐送走之后，霍揆彰表面上对我还客气，不久，我的几个部下因检查难民时强行没收一家上海难民的金条，我开始还不相信，他们竟敢如此大胆，只把他们扣押在稽查处办公室内，没有送到监狱。不料一夜之间，竟逃跑五个，只留一个有家眷在常德的没有跑。洞庭湖警备总司令部和军统局闻报，都派法官赶到常德进行调查、审讯未逃的一人，结果虽查出我未参与，但还是认为我管教部下不严，我便自请处分。戴笠决定调我去重庆，改派沅陵警备司令部稽查处长黄加持接替我的工作。

我到重庆见到戴笠后被他骂了一顿，他还听了许多不实的事，经我解释后，才没再骂下去。隔了几天，我到军统局去又见到了戴笠，他告诉我，唐生明已来渝，乃即往见。唐告诉我，他将有一项特殊重要任务，戴笠还准备好让我去充当他的助手。他这次谈得很含糊，我只大致上估计他将去沦陷区工作，而我告诉他，已决定让我去上饶第三战区编练处训练便衣混成队工作时，他说“任务是一样”，我听不懂他说这话的含义，也不好详细问他。

二、“御点”特使入敌穴

唐生智不同意弟弟去敌占区，戴笠亲自赶去说服他。唐生智讥讽戴笠说：“为了抗日要派兵去抗，为了挽救党国危亡，应当在战场上去拼，派人去当汉奸干什么呢？”戴笠很生气。

唐生明把徐来、张素贞暂时安顿在东安老家，自己一人先去重庆，戴笠陪他去见蒋介石，蒋当面指示，要他去南京、上海工作，说这是挽救民族危亡、战胜日军的一个重要策略，只有他才有条件完成。唐听了很高兴。因为这特殊任务当时真只有他具备这一条件：一是要有胆量；二是要有种种人际关系。否则不是去送死就是坐大牢。唐因他大哥的关系，过去与汪精卫有过往来，而与周佛海、叶蓬、褚民谊等汉奸头目都是要好的朋友。而且对他个人来说，生活上的享受比后方舒适得多，朋友们都知道他最爱吃、喝、玩、乐，若说他是受不了后方的苦而去上海、南京投敌，许多人是会相信的。当时他大哥唐生智却坚决反对。他认为：自己是很坚强的抗日将领，如果自己的弟弟去投敌，外人不知他是负有特殊任务，还以为自己同意弟弟去当汉奸，兴许还有过去不满他的人，以为是他派弟弟去和汪逆联系为自己谋出路，这将置他于何地？两兄弟为此事几乎吵了起来。唐生明一向是尊重大哥意见的，这次却没有听从他的劝告，而心甘情愿地忠实执行了蒋介石的命令。为了劝说唐生智不要阻拦唐生明去南京，戴笠亲自去拜访他。唐生智仍旧不同意让唐生明去，并说了许多讽刺戴笠的话。戴笠对这位国民党的老前辈无可奈何，只好请蒋介石亲自去做说服工作。蒋介石便给唐生智打了一个电话，要他以国家民族

唐生智

利益为重，唐生智才不得不勉强同意。临行前唐生明去辞行，恳求他写封信给汪精卫，因他两人过去关系很不错。唐生智一听气愤异常，指着唐生明的头说："你不顾一切，只图自己去享乐，还想把我也搭进去，别人如果拿我写给汪的信来攻击我，我如何自圆其说？你要去你就去吧！见到汪精卫等人也不准提到我，我决不会再和他们往来。"唐生明离开重庆飞往桂林，然后与徐来、张素贞一同飞往香港。

唐生明不是一般人，为了假戏真做，他的出走，还得由唐生智出面登报声明与唐生明脱离兄弟关系才行。当戴笠派军统局人事处处长李肖白去见唐生智，说等唐生明一到南京，南京敌伪广播电台和报刊发表这一消息时，重庆的报刊和广播电台也得立即发表一则他和唐生明脱离兄弟关系的消息。唐生智余怒未消地对李肖白说："一切都是由你们安排的，用不着找我商量，你们愿意怎么办就怎么办吧！"李肖白碰了一鼻子灰回来，戴笠又亲自赶去看他，说明这是为了抗日、为了党国等。据说，唐生智还是讽刺了戴笠几句，说："为了抗日要派兵去抗，为了挽救党国危亡，应当在战场上去拼，派人去当汉奸是干什么呢？"戴笠虽然很生气，但还得利用他这块老招牌，以达到假戏真做的目的。

当唐生明到达南京，南京国民党汉奸组织也有一个中央社，立即发布一篇新闻，标题是《唐生明将军来京参加和平运动》，内容如下：

> 国民政府改组还都以来，革命军人，谙识体治，深明大义者，纷纷来京报到，积极参加和平运动，顷悉唐生明将军业已来京。唐将军系唐生智之胞弟，毕业于黄埔军官学校，中日战争发生后，任长沙警备司令，长沙大火之前调任常桃警备司令以迄于今。因鉴于无底抗战之非计，乃毅然离去，不避艰难，间关来京。汪主席于赐见之余，至为欣慰，且深致嘉许，已决定提请中央政治会议，畀以军事委员会委员要席，俾得展其抱负云。

1940年10月4日，南京伪中央政治委员会举行会议时，汪逆精卫以伪中央政治委员会主席身份，交议了大批新任命人员名单。其中第十四项便是"拟特任唐生明为军事委员会委员"决议："通过，送国民政府任命。"

正在这时，重庆方面也于10月10日到19日连续在《中央日报》等大报上第一版最醒目的地方，用特大号字刊出《唐生智启事》。全文如下：

四弟生明，平日生活行为常多失检，虽告诫谆谆，而听之藐藐。不意近日突然离湘，潜赴南京，昨据敌人广播，已任伪组织军事委员会委员，殊深痛恨！除呈请政府免官严缉外，特此登报声明，从此脱离兄弟关系。此启。

紧接着，重庆国民党政府也对唐生明“叛国投敌”发出一通“通缉令”，这场假戏做得十分逼真。

唐生明在南京停留了一个短时期便回到了上海，因为他从香港到上海后，大汉奸叶蓬便把在法租界金神父路24号的一座花园洋房让给了他，周佛海还送他一辆漂亮的小汽车，这些正是他所追求的。

唐生明开始还不知道，不但汪精卫认为他是蒋介石派去准备以后汪蒋合作的代表人物，连日寇方面也曾研究过，蒋介石派这样一个人去是为了将来中日战争发展到一定阶段时，这人可以出面来谈和谈条件，是预派的“和谈代表”。所以他在上海不仅仅军统地下工作人员奉戴笠之命要保护他，连汪逆、日寇也要保护他。但他当时不了解，开始还是提心吊胆过日子，戴笠交给他的三个任务他一个也不敢执行，而是整天去吃喝玩乐，以避免敌伪的注意。

戴笠当面交给唐生明的任务：第一是要他运用过去与汉奸的关系掩护军统在沦陷地区的工作，并在他家中安置一部特工电台。第二是与汪伪组织中一些重要官员多接触，必要时可透露蒋介石能原谅他们，并关怀他们、理解他们投敌是不得已的……第三是要利用敌伪的力量，去消灭在江南的新四军和其他由中共领导的地方抗日武装部队。戴笠再三强调这项任务的重要性，并说看来最困难，但也最容易，因为日寇、汪逆都是反共的，同一目标，可以采取统一的和公开的手段进行……唐生明认为最不容易进行的是第三项任务，很快他就体会到戴笠的分析太正确了，因为日伪也把新四军当成“心腹之患”，他们也想和蒋介石军队取得默契，三方面联合起来对付新四军。

三、热热闹闹清乡，群丑竞登场

汪精卫一听到李士群为他安排了大规模军事检阅，非常高兴。检阅仪式开始后，汪在得意之余，几乎当场闹出一个天大的笑话来。

1941年5月，汪伪政府便成立了一个庞大的反共军事组织——清乡委员会，由汪逆亲自担任委员长，以陈公博、周佛海为副委员长，特务头子李士群兼任秘书长负实际责任。李的助手汪曼云任副秘书长，协助李工作。

委员会下设四个处，唐生明被任命为负主要责任的军务处处长，余百鲁为政务处处长，陈光中为总务处处长，还设有一个福利处，唐生明因和其很少往来，已记不清姓名了。

这个会在4月间开始酝酿时，李士群便找唐生明研究，一再表示他去负责军事方面工作，无疑是利用他能与蒋军配合。唐最怕要他担任实际工作，一直没有同意。后来他把这个组织成立的目的和人事情况，以及李要他负责军事等向重庆密报后，蒋介石指示戴笠转告唐应当参加进去不能推辞，并规定他的任务，一定要很好地利用日伪这一支武装去消灭新四军和中共领导的其他地方武力，所以李士群最后一次提出时，唐就同意了。

这个委员会是集汪伪组织中所有大汉奸于一体的，委员中几乎包括了各院长、部长、省长和什么司令官，特务头头等都网罗了进去。汪逆在成立时特别强调：清乡工作必须是军事力量与政治力量相辅而行，只有这样才能使共军绝迹。他在许多场合讲话时，总是一再指出，这个委员会的任务，就是要实现他的“反共建国”国策的最切实可行的一项重大具体措施，他不断大声疾呼，要求：“全体机关职员，全体军民要通力合作，全心全力一致支持，务必要不惜一切完成这一巨大任务。”

为了配合这一“清乡运动”，当时所有敌伪报纸刊物都大肆宣传，说明清乡工作如何如何重要，并连篇累牍地发表社评和汪逆等的谈话，他们提出的口号是：“人人参加，个个有责。”汪伪政府把这一工作列为最紧急和最重要的中心工

李士群（立者）向视察清乡情况的汪精卫和日本人作汇报

作，到处都可见到一些很明显的反动宣传口号如“拥护和平反共建国”“保障和平，拓展和平”“肃清共党确立治安”“反对拖延抗战”等，连火车上装茶叶的小纸袋上、一些物品包装纸上、火柴盒上……都把它印了上去。可是张贴在铁路沿线和火车车厢上的这些标语，却很快就被人换上了“打倒汉奸！……打倒日本鬼子！”和“欢迎新四军”“共产党万岁”“抗战必胜”等。日本的特务机关和李士群的特工总部天天派出大批特务，到处去搜捕，每天除了抓去一些所谓的可疑分子外，却没有抓到过新四军和地下党员。

1941 年 6 月中旬，汪精卫召开了一次清乡地区行政会议，出席会议的除了那些委员外，还有几个伪省长。大家都感到清乡工作虽宣传了许久，却一直没有着手做。因为地区那么大，待清的乡又那么多，而兵力却有限，不知摆在什么地方才好。谈了好久没有结果，最后还是由汪逆提出来，以京沪沿线新四军活动频繁的地区作为一个示范性实验区，先把力量集中在这里试搞一下，因这个地区最易看出成绩，特别是日本人对这条线很重视，并可减少南京受到的威胁，更便于大汉奸们从南京去上海过淫乐生活，遇到强大的新四军主力，日军出动围攻也较方便。会上决定以苏州为中心，向四面展开。一个月后，清乡委员会便成立了办事处，实际上是把南京的整个清乡委员会的组织机构和人员都搬到了苏州，办事处主任由秘书长李士群兼任，汪精卫并指定军务处处长唐生明兼办事处副主任，协助李工作。7 月初，李士群和唐生明为了表示决心认真工作，都把家从上海迁到了苏州。

苏州实验区的范围，当时划定是东自昆山沿京沪铁路到镇江，南边包括太湖沿湖各县，北边到长江南岸包括常熟、江阴，共约 20 个左右的县，也就是新四军经常活动的地区。

清乡办事处指挥领导的伪军，大部分是由过去日本人历年来所收编的土匪改

编成的保安部队，共有好几万人，分散在各县，原来一直是由日本人领导，这时名义上是交给办事处，实际上还是掌握在日寇手中。这些伪军头子一向认贼作父惯了，他们心目中对后来居上的南京伪政府的汉奸们，并不买账，有些不愿当奴才的奴才，而愿直接与主子打交道。汪逆和李士群也很清楚这一点，所以并不去硬性指挥他们。

另有一些部队则是南京伪政府成立后自己组织起来的。这些部队有不少是国民党蒋军中的军官率部投敌后扩充起来的，也有些是后来招募的。当时在苏州实验区内有伪军第二军刘培绪的两个师，人数既不足，武器也很坏，只有周佛海的税警总团还比较好一点。这些军队虽同样受日本人控制，但和汪伪政府的关系就与地方保安部队要不同些，比较听话，汪精卫提出的所谓“建军”，就是要建这样的部队。

在这些新建的部队中，除了一些是从蒋军中投降过去的外，唐生明还从被俘的俘虏中挑选，特别是由军统领导的“忠义救国军”中被俘的军官，几乎都由他选出后保荐到伪军中去当骨干，以巩固他在伪军中的个人力量。

在实验区内有几个日寇的联队，这是清乡的主力军，他们不能随便指挥，一些零散的地方武装抗日部队，日本人总是让伪军去对付，以实现中国人打中国人的目的，只有发现了新四军主力时，他们才愿去打。

苏州办事处组织庞大，职员有三四百人，对外号称拥有陆、海、空三军部队。实际上，所谓海军者，只不过是一条几百吨的“卫民号”，与内河航行的小火轮差不多；空军是航空署的三架教练机，只做一些小范围的侦察活动。

办事处的真正负责人，是日本特务机关“梅机关”的晴气大佐，他也是李士群的后台老板。晴气担任办事处顾问后，梅机关也在这个地区设立专门机构，由晴气领导。另外还有一个金子大佐，则是日本另一特务机关派去的重要特务。此外还有日军派去的几个校级参谋，如大野少佐、小笠原少佐。这些人与日特机关都有密切工作关系，办事处一切工作，都得先向这些日本顾问请示。事无巨细，他们都要过问。他们控制的办法很毒辣阴险，在许多公开场合中，他们总是让汉奸们出面做样子，实际上一切都早由他们决定和安排好，只通过汉奸去执行。特别是要出面做恶人时，都由汉奸出面，有些使群众反感不大的，他们才愿出面，以此收买人心，使一些比较单纯的人认为日本人比汉奸要好一些。

苏州办事处成立时，汪精卫本决定要亲自到苏州监督办事处人员宣誓，因日本人已为他安排好了要去日本见天皇，所以临时派他老婆陈璧君为代表，还带来伪内政部长陈群、宣传部长林柏生等大批随员，办事处所有职员，除日本顾问和参谋等外，都要宣誓效忠汪精卫和坚决实现和平反共建国国策，努力做好清乡工作。

陈璧君在宣誓会上讲话，无非还是强调“清乡工作的重点在如何彻底肃清这一地区的新四军”。她大喊大叫要求大家打响第一炮，这样才有本钱可以向日本方面提出第二步要求（当时他俩的梦想是自己建立一支武装部队，第二步是请求日本人把这个地区的政权交出来，将日军调到前线去抢地盘，这个地区的防务则由伪军接防。)。

当时办事处虽有大批日伪特务人员，却很少能搞到有关新四军活动的情报，唐生明通过军统在那里的组织，反而可以得到一些。他报到重庆后，戴笠奉蒋介石指示，要唐生明绕一个圈子，作为他运用的人得到了这些东西而送给李士群与日寇，好让他们派部队去进攻新四军。像这种罪恶活动，我在帮唐生明写回忆录时，曾多次请他能具体详细一点，他再三回忆说这样的事有过好几次，但都不是新四军的主力，而是地方人民的抗日武装。他不但奉命要设法让日伪军出动去攻击，还曾奉命通知军统领导的“忠义救国军”去夹击和堵截，但效果都不理想。因为对方的消息很灵通，老百姓一看到敌伪军出动，就星夜兼程去送信，往往敌人赶到只是扑一个空。当时李士群常和唐生明密谈，他们完全知道

陈璧君

没有能力消灭新四军，只希望新四军能自己离开这个地区到别处去，不再来这个地区活动就可以作交代了。两个多月以后，新四军作了战略转移，大部队向苏北方面安全转去，他们便借此大吹大擂，说什么“短期内取得了出人意外的空前巨大胜利，实验区内已无共军”。这一捏造的假成绩连日寇也相信了，同样向上级去请功。日寇驻南京的派遣军总司令畑俊六也信以为真，决定亲自到苏州来视察。

8月底，在前后由铁甲车严密保护下，畑俊六的专车驶入了苏州车站。李士群想抢先上车去迎接，却被日卫兵挡住，叫他在月台上等候。畑俊六好像故意要测验一下奴才们的耐心，他在车厢内观察了好一会儿，才慢慢地走出来。他刚一露面便是一阵欢呼，李士群这时才能赶上去向他行礼，接着便介绍唐生明等几个重要官员和他见了面。

畑俊六下车后先在车站附近检阅了一队日军之后，才由日伪人员簇拥着去到苏州宫巷的办事处，李士群亲手把许多所谓“功绩”的表情恭恭敬敬地呈送给他，他连看都不看一眼，便交给了他的侍从参谋。李士群一看到他这种神气，原来准备的长篇口头报告只好改为几句简单的颂词，说明“清乡”能取得一些成绩完全是依靠他和日军的“神威”才取得的。畑俊六听了总算笑了一下，也勉励了李士群几句，李士群便感到极大的满足了。

在盛大的午宴之后，这个敌酋便在前呼后拥中驱车在苏州城内绕了一个大圈子，并在几处名胜古迹处玩了一下，便算是“实地视察”完毕。李士群为他忙了几天准备好的住处，他连去看一下都没有兴趣，径直到日军小林师团长处去过夜，没有给奴才赏一点面子，弄得李士群很是难堪。

畑俊六这么匆匆地看了一下之后，第二天上车前表示了几句比较满意的话：他认为经过“清乡”以后，这个地区的情况比过去的确不同得多，也认为伪军毕竟是地方部队，能很好地在日军带领下做出成绩来。

苏州地区经过畑俊六打气之后，日伪军官们更加“积极”，而在这个区内的人民就更加遭殃了。虽然日伪军出动更为频繁，但却没有能找到新四军的部队，偶尔缴回一些破旧枪支送到办事处，就说是消灭了多少“新四军”，不久，便有些伪县政府呈报请求发还缴送的枪械，原来这些出击的日伪军，把一些在地方上执勤巡逻的少数伪军，也当成新四军的游击队而加以清剿掉了。像这种所谓“出于误会”的案件是经常发生的。

到了1941年9月中旬，汪精卫刚率领大批汉奸去日本朝拜天皇回来，听说畑俊六都这么重视苏州清乡实验区的成绩，还亲自光临视察，也决定要亲自去看看。李士群得到这一消息，又大忙特忙准备了一番。他希望汪逆这次视察比畑俊六更要满意，并准备发动大批群众来一次空前的热烈欢迎。

由于汪精卫决定要乘坐日本天皇赐给他的那架专机去苏州，以显示他的身份，所以苏州机场得重新整理。在他到达那天，从早上起，机场通往城内的那条道路便封锁起来，不准人民通行，沿途如临大敌地做好森严警戒。李士群不知从什么地方得到一个情报，新四军派了便衣队到苏州活动。汪逆到苏州时，更紧张异常，因为前几天的确发现过新四军派人在城内贴的标语。他担心万一在汪逆抵达苏州时出了半点问题，不仅无法向日军交代，更会使汪狼狈不堪，不仅前功尽弃，还有丢官坐牢的危险，所以几张标语，使得大批日伪人员都紧张万分。

汪逆的专机抵达苏州时，舱门打开，完全出乎欢迎者的意料，从不穿军服的汪精卫，这次竟穿上大元帅戎装，佩戴上将领章。他为了表示他的政府和军队都是国民党的正宗，所以在领章前端加上一个青天白日的国民党小党徽，和后面代表官阶的三角金星并列，看上去不伦不类。特别是汪伪政府使用的国旗，除还是和重庆国民政府一样的青天白日满地红外，还在上面加上一面三角小黄旗，上写“和平反共建国”六个字。这个伪政府的性质更加暴露无遗了，即是要靠反共来建立的。直到1943年，三角黄色小旗才取消。据陈公博宣称，取消“和平反共建国”字样，并不意味着“南京的国民政府”不反共，因为国民党本身就一贯是坚决反共的。

汪精卫虽是文人出身，但逃到南京成立了伪政府后，却完全要模仿蒋介石，除把党、政、军三方面大权集于一身外，其他什么都由他领导，连称呼也要和蒋介石一样。他不喜欢别人叫他“主席”，而要人叫他“委员长”或“领袖”，因他也是兼任南京伪政府的军事委员会委员长。同样规定：伪军官兵听到别人提到“委员长”和“领袖”时，也要像对蒋介石一样，站着要“立正”，坐着要起立，

以示敬意。

李士群是很会讨汪精卫欢喜的，从得到汪要去苏州视察的消息后，马上找唐生明商量，叫他专门负责一个方面的工作，那就是要安排一次隆重的军事大检阅，好让汪多过一下“委员长”的官瘾，因唐生明看到过蒋介石检阅军队的场面。李士群和汪曼云都是文人，对这一套是外行，所以决定由唐担任大检阅的总指挥官，一切由他去安排。

唐生明听到那次随同汪去苏州视察的人员中，有几个日本顾问，他们当中除了汪的最高军事顾问影佐祯昭是少将外，其余几个都是大佐、中佐。唐生明在苏州穿军服时，一向是挂中将领章，因他是汪伪政府军事委员会中将委员。那天他考虑再三，感到一个中将要向日本少将、大佐、中佐去敬礼，实在说不过去，既担任总指挥官又不能不穿军服，他只好临时降两级佩戴一副上校（相同于日军大佐）领章。当时驻在苏州的伪军第二军军长刘培绪本是少将，一看唐生明在预习时挂上校领章，他哪敢挂少将，也赶忙换上一副中校领章。李士群看到非常奇怪，忙劝他不必这样，怕日军顾问不高兴。唐生明和刘培绪还是坚持降两级好一点。当时重庆方面的报纸，曾刊出唐生明挂校级领章向日本军官敬礼等情况的照片，说明唐投敌后要降级录用，还得向日本军官去低头。

那次受检阅的伪军，除第二军一部分比较整齐一点外，其余都是些拼凑起来的保安团队，共有好几千人。汪精卫一听到李士群为他安排了大规模军事检阅，非常高兴。检阅仪式开始后，汪在得意之余，几乎当场闹出一个天大的笑话来。原来汪一向穿便衣，过去向人答礼时总是习惯地把帽子摘下来拿到手中，频频点头就算是答礼了。这一天，他看到队伍经过检阅台向他敬礼时，这位站在台中央的“大元帅”，却手忙脚乱地把右手向上一抬，准备去摘那顶镶金边的军帽时，一看到站在身边的日伪军官都是举手行军礼时，他才恍然大悟，赶忙把手指伸直，从帽顶落下来停在帽檐侧面，显得十分不自然，但总算没有把帽子摘下来，丢丑还丢得不太厉害。可是香港等地报纸还是添油加醋地把他这次大检阅描绘成舞台上的小丑一样，弄得笑话百出。

检阅仪式进行了一个多小时，汪精卫看到自己有了那么多军队，十分高兴，又不顾疲劳集合全体官兵讲了一次话。他的讲话是有名的不用讲稿，竟滔滔不绝地又讲了一个多小时，一开始就称赞"这个地区短期内取得这样巨大成绩是可喜的，这次以苏州区为实验反共场所，这种精神应当在全国发扬"。最后还放大声音"请大家不要忘记，我们和平反共建国，是从赤手空拳而来，现在有了这种力量，也是可敬的'友帮'和'友军'给了我们极大支援的结果，请不要忘记，这些都是来之不易"。

他停了一会，又说："我们不仅要用这种力量首先消灭共产党和它的军队，更要用这种力量来完成对我国的建设……"等一套汉奸卖国贼的狂吠乱叫之后，部队向他敬礼时，他差一点又准备用手去摘帽答礼。

第二天，汪精卫按计划率领日伪军官进行巡视，从苏州循公路北行，到长江边的常熟等地时，唐生明陪他坐在一辆有避弹装置的保险汽车内，倾听他死心塌地甘愿当日本人的奴才而又有一套漂亮的口头禅。他说："过去国民党反共反了那么多年，没有反得了，今天能把日本人也拉下水来帮我们反共，这又有什么不好？"可是他就没有敢提到，拉日本人下水反共，付出的代价是出卖国家和民族的全部利益的。他没有去想：他将成为千古罪人，而只图安享目前的残羹剩饭。

从常熟过白茆口、支塘时，都有许多当地老百姓被逼去迎送，他看到那一群群面黄肌瘦、衣不蔽体的人有气无力地摇着小旗，还很得意，并让随行摄影师摄下那些镜头，在报纸上宣传，形容为"万人空巷，夹道欢迎"的"空前盛况"。

汪精卫在苏州等地视察清乡情况

汪精卫在苏州

地区一连视察了三天才回南京。10月间周佛海又以清乡委员会副委员长身份来凑一次热闹。他把财政部税警总团的部队也抽调一些来参加清乡运动，这是当时伪军中装备最好的一支部队，却不受李士群的欢迎，李怕周来和自己争功劳。

汪精卫对苏州区的清乡工作具有特殊兴趣。1942年1月又第二次去巡视，4月间又第三度前往，还去无锡看了一下，并在无锡召开的欢迎会上恬不知耻地大唱卖国反共高调。到了1943年7月间，苏州区成立两周年时，他第四次去检阅。他每次去都是穿大元帅服或白色海军上将服，照例得检阅军队。他对这个实验区的所谓成绩很重视，并总结出一套经验，还决定扩大清乡区的范围。1942年后，成立了伪军事委员会委员长苏北行营，以臧卓为主任，行营设在苏北泰兴，所辖盐城、高邮、如皋等县，任务是负责堵击从江南地区撤出向苏北转移的人民武装力量，另一方面是准备向苏北解放地区推进。臧卓经常和苏州办事处联系，他也和李士群一样捏造成绩，谎报战功，特别是有一次在如皋附近搬经镇和新四军第一旅打了一仗，日伪军伤亡近千人，他反而吹嘘是一次大捷，把抢来的附近各地人民的粮食说成是缴获的新四军的军粮。汪精卫立即传令嘉奖。以后又配合江淮地区清乡部队，出动过日伪军两三万人，从高邮、六合、津浦线以东出发，准备围攻以盱眙为根据地的新四军第五支队，结果攻了半个多月，弄得损兵折将大败而回。任援道那次亲自率领了一万多伪军，被打死打伤好几千。任回到上海对唐生明说："你们苏州地区真太幸运，没有和新四军打过硬仗，这回可把我们打惨了。连皇军都不顶事，半个多月都拿不下这个县。"说完，他连连表示：今后只好维持现状，看看以后日军能不能再增加一两个联队，否则是没有一点办法的。

当时江南地区虽没有新四军的大部队活动，可是在城市内却比以前更不安宁。新四军的便衣队经常进到上海、南京、镇江等大城市去进行宣传、破坏。汪精卫便决定在大城市也设立"清乡区"。上海市的清乡委员会主任由伪上海市市长陈公博担任，负责"清剿"上海市区和郊区的新四军便衣队。汪精卫强调这是第三期的清乡运动。上海一些认识唐生明的人常和他开玩笑说："你们天天喊清乡，清了几年，越清越近，现在清到大马路上来了，这是怎么搞的?"

为了苏州区的清乡工作，李士群和江苏伪省长高冠吾经常争吵不休。高认为李为了表现自己的成绩，便不顾省政府的困难，经常侵犯到他的权利。李则认为高对清乡工作不认真协助，常对清乡工作掣肘。两人常吵到汪精卫面前去，汪为了表示重视清乡工作，决定统一事权，而将高冠吾调职，于 1943 年 1 月，以李士群兼江苏省省长和江苏省保安司令及江苏国民党党务办事处主任，把党政军大权全部集于李士群一身，让他更好地进行清乡工作。李便要唐生明担任他的保安副司令兼省保安处处长，协助他整编和指挥全省的保安团队。

约在 1943 年春间，汪精卫又亲自设计了一种“清乡纪念章”，明令颁发给担任清乡工作的日伪军官和参加清乡运动的地方大小汉奸。这个纪念章中间是井田嘉禾，四周缀有“确立治安、改善民生”八个小字，分为金、银、铜三种。唐生明分到一枚金质的。

唐生明分到的金质清乡纪念章

蒋、汪两方面在反共问题上，不仅军事上采取一致行动，其他方面也是一个鼻孔出气。当时上海一些大汉奸见到唐生明时，都对蒋介石发动“皖南事变”赞不绝口，认为这是最“高明”的措施，同时又埋怨蒋介石的军队太不中用，动用比新四军多好几倍的力量，还没有一下子把新四军“消灭干净”，而留下这一“祸根”，使他们为此而大伤脑筋，常为之日夜不安。

当时上海一些汉奸办的报纸上，时常刊出一些什么“渝共冲突激化”“渝共两军时有摩擦”等一类消息。在刊出这些消息时，他们总是站在蒋介石一边，毫不掩饰地表明他们是一家人。据唐生明回忆，他在沦陷区与李士群、陈公博、周佛海、叶蓬等大汉奸头目的个别交谈中，他们都感到共产党的可怕，总认为迟早他们会和蒋介石达成合作协议，而实现汪、蒋合作最大的障碍，便是共产党。

四、不慎泄天机，唐生明身陷险境

陈璧君一见唐便大发脾气，从她家一直骂到飞机场，没有停过嘴，什么没良心、不讲交情等等，只要她能骂得出来的话，都骂完了，而且越骂越生气，几次用手指头指到唐的头上。

约在1942年冬，军统局潜伏在上海的上海特区组织，被李士群的特务破坏，区长陈恭澍也被捕。当时李士群与唐生明正在苏州搞清乡工作，李得到报告，立即赶回上海处理。结果在清查特区档案中，发现了一个密电稿，内容是向重庆建议："不要再在上海等地去暗杀个别日军官兵，因为这种做法得不偿失，如军统在上海愚园路附近暗杀了几个日本宪兵后，日军立即把这个区封锁起来，逐户搜捕可疑人员，成千人受牵累，几十人被杀，使居民产生极大反感，因而对重庆政府产生不满，希望以后不要再这样零零星星去搞这类工作，以免失去沦陷区民心。"他们对这份电稿非常重视，因当时军统上海特区正热衷于搞这些活动，由于干起来困难不多，功劳不小，也得到重庆方面的重视，可以拿这些来宣传他们是如何积极抗日的，至于沦陷区老百姓为此付出的代价就不管了。经过仔细研究电稿内容，认定绝不是上海特区特务们的口气，那一笔不整齐的笔迹，更和唐生明的差不多，李士群等便肯定这电稿是唐生明拍发的。他们既高兴唐生明有这一建议，可以不再去沦陷地区暗杀日军官兵，为他们减去不少麻烦，连几个日本顾问看到这内容也十分高兴；另一方面又很不满意唐生明，既与重庆方面有这种非同一般的深切关系，为什么不早点老老实实地告诉他们，或多少透一点风也算够朋友的。唐被发觉后还一个劲儿地矢口否认，李士群便不得不采取不客气的手段来对付他。

李士群在深夜让唐生明和他妻子徐来一同回到上海，说有要事面商，唐已风闻军统上海特区被破获了，但也只好硬着头皮去。一到上海，便看到李士群特工总部的一干将傅也文在车站等候他。唐生明想乘自己的汽车先送徐来回家，傅板着面孔坚决不同意，而让唐生明夫妻乘他的车，一直驶往极司菲而路76号特工总部，直被送进李士群的办公室。唐夫妇一走进去，便看到李士群正在审讯张素贞。当时唐和军统联系，是利用开设在他家附近的一家杂货店来接头的，张素贞便是常去联络的人。上海特区被破获，这家杂货店和张素贞也被卷入进去。

李士群一见到唐生明，劈头就谈陈恭澍被捕及牵涉到他的问题，语气中很有责怪之意。唐再三解释，还是只承认过去与戴笠是朋友，没有替他工作那一套老话。这次李士群却不再客气，叫人把陈恭澍带上来对质。经再三威胁，陈恭澍也不承认与唐生明有往来。李士群很耐心地一再说明，与戴笠有工作关系不要紧，只要不避开他，把他也当成要好的朋友，什么事都可以和他谈。唐生明被问得急了，便大声嚷嚷："杀了我，我也只承认与戴笠是朋友。"李很重视这句话，因从那份电稿的语气上也可看出，不是部下向上级作报告，而是朋友相劝告的建议性质。当时，唐在上海可以利用几处电台与重庆联系，许多都是向戴笠汇报日伪方面的情况的，电报发出后，便将电稿焚毁，只有这份通过上海特区发的电报，是建议不要再搞暗杀，电稿还存在上海特区，正好被他们查出，这对唐生明是非常有利的。

李士群见陈恭澍坚决表示和唐生明在工作上没有往来，只是代他发过这份电报，还是辗转送给他的。李只好让人把陈带走，才慢腾腾地对唐生明说："这个问题，我解决不了，汪先生有电话来，让送你们去南京见他，你当面去向他谈谈吧！"当晚，唐生明、徐来、张素贞三人便被一同送往南京。第二天到车站去接他们的有几个佩参谋带的日军参谋官，唐生明以为这一下完蛋了，这几个日军参谋官肯定是主管情报工作的，他们得知这一消息，也到车站想把唐生明三人接到他们那里去。因为当时日本人要怎么办就怎么办，连汪精卫、李士群都无法帮助，这几个日本人的出现，肯定事前连李士群都不知道。随李士群送唐等去的人员有李士群的翻译夏仲明，日语很流畅，他忙把这几个日军参谋拉到一边，鬼鬼祟祟谈了一会儿后，又把李士群拉过去谈了一会儿。看样子，日本军官态度很坚决，李士群只好用无可奈何的神情同意让日本人把唐生明带走。李宽慰了唐几句，并同意把徐来、张素贞暂时安置在他家中，决不会为难她们，唐生明只好点头同意，但认为此去是凶多吉少，生死难定。这时，他有点恨蒋介石、戴笠不该派他来；也有点后悔，自

己为了生活上的一点享受，连性命也送掉了，即使不死，也得吃一顿苦头。

几个日本军官把唐生明带上汽车，一直开到日本在华的最高指挥机关派遣军总司令部，下车后便带他去参谋部，这时唐见到过去认识的都甲大佐、延原中佐和从上海赶来的市川中佐（上海登部队十三军参谋）三人早等在那里。使唐生明感到意外的是，他们一见到唐，都非常客气地热烈和他握手。他们先安慰他一番，叫他不用害怕，还连连称赞他那份电报提出的建议很好，最后才由都甲大佐正式向他谈出："我们很久一直找不到与蒋介石阁下有关系的人来商谈，今天总算找到了阁下，我们非常高兴，所以特别请你到这里来谈谈。"稍停一下，便接着谈到唐能够到南京来工作，他们很欢迎，可惜没有早点让他们知道，他们要尽力支持，并表示希望唐把与重庆联系的电台保留下来，由他们来负责保护。还说南京政府决不敢难为他，一切由日方做主，要是没有专用的电台，还可以快点建立起来。

他们这一番话，真使唐生明感到十分惊异，这完全出乎他的预料。但他又提醒自己，千万要注意不可上当：李士群没有盘查出的问题，不要在日本人这里几句话就露了出来。所以他一直对他们提出的事不作正面答复。

谈了一会儿，他们见唐没有明确表示，也看出他还有疑惧，便又陪他去见总参谋长河边正三中将。他见到唐也非常客气，除了重复都甲那一套话之外，还更坦率地说："我们因为找不出更好的办法，才请汪先生出来，希望通过你能和蒋介石阁下直接商谈中日合作方式，请多从中协助我们早点完成这一任务。"他越谈态度越谦和，还对蒋介石大大地恭维了一番，并反复说了几遍："大家都是一致反共的，都是为了大东亚共存共荣……我们应当很好地合作起来一同反共……"最后他还谈到已决定要经常派人与唐保持密切联系，并负责保护唐的安全，保证他的工作能顺利进行。同时对唐建议重庆不要再去暗杀个别日本人，说这种建议是很有见识的，他们不但重视也十分赞赏。

这一突如其来的变化，使唐生明既害怕又高兴。他慎重考虑，应如何答复他们，因为与日本人打交道很难，他们是只讲利害而不讲交情，稍不合意马上翻脸无情，随时可以杀头。当时的心情，唐生明回忆起来，感到很矛盾，特别是一下由极度紧张，变得十分轻松，身份既已明朗化，再也不用担心了。

在河边一再提出要唐生明充当和谈任务时，他最后也不便再推，只好说："我在重庆认识的朋友的确很多，也能见到蒋先生，我愿意和你们一起先研究一下，再去向他们商量，看他们的态度如何再说。"这一不亢不卑的答复，使他们也不便再勉强谈下去。河边便陪他去见总司令畑俊六。畑俊六在苏州见过他，这次见他就客气得多了，因为情况他也知道了，便又重复河边等人的话勉励了他几句。告辞出来，河边招待他吃了一顿午饭便让他回到李士群家中。徐来、张素贞看到他平安回来都十分高兴，听他谈了见到河边、畑俊六的情况，才感到再没有什么危险了。李士群又恢复了像过去一样的亲热，他还是建议应当去见汪精卫，向他报告这一情况。

第二天，唐生明去见汪逆时，心情完全不同了，因为日本头头这么重视他，他对汪也满不在乎了。汪也知道了昨天发生的事，见到唐的时候，现出一脸尴尬相。他知道日本人有了他并不满足，还在设法与蒋介石取得联系，这无形中说明了他在日本人心目中的分量是有限的。他当然不在这方面表态，只埋怨唐生明为什么一直瞒着他，暗中与重庆保持联系，太不够交情。他认为自己对唐是推心置腹，那样信任他，而唐却不肯向他吐露半点真情，便狠狠地说了他几句，唐也不便多解释，便匆匆告辞。

后来李士群告诉唐生明，陈恭澍的案子发生时，牵涉到唐生明，陈璧君、陈公博都向汪精卫提出要严办，汪当场没有作出肯定答复，只叫先把唐送到南京去问清了再说。谁也没有料到，日军总司令部会突然出面把唐抢去，公开要他和重庆联络，别人才不敢再提要办他的话。不过陈璧君却不放过他，有天她从上海回广州，李士群拉他去送行。她一见到唐便大发脾气，从她家一直骂到飞机场没有停过嘴，什么没良心、不讲交情等等，只要她能骂的出来的话，都骂完，而且越骂越生气，几次用手指头指到唐的头上。他只好一语不言，反正她也没有别的办法，直到她登上飞机才停止。回来唐埋怨李士群不该拉他去送她。李笑着说："她不出这口气行吗？既然要把此间关系搞好，挨几句骂又算得了什么……"

唐把陈恭澍案及日军负责人与他进行联络，希望能达成合作等向重庆报告后，戴笠真是大喜过望，马上复他一电，首先大大赞扬他一番，说他没有辜负校

长（蒋介石）的重托，能取得超过他们所预期的成就，实在太好了。不过他们经过研究后，还有点担心，叫他注意日本人方面是否出于诚意或有其他意图，一定要弄清楚，随时电告。最后戴笠很慎重地转达了蒋介石的指示，叫唐先只能以个人名义与日方往来，不能作为代表；在与日方周旋时，对日方提出的任何问题，不要先作具体答复，随时向重庆报告；并再三叮嘱，一定要好好保持这一关系，不能中断。这是唐到沦陷区后第一次收到这么长的电报，他很明白，这是蒋一贯玩弄的手法，明明是他亲自派唐去的，却又不让唐用代表名义与日方往来。将来事情弄好，自然没有问题，万一出了毛病，或被各方面（特别是共产党方面）发觉而加以责难，影响到他本身利益时，他就可以把一切责任推到唐的身上，说这是唐个人行动，他可以不负责，而且可以振振有词地公开惩办。唐左思右想，考虑了半年多，准备为自己留一点余地。当日军派参谋官去问他，重庆方面反应怎样？唐总是回答："他们还在研究。"日本方面也看出：蒋介石一方面很动摇，一方面又害怕各方面的反对而影响他的统治地位，一直下不了决心。所以蒋经常电询唐生明：日军方面提出了什么条件没有？他们态度是否诚恳？并要唐最好能进一步与日方保持联系。最后，唐便同意日方意见：由日军上海驻军司令部派一个松井大尉到他家中，担任联络与保护责任。松井每天一大早去唐家，晚上才回去。重庆方面也下令停止了在沦陷地区对个别日本人进行暗杀，日方对此很感满意。

从那以后，唐的身份也慢慢地公开起来，尽管蒋介石不要他以蒋的代表名义对外活动，但私下里谁都知道他是重庆派去的，别人问到他时，他也不便否认。说来真够滑稽的，当重庆方面正在大叫大嚷"坚决抗战到底"的时候，却派有这样一个代表，在日军保护下，长期住在日寇占领区中公开活动。

自从日军派了松井大尉到唐家后，戴笠便要唐生明把设在郊外的那部电台搬到他家中三楼，公开和重庆通报。唐住的那个地区，一向是轮流停电，电台通报受影响，他把这一情况告诉松井，松井马上转告上海日军司令部，立刻命令电力公司，从此那一段不准再轮流停电，还要通宵供电。住在唐生明附近的一些熟人，知道这一情况后，常和唐开玩笑说：住在这里也能沾到你这个重庆代表的"光"。

当时上海的煤、米、汽油等日用品供应很困难，有钱也无法买到，自从松井到唐家后，日军司令部也给他增加一份供应，并且非常充足，每月唐便将这些多余的东西周济别人。这在当时，连一些大汉奸都很眼红。

1944年秋冬间，日寇攻陷湖南，企图打通通向越南的通路，准备和印度支那半岛及南洋日军连成一片，日军方面即派员与唐研究，准备让他去当湖南省省长，唐照例先向重庆报告，蒋介石听了非常赞成他去，不过特别叮嘱：一定要和日军总部继续保持密切联系。

在这个问题上，日、汪、蒋三方面又是不谋而合，他们都希望唐去湖南当省长，可以把湖南作为日伪与蒋之间的缓冲地带。戴笠在复电中除慎重传达蒋介石指示外，还答应可以把军统在湖南和广西的特务武装部队（包括军委会别动军两个纵队和军统直属的几个行动总队、破坏总队等）都交给唐生明改编成伪军，以肃清湖南境内中共领导的人民抗日武装力量。

当南京方面传出这一消息后，上海、重庆等地报刊都已报道出来，无疑这是想早日促成唐去湖南。

唐生明经过慎重考虑之后，最后正式决定不去。主要原因，他是湖南人，还有母亲和大批亲属在湖南，他们都会反对，他特别记住他大哥唐生智在他去辞行时说的一句话：“此去弄得不好，便会遗臭万年，千万要慎重!”加上他在沦陷区几年中，亲眼看到日本顾问对那些汉奸省长、部长、院长的控制情况，他们本人毫无权力，完全当傀儡，一切都得听日本人安排，成天让傀儡出面坏事干尽。他更担心一些不明真相的人，以为他真心投敌去当汉奸，而把他干掉了，将一辈子洗不清。所以他考虑后，借口身体不适，不宜担任繁重任务而推卸了。

日本方面对唐不肯去当湖南省省长还不同意，又派一持平中佐参谋由松井陪去劝他，说总司令部方面要他先回湖南去看看。愿意就留下来，不愿意还可以回来。日军为什么这么热情希望他去当省长呢？不久他明白了，这是他们急于诱降蒋介石使出的一种手法；也是向蒋介石暗示，他们可以逐步把占领的地方用这种变相形式交还给蒋介石，所以选派他去最相宜也最易说明问题。因为那时美已向日宣战，他们急于结束对华战争，唐生明了解到这些情况后，知道美日战起，胜利很有把握，所以连回去看一下都不肯。他怕一到湖南，南京受日本指示，马上

明令发表他为省长。那时就进退两难，不干也不行了。汪精卫则希望借此顺水推舟，把唐也拉下水去，所以也劝唐还是去的好。后来拖到汪去日本养病，陈公博代理他的职务，唐生明就根本不理他们那一套了。

在应付这个问题上，唐采取了两面派手法与他们周旋。他向日本人除说身体不适外，还推说重庆方面认为他当省长后，双方联络工作不如现在方便，所以还在考虑，没有同意；而他对重庆方面，则说一旦离开京沪去湖南，与日军总部的联络就不如现在方便了，日本方面还要考虑。反正他们两方面又不能对证这些话，所以这个问题就这样拖下去了。

在这段拖的时间中，他尽量利用松井的关系，办过不少的事。如毛森（军统大特务）和原上海警备司令杨虎的小老婆陈华（也在为军统工作）与张亚明等几十个军统中下层特务被日伪特务逮捕，唐都是让松井出面去保释出来的。还有几架美国飞机在袭击沦陷地区日军时被击伤，飞行员跳伞下来被日军活捉，重庆也指示唐设法去营救，让松井去告诉日军司令部，不要杀害和虐待他们，并把他们被捕后的情况告诉重庆，转告美军。胜利后，美军派人到上海接收这些被俘美军飞行员时，美军负责人曾专程去拜谢唐。

看来有点矛盾，也很滑稽，在中日两国正处在紧张的战争时期中，唐生明却像和平时期派驻在别国的使领人员一样，不仅得到优厚待遇和享受特权，随时可向日方提出交涉、保释被捕的人员，还可以公开建立无线电台以便与敌对方面通讯畅通，并派有专人来保护。这些铁一样的事实，不正是日、汪、蒋三方的密切合作、相互勾结的最具体、最有力的证明吗？

松井大尉是日本宣布投降后，才和唐生明挥泪告别。唐这时又以过去没有用过的口吻问他有什么事需要他帮助的，松井表示希望能早一点回日本去，因为他是长崎人，一家人在长崎被美军原子弹炸光了，回去只能凭吊一下，再也见不到自己的亲人了。他一提起美国人就咬牙切齿地痛恨。唐因为松井为他干过不少的事，也尽心尽力地保护过他，所以胜利后第一批遣送日本人回国时，他就特意请军统大特务、上海港口司令谢灏龄把松井安排进去。动身那天，松井专门到唐家，依依不舍地和他及其全家告别，带着懊丧的神情走了。

五、唐特使穿针引线，众汉奸脚踏两只船

周佛海也在第二天找唐生明谈这件事，并暗示他也与重庆拉上了关系，并劝唐不要零零碎碎地搞，有事可以和他商量，不要避讳他。

南京汪伪政府中的大汉奸们，可以说绝大多数与重庆政府有着密切关系。

蒋介石这样重视并拉拢这些国人皆曰可杀的巨奸，是随时准备公开合流、投降日本、共同反共。要不是害怕共产党和全国人民的坚决反对，可能早就公开与日寇进行谈判了。唐生明之奉令投敌的任务之一，便是替蒋介石去拉拢这些汉奸。

唐在上海、南京等地几年当中，亲手拉过不少的人，也了解到蒋介石除派他担任这项任务外，还另外派了许多人从多方面入手来做这项工作。唐在这方面下的功夫从来没停止过。以拉拢汪伪中第三号巨奸周佛海为例，便可看出一些端倪。唐到上海不久，在与周的往来中，周曾向唐打听从湖南到上海的路线问题，闲谈中才知道周的母亲马氏和他妻子杨淑慧的父亲杨自容及继母、妹妹等均还在湖南原籍，当时正准备派人去接到上海。唐了解到这一情况后马上向重庆报告，并建议要拉周，最好的办法可以从他母亲、岳父方面下手。

戴笠得到蒋介石的同意后，立即派人去沅陵、湘潭等处找到他母亲、岳父等，把他们一起接到贵州息烽监狱囚禁起来，只是在生活上给以优厚的照顾。

约在1941年夏天，周接到湖南亲友的信，知道家人已被扣捕，不知解往什么地方去了。他听到这一消息很感难过。不料这一情况被许多记者知道了，专门去采访他。他明知是蒋介石和戴笠干的，但在答复记者时却措辞异常婉转，只说：“我相信这不是重庆当局直接干的。一定是地方无知者所为，相信不久可以脱险。”从这几句话可看出他内心的矛盾，也可看出他对重庆政府藕断丝连的留恋之情。他没有公开谴责重庆方面这种卑

周佛海

劣做法，反而替他们掩饰，唐一面把这一情况向重庆汇报，一面跑去安慰他。当他向唐谈到这个问题时，非常伤心。他对自己累及老母、岳父等安危，内疚很深。他老婆告诉唐，周对母亲一向很孝顺，自母被扣，连日苦闷极了。唐一了解到这一情况，知道大有希望，便又向重庆作了报告，要加紧运用这一关系，对他进行拉拢。不久，便通过他岳父写信给他，转达他母亲的话，希望他不要做孝子而要做“忠臣”，要他忠于蒋家王朝，不要给周家祖先和子孙丢脸。后来戴笠很得意地告诉唐，说在这个问题上两人配合得很好、很成功。

通过周的母亲、岳父，戴笠与周佛海拉上关系之后，最初周很慎重，他看唐整天只讲吃讲玩，嘻嘻哈哈，还不敢和唐谈已与重庆发生往来，因为戴没有告诉他唐去的作用，唐虽知道也不便先和他去谈。戴一方面不愿彼此发生横向的关系，怕出事彼此牵累；同时，也为了唐的安全，怕这些人靠不住出尔反尔，所以双方都不通知，各人直接和重庆联系。直到那年冬天，周发生了一件意外之事，他们才彼此把真实情况露了出来。这件事经过如下：

唐生明在未投敌之前，便知道蒋介石在上海作战的时候，早就预留下几个可以代表他和日本接洽的人在那里。他的确一开始就无心抗日，从他采取的种种措施可以证明。

蒋介石留在上海的一些人当中，有几个唐一向熟识，如胜利后立即公开出面代表蒋介石的蒋伯诚、从地下钻出来的军委会驻沪办事处主任吴绍澍，以及被日伪逮捕后又被送回重庆的原上海社会局局长吴开先等，唐去上海后，因任务不同，不便先去找他们联系，他们见唐由重庆到了上海，也猜到是蒋介石派去的，便多次暗中主动找他去联系。

有一天，上海新华电影制片厂负责人张善琨去找唐，说蒋伯诚、吴绍澍想和他谈谈，问唐愿不愿意。唐当即表示愿意。第二天，张陪唐去白赛仲路某号八层楼上与蒋、吴见了面。除谈了彼此别后情况及上海和重庆两方面的许多事以外，他们便问听到什么重要消息没有，希望告诉他们一点。唐便把他前天从陈公博、周佛海、李士群那里听到的一点日军最近准备进攻长沙，目的是去扰乱，并趁两湖丰收去抢点粮食，不会作长久占领的消息告诉他们。这消息唐早已向重庆汇报了，事后的发展完全如他们所谈一样，日军只去扰乱一下便退出，而国民党第九战区司令长官薛岳，却把它吹成什么“湘北大捷”。

当蒋伯诚、吴绍澍问唐有什么重要消息，唐也如实告诉了他们，他们如获至宝，分别向重庆去汇报。不料他们发出的密电被李士群的特务侦破出来。其中有一句是“听四弟说的”。李士群一研究，唐生明投敌时，唐生智在重庆登的脱离兄弟关系的报上是称“四弟生明”，知道唐与蒋介石派在上海的其他特务组织也有往来，所以便找唐去问，唐回答很巧妙，说我每天接触那么多的人，怎么知道谁是重庆特务呢，以后说话注意点就是了。

周佛海也在第二天找唐谈这件事，并暗示他也与重庆拉上了关系，并劝唐不要零零碎碎地搞，有事可以和他商量，不要再避讳他。唐一听，知道一定是通过扣押他家人之后，才与重庆勾结上的。后来他便告诉唐，戴笠对他母亲、岳父等都特别优待，他岳父常有信来，渐渐发展到戴笠和他称兄道弟直接书信往来，并介绍军统留在上海工作的特务程克祥、彭寿负责和周联系，还在周领导的财政部上海办事处内设立一与重庆直通的秘密电台，由周在财政部给他们名义掩护。

1943 年，戴笠把彭寿叫到重庆，当面指示他如何进一步利用周佛海的问题。因重庆听信美国的话，估计快要接近胜利了，蒋介石便暗中做了抢占上海、南京等地的部署，要所有与重庆有勾结的汉奸们，一定要很好地运用日伪军，阻止附近的新四军先进入这些地区。但又不能让汉奸们拿到文字上的证据，以便将来好处理他们，便要求特务们只作口头上的传达。彭寿回来后，曾把蒋介石这些指示都告诉了周，周听了很高兴，认为以后不管哪一方面最后胜利，他都是有功之臣。

1944 年冬，周的母亲在贵州病逝，戴笠竟代替周佛海充当孝子。戴寄给周的那套他母亲生病与死后办丧事时拍的照片中有一张是戴笠当孝子跪在周母灵前的侧影，周对此异常感动。从此，更死心塌地地甘愿听从戴笠的指挥。

胜利前夕，军统在上海附近的忠义救国军等特务武装部队没有经费，周一次便拨了 300 亿元交与唐生明转发他们。当时 300 亿元可以值几千两黄金。唐除发放出去一些外，胜利后还将剩余的买了 3000 两黄金交与戴笠，可见周当时是如何全心全意地支持军统的工作了。

当时重庆对伪满洲国方面的情况了解很少，因日寇长期统治，特务不易打入。戴笠希望周佛海想点办法，周便利用机会去访问过一次伪满，除了解到一些情况回来，还为军统在伪满做了一点布置。

周佛海自与戴笠发生关系后，也把他的一些亲信拉下了水，他最得力的助手罗君强，据说是他的学生，曾任过伪司法行政部部长、安徽省省长，周后来兼上海市市长时，罗任市府秘书长，代周行使市长职务，还有上海伪市府副秘书长胡泽吾，以及周的妻弟杨惺华等不少人都经过他介绍为军统做了不少工作。

经过唐生明拉拢的大汉奸叶蓬，原为汪伪政府的陆军部部长，以后为伪湖北省省长，和唐一向要好，因其妻乃唐生明母亲的干女儿，唐一到上海，他就对唐特别关怀。唐想拉他与重庆发生关系，这人很坦率地告诉唐，宁愿当汉奸也不愿再当蒋的部下。他抗战前任武汉警备司令时，因为把日本人画成枪靶子，作为士兵练习射击之用，以增加士兵对日寇的仇恨，结果被日本人发觉，向蒋介石提出严重抗议，要求惩办他，蒋介石恨他得罪了日本人把他撤了职。以后陈诚也排挤他，弄得他到处碰壁，最后才决定宁可当汉奸，也不再替蒋介石工作。他一谈起过去就伤心。唐曾极力劝慰他，并说明戴笠的作风与陈诚不同，而且也是反对陈诚的。最后他才同意与重庆发生关系，但却一直没有什么具体表现。特别是重庆要利用他的身份搞反共活动，他不肯按照重庆指示去做，所以胜利后被判处死刑。

还有汪精卫的副手陈公博，是通过戴笠的副手郑介民拉过来的。郑的一个海南文昌县小同乡韩尚英，黄埔军校五期毕业，抗战前就参加了军统，任过京沪杭甬铁路局警察总署的警务段段长，一向为军统做改组派的情报，与陈公博早有往来。陈对他很信任，通过他的拉拢，陈与重庆也发生了联系，并用周进这个化名与重庆通讯。唐生明的身份被公开后，韩主动找唐，暗地里把他拉陈的情况说了一些。由于陈当时地位仅次于汪，蒋介石只希望能与他保持密切联系，准备在必要时，才让他来搞“全国统一”的活动。唐身份公开后，在与陈秘密谈话中也听他谈到，他是极力主张汪蒋重新合作，不要再闹分家，好集中力量反共。他说只有这样，日本人才会同意恢复“七七事变”以前的形势。他曾表示一定忠于蒋，但时机还不成熟，不宜急躁。蒋也很体谅他，除把韩尚英派在他身边担任联络

陈公博

外，像一般搞情报、保释被捕的人等，都不让他出面，因为汪精卫还有他自己的打算，不会完全肯听他的话。

汪精卫病死在日本，由陈公博代理南京伪主席期间，陈已看出日本已成强弩之末，南京政府寿命不会长久了。这时，他迫切希望重庆与南京公开宣布“统一”。但蒋介石却不肯干了。陈曾要求去重庆当面见蒋请示“统一”步骤，遭到了蒋的拒绝。蒋在回电中只叫他“暂时维持现状，准备做好协助接收工作”。陈对蒋的为人是非常明白的，收到蒋的回电便冷了半截。他知道蒋不会再需要他了，因为眼看便宜的胜利就可到手，何必再在全国人民面前来闹这个丑剧，便下决心至死依靠日本人。所以日本刚宣布投降，他便要求伪政府高级顾问影佐祯昭，带他去日本躲避。影佐同意为他布置好以后，他便带了大汉奸林柏生、周隆庠、岑德广、何炳贤、陈君慧和女秘书莫国康诸逆与影佐一同逃到日本，他还希望蒋介石能放过他。

由于当时全国人民一致喊出了严惩汉奸、快办汉奸的呼声，蒋介石才不得不通过美军驻日统帅部把这些人要了回来。陈等最初是关在南京军统局宁海路看守所，他还幻想他过去早与重庆有过勾结，不会严办他。戴笠向蒋去请示的结果，是叫把他交与法院公开审判。当被解往法院时，他才知道没有希望得到蒋的庇护了。在公开审讯中，他在法庭上还曾提出他早与重庆有联系，是准许他“戴罪图功”，曾负责维持了京沪等地治安，等待重庆接收而没有让新四军进入这些地区。当他把这些搬出来时，蒋介石不但不承认，而且很快就把他明正典刑给枪决了。当时许多不了解这些内幕的人，看到蒋介石杀了陈公博等大汉奸，还以为他真是忠奸不两立。蒋也认为这些过去与他暗中勾勾搭搭的人，杀的杀了、死的死了、逃的逃了，没有人能了解他过去干的那一套见不得人的丑事，他万万没料到还有

一个他亲自派去搞所谓“曲线救国”的唐生明这个活生生的见证人，会揭露出他这些丑恶的罪行。

一向替汪逆负责军事方面重任的原东北军将领鲍文樾，历任伪军政部部长、陆军部部长及总参谋长多年，他对指挥伪军围攻新四军、偷袭八路军，以及危害各地人民武装力量尽过最大力量。这人是通过张学良将军才与重庆发生联系的。戴笠请被囚禁在军统的张将军亲笔写信给他，由军统派特务陈旭东拿去。鲍是张将军旧部，一见到张将军手书立即同意，并把陈留在身边工作。到快胜利时，蒋介石指示他，要尽力利用伪军配合美军在东南地区登陆，还要勾结日军阻止新四军进入京沪大城市受降。后来日军宣布投降，美军也在东南地区登陆，鲍又调任了伪河南省省长，这些他都没有能做到，重庆也不承认他的关系了。而一些在反共方面立过功的大汉奸，胜利后不但逍遥法外，而且照旧官运亨通，摇身一变又成为蒋介石手下的反共将领了。像孙良诚、孙殿英、庞炳勋等这些人所共知的著名汉奸，为蒋介石收编，连当时的反动报刊也毫不掩饰地报道他们的所谓“功绩”。有一个与唐生明私交最深的大汉奸任援道的情况，可以作为这些人的一个典型事例。任系汪伪手下的海军部长兼第一路军总指挥，后任苏浙皖绥靖军总司令。约在 1941 年前后，任便通过他的弟弟任西平与重庆发生了关系，任西平是军统特务，唐去投敌便与任取得联系。任援道曾任唐生智的天津办事处处长，唐生智反蒋失败，他便拐走十多万元经费，不再去见唐。唐生明再见到他时，两人格外亲热。唐向他说明，蒋介石很怀念他，希望他能利用当时地位，多在沦陷区搞反共活动；并且搜集日本海军方面情报，因美国很需要了解日本海军方面的活动、装备等情况。任曾向唐多次表示：“身在曹营心在汉。”这家伙常常恬不知耻地以关云长自居。

与任援道负责联系的，是由戴笠派去的一个叫陈祖康的军统特务，也给了他一部电台，安置在他的海军部内。陈也在海军部内挂了一个名。任为军统提供有关日海军情报，一直受到美国特务头子梅乐斯的称赞。所以胜利后戴笠接见他的时候，也夸他贡献大。尽管当时受过他危害的苏浙皖边境的人民大声疾呼要求严办这个大汉奸，但蒋介石却公开发表他为先遣军司令，负责攻击在太湖沿岸等地的新四军和地方人民抗日武装。戴笠准备兼国民党海军司令时，还准备重用他。

后来戴死去，他的伪军才收编到七十一军。他还是被任命为汤恩伯部的高参。解放前携了大量搜刮人民血汗得来的钱，往国外当寓公。

伪社会部部长丁默邨，原为CC系中统特务，投敌后，又很快与重庆勾搭上了。戴笠派了军统特务周镐、濮齐伟、毕高奎和他联系，也派去了一部电台。日本投降后，他勾结日军利用伪军维持过京沪一带治安，对阻止新四军进入出过不少气力。所以胜利后在全国人民一致要求严惩汉奸时，戴笠还把他和周佛海一同送去重庆庇护起来。戴笠死后，蒋介石也不肯认账，把他和周佛海等一同交了出来。当法院判处丁的死刑时，丁妻赵敏很不服气，到处发牢骚，埋怨蒋介石翻脸无情，可是再闹又有什么用呢？

胜利后第一个被枪决的大汉奸缪斌，为汪伪政府中的考试院副院长，他也是很早就与重庆勾结上了。军统派顾敦吉和一个姓金的特务和他联系，他认为最得意而对汪蒋两方面都立了大功的一件事，是由他把蒋介石派在江南打游击的“苏鲁皖游击副总指挥”李长江一个军的部队变成了伪军。这一做法非常之恶毒，当初李长江和新四军经常在一道，人枪还不少。但重庆方面对他的弹药接济不上，蒋介石便指示可通过缪斌出面和李长江谈判，将所部改编为伪军后，由汪精卫供给他几十万发子弹和其他装备后，立即掉过枪口去攻击新四军。这样做，重庆方面可以把攻击新四军的责任推到汪精卫身上。汪也乐得这样做，他不像蒋介石对经常公开反共还有点顾忌，他是公开标出“反共建国”的。最妙的是蒋介石指示缪斌去和李长江谈判时，还派了李的顶头上司也去参加谈判。汪精卫给了李长江一个第一集团军总司令伪职后，他马上进攻新四军，一下成为汪伪政府的红人，大受汪、日的称赞。

胜利后，缪斌以为自己立过这样一件大功，不但自己无问题，还以为可以保护一批汉奸。他常向一些去南京、上海接收的重庆军政人员公开吹嘘自己的这一“功绩”。戴笠一到上海，就把他逮捕起来，而且很快就被枪决了。当时该杀与应杀的汉奸那么多，他却以“有功”而成了第一个被杀的，这中间的秘密不是一般人所能了解的。

伪浙江省省长傅式说，在任多年，作恶不少，胜利后却能逍遥法外，主要是

傅式说

他在浙江省任省长几年内，坚持做了一件事，即把蒋介石母亲的坟墓，保持完整，没有遭到破坏。浙江不仅是蒋介石的家乡，也是戴笠的家乡，他们都迷信风水。特别是蒋介石，总认为他爬上中国的统治地位，与他母亲埋葬的地方很有关系，平日他母亲坟地上的一草一木都不准许别人轻易动一下，生怕破坏了风水，影响他的前程。所以傅一当上浙江省省长，戴笠就千方百计派他的江山县小同乡毛翚和他联系上了，军统便派了毛翚的儿子毛敬泉，以及何培荣等军统特务到他身边工作，傅式说遇到许多事常向南京和重庆两方面汇报、请示。南京汪伪政府一些反蒋的大汉奸与日军中一些中国通，都多次打算挖掉蒋介石母亲的坟墓，傅式说便想尽办法去说服这些人，而且让军统特务每隔不久，便站在"蒋母之墓"前面照张相送去重庆，让蒋介石看了放心。每次更换奉化伪县长时，傅式说总要亲自暗中交代一番，把保护这座坟当成伪县长的特殊重要任务。所以许多人说，这种人是懂得做官之道的。

至于像汪伪南京宪兵司令陈皋、文化大汉奸周作人、山东伪省长杨毓珣等一类部、省长级的许多大汉奸，先后通过军统特务戴觉生、金城银行经理周作民以及一些纱厂、烟厂老板去和他们进行勾结拉拢的事，就太多太多了，也不再一一列举了。

六、唐生明献"三策"，李士群命归黄泉

唐生明单刀直入地问周佛海："是不是为了木子的事？"不等惊讶中的周回过神来，唐又补充道："上中下三策，上策为佳。"周一下子把身子一纵坐了起来，显得非常惊慌。他当时认为这是最机密的大事，绝不会有人知道，

更想不到唐会建议这样三策。

唐生明在沦陷区的几年中，做得最出色的一件事，是他联络日本特务与周佛海等一同出谋划策，假手日寇杀掉了汪伪特工头子李士群。这是一幕非常曲折离奇的事，不仅轰动一时，还有种种不同传说，现就唐生明所说的经过叙述如下：

李士群在汪伪组织中，最初是在上海极司菲尔路76号特工总部中当丁默邨的副手。后因日本人对他特别喜爱，不久，便把丁挤走，由他负责领导总部。后来这个特务机关几经改组，由特工总部改为政治保卫总部，再仿照重庆戴笠一个样改为调查统计局，一直归他负责，即使在1943年兼任了伪江苏省省长后，也不肯放弃这个职务。

在那几年中，他在沦陷区横行不法，任意捕人杀人，谁也比不过他。当时沦陷区许多人都把他看成蒋管区的戴笠一样。因此戴笠也特别重视他，一直要唐生明设法拉拢他，好利用他在沦陷区的特权，配合军统去进行反共活动。

李士群在汪逆手下可称得上一员反共大将。在反共方面他是竭尽全力，除主持所谓清乡工作外，平日对共产党人的捕杀，几年中数以千计。他常以此而自豪，不仅受到日伪的称赞，连蒋介石、戴笠也都很赏识他。虽然他不愿和重庆发生关系，但重庆仍想有一天把他拉过去。军统在上海暗杀过伪市长傅筱庵这样一类大汉奸，要暗杀李士群，只要唐生明暗中相助，是完全可以成功的，但戴笠只是要唐设法拉他合作，并很有耐心等待他。

76号特工总部头子丁默邨（左）与李士群

李之所以不愿与重庆发生关系，唐生明从多方面了

解到，原来他在国民党中央党部工作时地位很低，远不如陈公博、周佛海、丁默邨等人，人事关系也很少。他投敌后才一下子爬起来，当到部长、省长地位，同时他也杀过不少军统、中统等特务，结的仇很深。所以他一直认为，只有死心塌地依靠日本人才是唯一出路。由于日、汪对他的倚重，他的野心越来越大，并且日渐骄横。特别是他和伪江苏省省长高冠吾闹意见时，日、汪都全力支持他，将高调走。他兼任省长后，更认为自己了不起。原来他就和周佛海在经济上争权夺利闹得很凶，后来对周也满不在乎，尽管两人表面似乎很亲热，但骨子里却仇恨很深。发展到后来，彼此都有心以杀掉对方为快。

唐生明和他两人关系都不错，周与重庆有了关系后对唐自然更深一层，他们两人闹意气便常与唐谈。唐两面敷衍又两面挑拨，以加深他们之间的矛盾。不过他得知李的部下要对付周的时候，他便让周特别警惕，而知道周和罗君强、熊剑东等准备对付李的时候，他却不去告诉李。如果李知道了抢先把周佛海等杀掉，这对唐的工作是非常不利的。在这个问题上，他对李始终是保密，不敢吐露半点风声。

重庆由于争取李多年无结果，特别是听说新四军方面也在派人争取李，到1943年夏天，重庆才下决心要除掉他。唐生明接到这个指示后，考虑再三，便向戴笠提出建议杀李可采取上、中、下三策。下策立即可以实行，即由唐向军统特务提供李的日常行动情况，随时狙击。因李对唐从不防范，甚至李在上海愚园路749弄68号家中，唐可以在那里请客吃饭。唐的身份暴露后，李还很坦率地向其表示："你是渝方派来的代表，我有责任保护你，两国相争，尚不斩来使，何况我们交情这么深，你放心吧！我保证我的部下没有任何人会敢来对付你。"事实上也是这样，唐和李士群往来也像与戴笠往来一样，因为这两个特务头子都是爱吃喝玩乐的人。唐生明对这门道是样样精明，特务头子由于自己的身份不能随便与人去玩，唐生明的地位和为人大大咧咧，正符合作为他们的朋友，所以唐在这两人中间都得到了信任。他要让军统暗杀李的话，那太方便了，不过杀了以后，李的部下肯定要报复，唐也不能幸免，所以他认为这是一条可以马上做到的下策。

唐提出的"中策"是利用他和汉奸之间的内讧来除掉他。这样可以避免唐卷人，而且可以挑起他们之间的一场仇杀。在沦陷区，不但周佛海这一派的人对李早有不满，就连许多伪军头子中，因清乡期间彼此争权夺利，对李的仇恨也很深。只要花点工夫，挑起这些人去对付李，是很有把握的。

唐的“上策”是利用日寇和李的矛盾去杀掉他。这是一点不会露出痕迹的，也没有人敢借此找麻烦，而且可以给那些死心塌地跟日本人走的汉奸一个最生动现实的教训，一举数得，对以后拉拢汉奸也就更容易了。不过这个上策却不是那么轻而易举就能办得到的。

戴笠接到唐生明这一建议，认为“上策”是最好的一策，但为了考虑他的环境，却把这一任务交与周佛海去执行。开始他没有告诉唐让周去干，而是周暗中把这一情况告诉了唐。

周接到这一任务后，心情万分紧张。周认为万一走漏点风声，稍一不慎，不仅自己马上会被李杀掉，甚至全家性命都将不保。有一天，周找唐去他家，在抽鸦片烟的那间小房内，还叮嘱他老婆杨淑慧坐在楼梯口不让人上楼去。他刚一躺下去，烟还没有抽，就有点吞吞吐吐想说又止。唐便单刀直入：“是不是为了木子的事？”（他们背后叫李士群为木子）他一听，当时就吃了一惊。话犹未答，唐又补上一句：“上中下之策，上策为佳。”周一下把身子一纵坐了起来，显得非常惊慌。他当时认为这是最机密的大事，决不会有人知道，更想不到唐会建议这样的三策。周怕多一人知道就多一分生命危险。唐才说出这三策是他献的，他自己怎敢泄露半点，周才敢将蒋介石命令他准备如何去进行的情况告诉了唐。他当时非常担心，要让他这个手无缚鸡之力的人去杀害一个杀人不眨眼的特务头子、杀人魔王，是不能不十分顾虑的。

自那次揭开了这个问题之后，他们两人关系就更不同了，因为这件事周开始连老婆都不敢告诉，怕她万一不慎走漏风声，所以便常找唐秘商。周也同意采用“上策”，并决定设法利用上海日本宪兵队特高科长冈村中佐去办。周本人不直接出面，而是通过他手下税警总团副总团长熊剑东去勾结冈村。熊原为军统特务，1940 年在上海被日宪兵队逮捕后与日宪兵队发生了关系，甘心为敌寇工作，以后周请求将熊调为税警总团副总团长，目的也是为了对付李士群。因李早看上税警

总团，熊有宪兵队作靠山，李在工作上又一向与日宪兵有矛盾，熊调到税警总团，李就不敢随便去吞掉熊，这就更增加了周的实力。不久，冈村升任了上海日宪兵队特高科长，周常指使熊剑东在冈村面前去说李的坏话，冈村早就对李不满。李自兼江苏省省长后，态度比前更傲慢，对冈村也不如过去恭顺。由于这些因素，周便决心要通过冈村之手去杀掉李士群。办法是周要熊剑东用种种方法去挑拨冈村，说李对宪兵队如何不满，工作上如何想方设计要与宪兵队争权力，尤其是说李越来越瞧不起冈村。这个性情暴戾、一贯爱独断专行而又头脑简单的日本恶魔，听了这些便咬牙切齿发誓要除掉李。熊又故意劝他不能这样做，因李负责特工工作多年，很得日军总部的信任，劝他要忍让一点。这更使冈村冒火，决心不顾一切要把李除掉。这时熊才建议，只有找机会毒死他，以避免公开去干的后果。冈村认为这是一条妙计，可以做到不被别人发觉。熊与冈村商量好之后，但一时找不到最好最猛烈的毒药，因使用一般毒药容易抢救过来，一次不成就无法再下手。正好，就在那时，周派到重庆去见戴笠的彭寿回来了，他刚从戴笠手上要到一些最可靠的烈性毒药，有的只要服下一点，便马上死去，有的服后几小时才发作，能使全身水分挥发完而致死，有的潜入心脏等处几天发作便无法抢救。这些经军统局研制多年的毒药，都是无味、无臭、无色的剧烈毒品，只需用少量即可致命。周便选了一种当天不会致命的毒药给熊剑东转交给冈村。冈村一听说这种毒药吃下一点点即可在一两天内毙命，十分高兴，便迫不及待想马上动手，但一时找不到机会，他便不顾一切，决定自己出面，请李去他住的百老汇大厦家中吃饭。

李士群因和冈村一向处得不好，对之防范甚严，但又不敢公然得罪他。因汉奸不论大小，都得仰日本人之鼻息，何况冈村是日本在华有特权的宪兵队负责人，他总是耐心强笑和他敷衍。他原来一向住在苏州，那天正有事去上海，冈村得知便正式下请帖请他。他本不想去，但又不得不去，他明知去了没有好处，也只好硬着头皮去，因他依靠的晴气大佐正好调走了，他不得不去巴结冈村。

在准备进行的头一天，周佛海把熊剑东和熊的老婆唐逸君与自己的老婆杨淑慧找去研究如何进行。最后决定由熊、周两人的老婆去帮助做下毒的工作，因为失败成功在此一举。周部署完毕，自己便回南京等候消息，以避嫌疑。

百老汇大厦

这天，李士群带着他的亲信夏仲明充当翻译，一同准时前去赴宴。杨淑慧这位伪行政院代院长的夫人和唐逸君都不顾自己当时的身份，早就躲在冈村家中等待下手。那天是吃西餐，菜预先分好端过去，每次给李吃的东西，都由她们两人先拌上毒药，再交日本下女送给李。由于李平日作恶太多，对自己最亲信的部下要杀掉时，也不采用公开方式杀害，总是借请客吃饭时暗下毒药。他手下一个杀人恶魔吴世宝，因杀人多又随意抓人，日本宪兵队把他找去问他为什么随便杀人抓人。他说这是李士群授意的。日本人向李提出，要注意：把中国人都杀掉了，谁来给我们干事？李恨吴说出了自己，便下毒药将其毒死了。所以他对冈村请他吃饭，而且客人只有他和夏仲明，他怕冈村也用毒药对付他，所以每次下女端给他吃的东西，他一口也不吃，推说身体不好，正在闹肚子，不能吃东西。冈村一看这情况很着急，躲在厨房下毒的人更急，最后冈村自己走进厨房，亲自端出一份牛排，把剩下的一小点毒药都倒在生菜上面，冈村很殷勤地劝他多少吃一点赏赏面子，李士群只好勉强吃下牛排旁边放的一点生菜。当场完全感觉不出有什么

不舒服，他很庆幸自己躲过了一场灾难，稍坐一会儿就想辞行。冈村怕他回去用灌肠胃办法把吃下去的东西冲洗掉，便提出几件平日他们之间最感棘手的事来和李商谈，李不得不应付，直谈到很晚才让他离开。

冈村请李吃饭是1943年9月7日，李当晚回家果然叫医生为他清洗了肠胃，只稍微有一点点感到不舒服，还不完全在意，如果是一般毒药，经过清洗便可排出，但他没有想到冈村会用军统局配制的毒药来对付他。第二天他回苏州，在车上他还没有感到异样，一回到苏州家中，就满身大汗不止。用输液、喝水等办法进行急救也不中用，8日整晚都是汗流不停，到了9日上午便全身水分排完，萎缩如同小孩一样。这个在沦陷区杀人无数的汉奸恶魔，就此一命呜呼了。

周佛海得到李暴毙的消息，于10日赶到上海。听杨淑慧等谈下毒时提心吊胆，最后剩的一小点被李吃下去等情况，不禁兴高采烈。而汪伪政府中的大小汉奸，对李的突然暴毙无不感到异常惊慌，当知道此事是出自日本人之手，又都噤若寒蝉，谁也不敢乱说，都怕惹祸上身。

伪政府发布李死去的公报时，只含含糊糊地说，李是患吐泻症不治身死，并说是在苏州得病在苏州死去。对他两天前去过上海应冈村宴请，一字都不敢提。

汪精卫平日对部长、省长级的大汉奸死去总是亲自前往或派院长级的人代表他去致祭。这次对李的死，只派了伪行政院秘书长陈春圃代表他去了一趟，发了5万元治丧费，不敢大肆铺张。其他的人一看都怕惹事，很多人都不敢去吊唁，多半是派一代表或送点祭礼之类敷衍一下。

唐生明本不想去，因徐来说不去不好意思，唐去了灵堂站在棺材边。据他说，他当时有两种矛盾心理与别人完全不同。他说：作为朋友，看到李这样惨死很难过；作为工作，则感到无比高兴，因为他的这一“上策”，顺利实现了。

李士群这样死去，使得当时许多忠心耿耿为日寇充当鹰犬的大小汉奸，都存有兔死狐悲之感。

胜利后，唐生明见到戴笠，向他详细谈毒死李士群的情况，因过去只在电报中简单提了一下。戴听后，把大拇指一跷，连声称赞：“这件事干得真漂亮！”

抗战胜利后，国民党委派的上海市社会局局长吴开先，在重新返任时发表过一次很长的谈话，大意是说：在抗战期间，他奉命留在上海做敌后抗日活动，不幸被日寇逮捕，曾受尽酷刑，始终不肯招认出自己所领导的组织和有关人员，他还曾经吞针自杀，被救转来；以后敌人又以高官厚禄引诱他，也丝毫不为所动，最后是乘敌人不备，不顾全家性命与自身安危，闯关越险，历尽万苦千辛，终于逃回重庆……同时重庆方面也曾大肆宣传，把他这一行为，吹成典型的敌后抗日英雄人物。

吴开先

国民党大官吴开先真是这样的硬骨头吗？如果真是这样，那他就不会在重新返任局长的第二天，专程跑到唐生明家去向唐道谢了。原来他那一幕丑事唐最清楚，并真心诚意帮助过他。

吴开先被捕后能返回重庆，当时是负有日寇招降蒋介石的重大使命的。这件事具体经过如下：

1943 年夏天，唐的身份已公开为蒋介石派在汪精卫和日本方面的联络人，有天李士群告诉他，国民党留在上海的前社会局长吴开先已被捕多日，业已去过南京，见过汪精卫和汪的日本顾问。他们原来准备让吴担任南京的社会部长或伪中央党部其他重要职务，吴已答应考虑。后来汪等又考虑到另一个更重要的任务，准备请吴担任，所以又把他送回上海，要他和唐共同研究，并让吴暂住在唐家不要对外露面，将来如何安置，再慢慢谈，唐同意了。

第二天，李士群派人把吴送交给唐。唐一面向蒋介石报告，一面与吴商量，听听他的意见。当时吴也拿不定主意，既想去南京做官，又不知道汪和日本方面还想要他干什么？唐便向各方去打听，了解到，原来是 1943 年 1 月 9 日南京伪政府奉日寇之命，向美英宣战后，日本最高当局的决策是希望很快结束中日战争；对蒋介石愿作出更多的让步，日本愿恢复到“七七事变”前的形势，把大部分侵

华军队撤走好对付美国，只要蒋介石同意断绝和美英关系，并公开继续进行反共军事活动。

在如何进行反共问题上，当时陈公博、周佛海、李士群几个人几乎是异口同声地告诉唐："在几年战争中，日本人已深深体会到共产党一天天在壮大，已成燎原之势……如依靠美英继续抗战下去，只会使共产党更强大，这是是非不明，利害不辨，今天是悬崖勒马的好机会……"他们还认为蒋介石听信谗言，所以必须找一个能直接和蒋介石当面分析利害的人去恳切谈谈，他们认为吴开先可以完成这一项任务，所以正在考虑。他们一面谈如何运用吴开先的问题，同时也是向唐示意他也应当这样去说服蒋介石。唐了解到这一内幕后，便向蒋介石报告，答复只是让其继续注意。

隔了好久，蒋介石的指示又传来，他同意日本人送吴开先回去，不要去南京任伪职，并说明：吴到重庆后会妥善安排，不必有所顾虑。从这一回电中，也可看出蒋也是寄希望于吴开先，想看带回去的和谈具体条件。

有一天，汪精卫的最高军事顾问影佐来到上海，他是一度离开汪去担任部队工作，汪的最高军事顾问提过柴山和松井两人，日本政府认为这两人都不如影佐，所以又把他调回原职。他重新回任后权力比过去更大，日本政府很相信他，许多重大问题都可由他作出决定。唐在上海见到他，便找他谈吴开先回重庆的问题，他当时即表示可以早点让吴回重庆去说服蒋介石，应当早日停止抗战。他很慎重地向唐表示：为了蒋介石着想，应当立即接受日本人这番诚意，下定决心，才是出路。他还说：重庆方面如果有什么顾虑，日本在某些问题上尽可能多作出些让步，不太损伤蒋介石的面子。这些问题，他们一定会考虑到、照顾到。当唐把重庆同意吴回去的话告诉他时，他更兴奋，并认为重庆方面能接受日方派吴回去，这种表示是很好的，而且表现出了有些诚意。他马上向唐说了一些对蒋介石很尊敬的话。临走，他还希望唐多利用与重庆方面的关系，早日促成这件大事，大家都有好处。

唐回家便把和影佐谈话的情形告诉了吴开先，吴听了高兴异常。

影佐回南京后，日本上海驻军司令部派人找吴去商谈了好几次，吴回来很高兴地告诉唐，日方已同意送吴回去，向蒋介石当面转达日本政府的一些意见，主要内容还是上述那些，只是希望吴一定要与蒋直接谈，尽快作出具体答复。

又经过一番研究之后，约在1944年初，在日本人小林的保护下，吴乘机离开上海经广州湾回到了重庆。吴回重庆见了蒋介石怎样谈的，因直到抗战胜利，吴唐两人才晤面，彼此都不愿再去提那一幕暗地里准备进行的和谈丑剧了。

1944年以后，由于同盟国军事上日占优势，蒋介石与美国又勾结得很好，他这时对准备投降日寇的打算才慢慢有所改变，对勾结日伪的兴趣不像以前那么浓厚；这个时候，军统在上海、南京等地的活动重点是替美国做情报和气象等方面的工作。

唐生明在上海时，曾于无意中为美国搞到过一件他们认为价值很高的军事情报。这一情报为美国海军在全歼日本舰队中起过重大作用。当时军统在沦陷区搜集日军的情报，大都是通过一些与日军有勾结的汉奸进行的，得到的东西都比较可靠。唐在上海经常往来的有一个日本海军省的嘱托（帮办一类职务）古川，这人原不认识唐，是他自己去找唐的。1928年唐生智反蒋失败，从汉口坐日本兵舰在上海换船去日本时，古川有个兄弟原在汉口日本海军方面工作，汉语很流利，唐生智请他当翻译，以后又陪同其去日本。因唐生智对这人很好，古川便一直记得这件事。唐生明由重庆到了上海后，古川听说这人是唐生智的弟弟，经须贺海军少将的介绍（须贺抗战前在武汉日本领事馆工作时，便与唐生智、唐生明兄弟相识），便找到唐生明联络叙旧。在那个环境里，都以能结交日本朋友，特别是以结交日本高级军官为荣，所以唐生明也乐得认识一些这样的朋友。

古川当时住在法租界霞飞路一座很大的洋房里，唐和他往来中，渐渐由一般性问题而谈到当时许多政治性问题。古川不止一次地向唐谈到中日亲善问题，他认为中国共产党壮大起来了，不但蒋介石对此感到日夜不安，连日本人也很担心。因为共产党主张抗日，反对日蒋合作，所以使当时局势弄成那样，他一直认为蒋介石是能与日本合作反共的，而汪精卫的力量却很有限，只能在口头上高喊反共，实际上成不了大器。当时他这种看法，几乎是唐在沦陷区所见到的日本高级军官所普遍存在的一种论调。

梅乐斯与戴笠全家

约在1944年下半年，有一天古川邀唐去他家吃便饭。古川饮酒不少，在与唐谈到日本海军作战的问题时，他带着几分醉意向唐夸口说："日本海军在这次战争中虽有些损失，但我非常有信心，相信不久必能突破美国海军主力，给以沉重打击，可以扭转当前战局。"唐便故意用怀疑口吻进一步去追问他："有几分把握?"他又连干了几杯之后，便在不知不觉中流露出了他刚从日本海军某重要负责人方面得来的消息，说日本正在把所有能作战的舰队集中整编一个新的舰队，集结在琉球群岛附近，准备出其不意，给美国舰队一次突然袭击，这样可以给美国舰队以致命打击，像在珍珠港一样。唐听到这些后马上给重庆发了急电，戴笠立即将其送给中美合作所转给了美海军方面。据说美国海军当时正在竭力搜寻日本舰队的下落，久久得不到可靠的情报，他们也估计到日本一定会把剩余的力量集中来一次突袭，所以对唐的这一情报十分重视。经查对属实后，便趁日本舰队尚未完全准备妥当，集中海空力量以迅雷不及掩耳之势，先发动攻势，结果在雷伊泰湾附近那次激烈的海战中，一下击沉和击伤日舰近百艘之多，使日本海军遭到了毁灭性打击，溃不成军。由于这一胜利，中美合作所美特头子梅乐斯也由准将晋升为少将，美国海军部并正式备函向戴笠表示谢意。

抗战胜利后，梅乐斯到上海，专程去见唐致谢，并说这一情报是中美合作过程中最突出的一项成绩。

七、鸟尽弓藏，唐生明险遭暗算

唐生明得意地笑着说：他在沦陷压掩护过国民党的电台，后来又在国民党区掩护过共产党地下电台。他这一套比我这专搞特务的还高明。我承认他的确有一套，很不简单，要比我高明很多。

抗战进入末期，自苏联开始反攻，德国便节节败退，接着攻克柏林。希特勒自杀后，南京伪政府的大小汉奸们，莫不惊恐万分，他们都知道自己的主子日本军阀的寿命也不会长了。一些过去与重庆有关系的，都庆幸自己早留有退路，将来蒋介石回来问题还不会太大，可能依旧官复原职。少数过去与重庆没有一点关系，而对日寇忠心耿耿的，则终日惶惶，有如热锅上的蚂蚁，到处去钻门路，找关系。不少人给唐生明送厚礼，拉交情。如南京警察厅长苏成德等跑到唐家，希望他介绍与重庆发生关系。另一些则做逃往外国的打算，尽力捞一把，沦陷区人民所遭受的剥削压榨，比过去更厉害得多了。

戴笠于1945年夏天就赶赴东南，等候胜利。他亲自在做抢先接收南京、上海等大城市的种种部署，每天都与唐生明有电报往来，随时要唐告诉他京沪方面的情况。他在建瓯、淳安等处等了好久，满以为日本马上要投降；但是当时日本对美国的逐岛进攻，一直是极其顽强地在抵抗，日伪报纸虽常出现某某岛日军全部"玉碎"的消息，而主战派仍在鼓吹要战至一兵一卒也不投降，并做了远涉重洋去偷袭美国本土的种种准备，看样子一下还不能结束这场战争。戴笠等得不耐烦，正打算先回重庆去，这时，新的消息传来，苏联已在东北向日军发动进攻，日本三面受击，才提前宣布投降。戴笠便急急忙忙发出大批委任和委派汉奸的命令，指示他们应如何勾结日军利用伪军来维持各大城市治安，尽力阻止新四军就近进入京、沪、杭等大城市。

周佛海正式接到派他为军事委员会上海行动总指挥的委任状后，这个职务比起他那个特选的代理行政院伪院长兼上海市特别市长的官阶低了好几个等级，但

他却兴奋异常。因为他摇身一变，一下子又是重庆政府的官员了。他当时生怕出问题完不成任务，因为他的税警总团只有3000人左右，他一面请上海日军司令部全力协助担任外围，阻止新四军进入上海，一面请唐生明调兵帮助他维持市区内治安。唐立即直接通知忠义救国军在附近的陈默、阮清源、郭履洲等几个总队，星夜奔赴上海，同时请戴笠给他们补发命令，以后又把毛森一个总队也调了去，这样便把上海抢先占领了。这些部队都是服装破旧，当时上海人称之为“叫花子部队”，几天工夫就又都服装整齐了。

一切刚布置好，戴笠便飞到了上海，唐生明、周佛海和军统许多大特务都去机场迎接他。他刚一下飞机就兴奋地把唐生明抱了起来，然后才和周佛海等其他人见面。当时军统特务早为他布置了几处华丽的公馆，他都不去，而要住在唐生明家中。虽然他答应唐生明可以好好休息一下，但不久又提出要他帮助整编忠义救国军。他告诉唐，美国海军方面已决定支持他搞海军方面工作，要把忠义救国军等特务武装部队都改编成为海军陆战队，并请唐出任海军总司令部的参谋长。所以他当时便以未来的国民党的海军总司令自居，把上海日本海军的房屋财产设备等一起抢先接收了。

10月12日，重庆政府行政院院长宋子文飞到上海，戴笠带唐生明去中国银行见他。他一见到唐，就说：“这些年你辛苦了！”唐心里好笑，这些年他比在重庆的一些大官舒服多了，宋还用这句话来安慰他，真是天晓得！

1946年2月21日，蒋介石也飞到上海，戴笠当天就在唐家当着唐的面亲笔写了一个报告，请求蒋接见唐，送上后，马上得到批准。第二天晚上，戴笠陪唐去原法租界贾尔业爱路9号蒋介石在上海的寓所去见他。蒋笑容满面地接见了唐，连说几句“你很好！你很好！”之后才叫唐坐下，又连连称赞他与戴笠配合得很好，很能听他的话，做得很有成绩，还希望他以后要多多帮助戴笠做些更重要的工作。唐听完想起身告辞，蒋又以亲切的口吻问：“这几年过得怎样？”“住的地方好不好？”“与你大哥通信没有？”唐一一答复后，再次起身告辞，蒋立即拿起红铅笔写了一张便条交给唐：“发唐生明特别费200万元。”

唐对这笔奖赏，有点啼笑皆非，那笔钱的数目比他在重庆发给的1万元，增加了200倍，却只能买到几两黄金，不过从他当时发给上海市警察局犒赏100万元看来，还是很大方的。

唐谢过他之后，起身告辞。蒋和唐握手时，还特别叮嘱一句：“还都以后，再到南京去见我。”

抗战刚一胜利，蒋介石就以国民政府主席名义发表了取消对唐生明的“通缉令”。大致上是说：过去派唐生明去到沦陷区进行敌后抗日活动时，为了掩敌人耳目，曾由唐生明大哥唐生智呈请通缉在案，现对日战争已取得最后胜利，任务业已完成，前项假通缉应予取消。

这时抗战刚胜利，可说是百端待举中，一向爱拖拉的国民党的办事机构，这次出乎意料之快。主要原因是负责主持在沦陷区指挥拘捕汉奸的军统特务头子戴笠，一到上海就住在唐生明家中。如果不早日取消这个通缉令，一个负责拘捕汉奸的头子住在被通缉过的汉奸家中怎么向沦陷区人民交代呢？

我在抗战胜利后去上海，第一个便是去看唐生明。他非常高兴，全家都热情地欢迎我。唐领着我，从前面看到后面，从楼下看到楼上，显示他这几年住的是这样一座花园洋房，生活舒服极了。不过徐来和张素贞都争着告诉我许多惊险万分差点被日寇杀掉的事，后来知道他是重庆派去的，才安全一些。徐来说她和张素贞在刚去时一天到晚提心吊胆，而唐生明却只晓得享福，我说这正是唐生明高明的地方。张素贞则认为唐的长处是遇到很严重的问题，表面上仍装成满不在乎，只有这样才能应付复杂异常的环境，真正是“大智若愚”。那天随便我们怎样说，唐生明总是一支接一支抽烟，听了我们说他的好话也好，坏话也好，只是轻轻一笑，从不作辩解。

戴笠之死，唐生明、徐来、张素贞都非常悲痛，我去南京为戴笠主办后事时，专门去上海安慰过他们。

戴笠死后，对唐生明的工作安排遇到一些麻烦，虽然通缉令取消了，人们也知道他是奉命投敌的，但有些人仍对他给敌人做过不少的事很有意见。连他自己也说：虽然为国民党做过一些好的事，但替汪伪政府做过的坏事却比做的好事要多得多。他这种心直口快的话，给国民党许多高层人员拿了做攻击他的口实。蒋

介石也不得不考虑到这些不同意见，所以直拖到1946年下半年，军统局改组为国民党国防部保密局之后，蒋介石才找局长郑介民、副局长毛人凤去研究唐的工作，决定发表他为保密局中将设计委员。这对他来说是一种冷遇，因胜利后从敌人手中接收下那么多单位、那么大的地方，需要那么多人去工作，连抗战前他担任过的警备司令都不给他，这的确出乎他的意料。所以他接到这个设计委员的任命后，连设计委员会都没有去过一次，工资也不去领。我代他把每月工资和毛人凤特别批给他的特别费领了交给他的时侯，他接过看也不看一下，便向桌子上一丢，还是徐来向我说了一声“谢谢”。

1948年，蒋介石当了总统后，才把唐生明安排到总统府任中将参军。当我去向他道贺时，他气愤地说：“一个这样的职务有什么值得庆贺！”他又牢骚满腹地说蒋介石是过河拆桥，用得着他的时候，说得那么好，过后就忘记了。我劝他少说这些，这对自己没有好处。

1949年初，唐生明离开上海去湖南担任了陈明仁的第一兵团副司令官。毛人凤告诉我：有人说他与军统大特务、交警总局局长周伟龙暗中勾结，准备在湖南搞和平运动（周以后把交警几个总队调到湖南，准备搞和平运动时，被毛人凤逮捕，解往台湾杀害了）。要我和唐往来时提高警惕，并注意他的言行。我便把他过去发牢骚的情况讲了出来。毛人凤很不高兴地说：“你为什么不早告诉我？”他认为这人重感情，不讲原则，如果他在共产党中的朋友要他为共产党工作，他也会去干，会做出对我们不利的事来。我当时还和毛人凤争论，认为他太敏感了。我当时估计他去搞带兵的工作，是因为目前在对共产党作战的关键时刻，有机会带兵打几个胜仗，就可以升官。毛人凤听了很不以为然，笑我没政治头脑，完全是感情用事。所以后来他派一个暗杀小组预伏在长沙，准备湖南如有反蒋活动，便开始搞暗杀，对象除程潜外，还有准备随同程潜起义的人，特别指出：如程潜宣布起义后，唐如仍不离开长沙，便杀掉他。这个暗杀小组出发时，毛人凤特别关照他们，不要告诉我去杀什么人，

毛人凤

因为这些人都是经过我训练的特务。直到长沙解放，他们逃到昆明见到我时才说，准备杀程潜没有机会下手；在唐生明家附近潜伏，唐出门时，只打了一枪没有打中，唐跑掉了，陈明仁便加派人员保护他，想杀他却找不到机会，要杀随程潜起义的军统特务张毅夫也没有杀成，只把长沙警察局局长刘人爵杀死了。

解放后唐生明告诉我，当时他在长沙的家中掩护了一部中共地下党的电台，军统特务完全不知道，只怀疑他会随程潜起义，所以派人去杀他，因距离稍远，一枪未能打中，所以他能逃掉。如果知道他家中有地下党电台，那就会趁程潜没有宣布起义前，公开去搜捕他，那样准会活不成了。他很得意地笑着说：他在沦陷区掩护过国民党的电台，后来又在国民党区掩护过中共地下党电台，他这一套比我这个专搞特务的还高明。我承认他确有一套，很不简单，要比我高明得多。

八、一生享尽人间福，到老终能晚节全

他说："我投汪精卫是蒋介石派去的，我投共产党是国民党逼的。今天不但再没有人逼我而且这么信任我，我还能再投国民党?"

湖南解放后，他很不适应初解放时期那种生活，希望利用过去的关系，为党做点工作，组织上同意了他全家去香港定居。毛人凤知道后，又派人去暗杀过他一次，也是因远处打枪，连打两枪而未中。后来香港警务方面对他加强保护，特务也没有再去暗杀他，只暗中严密注意他在香港的活动。1956 年他从香港回京，任国务院参事和全国政协委员。

1957 年，我和杜聿明、宋希濂、王耀武等，在北京功德林战犯改造所改造时，唐生明夫妇随同张治中、傅作义、邵力于等原国民党高级军政人员去看望我们。这对正在接受改造的战犯们真是喜出望外的大事，而唐生明直爽的谈话，更增加了战犯们改造的信心。他在与我们会见时，露骨地表示：他过去从一些上层

领导人口中，特别是这次毛主席、周总理要他们来看望我们时得知，不但不会审判我们，只要改造好，诚心诚意靠拢共产党，能认罪服罪，肯定前途光明。别人说话都比较含蓄，他的话的确增加了大家改造的信心。所以1958年后我们去秦城参加农业劳动改造时，在那样宽松的环境下，成百的战犯没有发生过一次企图逃跑的事，这与那次他们去鼓励我们，特别是唐生明的谈话分不开。

抗战胜利后，我到上海第一个去看望的是唐生明，解放后，1960年我得到特赦，在北京第一个看望的又是唐生明。他在去功德林战犯改造所见到我时，便把他在北京东四前厂胡同5号的住址告诉了我，所以我得到特赦便第一个去看他，他和徐来及几个孩子看到我去都十分欢迎。当时正值三年自然灾害时期，粮食有定量，不够吃，特别是我女儿从湖南来北京后，他除了常常邀我们去他家改善生活外，每月还补助我一些粮票。这在当时是很难得的，所以使我至今不忘。

我得到特赦后，总认为原国民党人，不管是起义的，还是被俘的，在和共产党人之间的往来，不可能和过去一样随随便便，彼此之间有一层无形的隔阂，可是我在唐家看到他和解放军一些高级将领往来时的亲密无间，使我感到意外。有

唐生明（右三）、沈醉（右一）

一天，陈赓大将去看他，两人谈话那么随便，并不断开玩笑。陈赓大将走后，我问他为什么与陈这么好？他说：“我们感情和兄弟一样。”接着他告诉我，陈抗战前去上海医病，当时党内经费较紧张，他曾在经济上接济过陈。我听了立刻想到，我在上海工作时，上海特区区长吴迺宪是黄埔一期毕业，与陈赓同一中队。军统得知陈去了上海，吴便带领大批特务到处去寻找而无结果，想到此，我禁不住脱口而出：“我在上海常见到你，怎么不知道你和陈赓有往来？”他听了大笑：“我和陈有往来，如让你们知道了，我就成了出卖朋友的小人，你们就成了立大功的人了。”

唐生明曾不止一次告诉我，要我打消顾虑，大胆和共产党人交朋友，不要有自卑感。他说都是人嘛，人都要朋友的。不过与共产党人交朋友和与国民党人交朋友有一个完全相反的地方，要我特别注意，他说与国民党人交朋友时，你可以当着他们的面骂国民党，他们不但不生气，有时还会附和你骂上几句。而和共产党人交朋友，你如当着他们说共产党不好时，他们保准会反驳你，毫不留情地和你争辩。我说这是共产党人的党性强，也没有可骂的地方。他说共产党是没有可骂之处，而个别共产党党员却不但有该骂的地方，还有极个别的该打屁股呢！

我和唐生明相交几十年中，总是看到他笑容满面，因他一生享尽人间福。中国人有一句祝贺人的话，是希望对方能“富”“贵”“寿”“考”。而真正能具备这四个字的，我所认识的朋友中，唐生明可以说具备无遗！第一：“富”，他一生有钱花，父亲是大地主，是东安有名的“唐半城”。第二：“贵”，二十几岁就当了国民党第四集团军第八军副军长，以后又当了长沙警备副司令（中将）和常桃警备司令（中将）兼湖南省第二行政区专员兼二区保安司令。奉蒋命令投敌后，又在南京任伪政府中的军事委员会中将委员兼江苏保安副司令。抗战胜利后，又任国民党国防部保密局中将设计委员和蒋介石总统府的中将参军，国民党第一兵团副司令官。解放后因参加湖南起义有功，任过国务院参事；全国政协第三、四、五届委员，第六届常务委员。第三：“寿”，他一生总讲吃喝玩乐，从不忌嘴，什么好吃的东西都吃个够，烟酒没有断过，还能活到 82 岁高龄，不能不说是高寿了。第四：“考”，他的夫人是过去有名的电影演员中的标准美人徐来，不但能歌善舞，而且向梅兰芳学了几句京戏，家庭之乐可想而知，徐为他生了两男两女，他另一位夫人也

曾为他生了一个男孩，有三男二女的人，是够得上称考的了。

唐生明夫人徐来（后排一）与阮玲玉（后排右二）、胡蝶（后排右三）等合影

不过“十年浩劫”的“文革”一开始，他也在劫难逃，使他吃过一段平生从没有吃过的苦头。首先是被全国政协的红卫兵把左手腕扭成重伤，1966 年 11 月 8 日与他夫人徐来，一同被“四人帮”逮捕，囚禁于秦城监狱。因抗战前，徐来在上海艺术电影界方面的声誉，远远超过江青，江青趁此机会用种种办法折磨她。因她认识戴笠，便把她打成“军统特务”，逼她交代混入新社会搞过些什么特务活动。她过去的确没有参加过军统，最后被折磨死于狱中。唐生明于 1974 年才被释放出来，孤身一人住在一间小屋内。伙食是东吃一顿西吃一顿，直到“四人帮”被粉碎后，政府发还了被抄的财物，他才又过上了奢侈的生活。

我和他几十年交往中，只见他流过一次眼泪，那是“文革”开始后，全国政协红卫兵对我们这些人去领一次工资便打骂一次，大家把领工资视为畏途，我便答应代他们去领，计有唐生明、杜聿明、宋希濂、郑庭笈、董益三等人。有次我去领工资，照例是被痛骂一顿，我还主动打扫完厕所才把工资领到。会计室的同志从不刁难，说代谁领就让我代谁领。我正一份份地签字时，一位会计告诉我，从这月起原来每月扣发你们 30% 的工资，以后不再扣发，过去扣发的是否补发还在请示中。我高高兴兴地把这些没有扣去 30% 的工资送到杜聿明家。因唐生明、宋希濂、郑庭笈都住在一个大四合院内，当我大声把这一喜讯告诉他们时，都猜不出，那个时候谁还记得照顾我们？我和宋希濂正在研究时，唐生明从正北房走出来，只见他眼眶通红，噙着满腔热泪走在我们当中。他边揩眼泪边用激动的口吻说：“这是周总理听说政协扣发了我们的工资，亲自打电话到政协，不准他们再扣，已扣去的还要补发。”我们这时都激动得热泪盈眶，唐生明又补上一句：“周总理对我们太好了！”说完掉头就走，我追过去，看到他还在揩眼泪，几十年中，我才看到他掉了眼泪。说实在的，扣去30%的工资，我们并不在乎，不扣却还补发，虽然钱不多，但在那种人人喊打我们的时刻，居然还有人出来为我们说话，这种感激之情，怎不使人流泪呢！

1980年后，他曾多次去香港，想经营商业，台湾方面来人告诉我，国民党想趁他在“文革”期间受到折磨，而企图拉他走回头路。我有次和他谈话时，暗示他应当把“文革”吃的苦头归到“四人帮”身上，不能有所怨恨。他一听就懂，便用很严肃的口吻对我说：“你们放心吧！我不会背叛党的，不论他们（指国民党）用什么优越条件，也不问他们拿出多少钱来，我不会半点动摇，而能保持我的晚节。”我当时为他这几句话感动异常。他又补充说：“我投汪精卫是蒋介石派去的，我投共产党是国民党逼我的，今天不但再没有人逼我而且这么信任我，我还能再去投国民党？”面对这位投去投来的特殊传奇人物，心直口快说出这番话来，是十分使人信服的。

1987年10月24日，82岁高龄的唐生明因病与世长辞了。

他的遗体告别仪式十分隆重。参加告别仪式的有李鹏、万里、习仲勋、王任重等党和国家领导人与各单位负责人及生前好友共400多人。11月4日《人民日报》刊载出新华社消息：“唐生明同志遗体告别仪式在京举行”，并发表“唐生明同志生平”，说他是“中国共产党的老朋友，北伐战争期

1960年11月，周恩来与部分黄埔校友及其家属合影。二排右三张治中、右四郑洞国、右五陈赓、右六周恩来，三排右三杜聿明、右六为唐生明

间……就赞同国共合作并与许多共产党员结下了友谊。‘四一二’后，在我们党处于最困难的时刻，他一度以实际行动，表示对共产党朋友的同情和支持。在‘南昌起义’和‘秋收起义’中，他曾给予枪支、弹药和军需物资的支援，并保护和营救过起义部队的一些伤员。陈赓同志到上海治疗养伤时，曾给予资助。对唐生明同志这种患难中的情谊，我们党一些老一辈革命家时为怀念和称道。

“1949 年 4 月，他积极参加湖南和平起义的活动，是湖南和平起义协议的签字人之一。为湖南和平解放做了有益的工作。

“长期以来，唐生明同志相信中国共产党的领导、热爱社会主义祖国，即使受到严重折磨的十年动乱中，也未动摇。中国共产党十一届三中全会之后，他精神振奋，热情拥护改革开放的方针政策，并身体力行，不顾年迈多病，奔波于港澳和大陆之间，为开展对外贸易而贡献自己的力量。

“唐生明同志时刻怀念台湾的亲朋故旧，痛心于海峡两岸的长期对峙，他由衷拥护中国共产党提出的‘一国两制’方针，并寄希望在台亲友为早日实现祖国统一，骨肉团聚而共同努力。

“唐生明同志的逝世使我们党失去一位老朋友，是我们统一战线工作中不可弥补的损失。”

总之，他过去自己不愿说的许多事，党和人民一件也没有忘记，全部向全国人民公布了出来，使他的一生增添了不少光荣、神秘的传奇色彩，唐公在天之灵，应当感到安慰和自豪了。

我在参加他的遗体告别时，回顾他不平凡的一生，真是感慨万千，曾口占七律一首，发表在《人民政协报》上，就用它来作为本文的结尾吧！

悼唐公生明

亦友亦师五十年，惊闻噩耗泪涟涟。
热情豪爽英雄色，报国忠诚意志坚。
大是非前真胆略，小糊涂处假痴癫。
一生享尽人间福，到老终能晚节全。

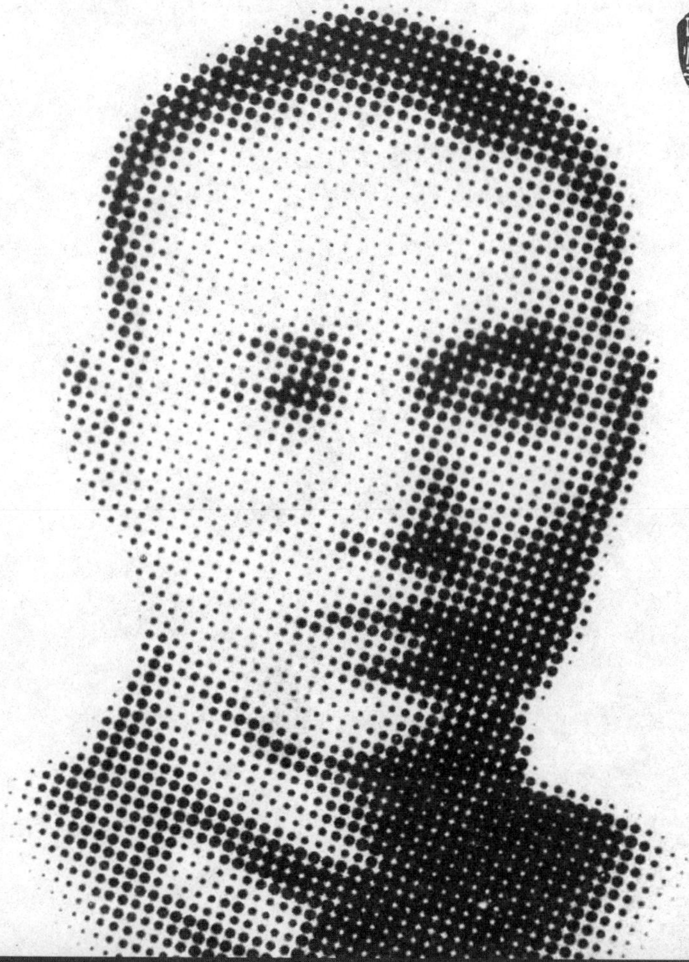

卢汉云南起义始末

沈醉回忆录

一、初识卢汉

解放战争时期国民党云南省主席卢汉智设“鸿门宴”，敦促各路人马起义。而今他已逝世20多年了，我时常怀念他，怀念和他那段由朋友到生死冤家、最后又成为朋友的曲折离奇的过程。

卢汉

我第一次与卢汉先生见面是1938年夏天。那时他率领滇军六十军，参加台儿庄战役后，受到蒋介石的嘉奖，晋升为集团军总司令。当时，他带着紧随左右的副官长邱开基到武汉去见蒋介石。戴笠经邱开基介绍，与卢汉认识，立即设宴招待。正好我从湖南临澧带一批特训班的学生去武汉，戴笠叫我参加，使我有机会认识了他。

1948年春，我由国民党国防部保密局总务处处长改任保密局云南站站长，并由国防部任命为该部驻云南区专员。目的是有个公开合法的身份，便于和国民党驻云南的“中央军”联系，相互配合，统一行动，对付云南的地方武装。我到昆明后，必须与地方党政军负责人见见面。当时卢汉是国民党云南省党部主任委员和省政府主席。邱开基是省警保处处长，负责全省警察和各县保安队的工作。我便请邱开基陪我去见卢。军统过去在云南的负责人都是云南人，和他的关系一向处得不错，而这次突然派我这个湖南人去，他自然要有所警惕。邱开基在陪我去见他的时候，特别向他说明，我调云南是自己的请求，因我喜欢这个四季如春的地方。还说过去在云南工作的一些云南人常闹不合作，影响工作，蒋介石和毛人凤才同意派我去的。他听了这些话，便对邱半开玩笑地说：“我们云南人在一起工作，不像有些省的人那样讲团结，易出内讧，这一点是差劲。”我插嘴说：“湖南人也不大会照顾同乡。”卢汉才转变话题同我谈了起来。他谈到军

政之间不协调，致使地方上的“不法”武装活动没有能彻底肃清。第一次谈话中，他便暗示出他和当时掌握云南兵权的云南警备司令何绍周之间的矛盾。

当时我的任务是了解云南省各方面的情况，并对云南地方负责人暗中监视，经常向保密局提供情报，重要的情报蒋介石都要看。所以一些地方负责人对保密局派去的人都有点敬鬼神而远之。但也有人想利用我们达到升官发财、排斥异己的目的，因而愿与这些人紧密勾结。

云南省警备总司令何绍周，是国民党的重臣何应钦的过房儿子。这位“衙内”早就想把卢汉撵走，一手抓住云南省的军政大权，所以他和卢汉一向明争暗斗，几乎无所不用其极。我这个湖南人一去，正合他的心意，加上他爱好打猎、打网球、打牌，前两样我都是能手，很快便成了他的“两打”朋友。我们每次去郊外深山幽谷中打猎歇息时，他都和我商量如何才能把卢汉赶出云南，由他来兼任省主席。这也正合我的意。因为他当了省主席，对我的工作就方便多了。他想通过我去倒卢，是因为我掌握了不少卢的材料，如卢对地方人民武装不但不派保安团队去围剿，而且在许多地方几乎是和平共处。最有把握使卢去职的是他居然暗中派他的副官处长朱家才，私送枪弹给中共领导的滇黔桂边区纵队司令朱家璧。

当我把卢、何两人之间的矛盾和我主张支何去卢的意见给保密局局长毛人凤去电请示时，毛人凤却一再表示，不能去卢，因何无法使云南局势安定。至于卢暗中接济“边纵”，他认为这是卢作为向“中央”要挟的本钱，决不是希望“边纵”壮大起来来取代他的地位，只不过是他经过权衡利害得失的一种策略。我也清楚，何绍周这个公子哥儿绝对治理不好云南，只会更加激起云南人民对蒋介石集团的反感和仇恨。但出于个人私情，我还是主张由何兼任省主席，另派有才能的人协助他。直到毛人凤表示，暂不能去卢，这是蒋介石的意见，我才放弃原来的主张，对卢表示亲近。特别是1948年冬，卢、何摩擦已达到互不相容的地步，卢准备以辞去省主席的职务来要挟，我便暗中把中央支持卢的情况告诉了卢的副官处长朱家才。朱转告了卢，卢即决定亲自去见蒋介石。

朱家才在行前来找我，说卢希望我能在他去上海、南京见蒋时，对地方军统检查机关多加关照。因当时上海等地航空检查所对什么省长一类的地方官满不在乎，有时还故意刁难。何况从出产鸦片烟的地方去的人，大都喜欢带上一些鸦片烟等土特产去送礼。卢汉当然也少不了带一些去送人。我便在他们临走的前一天打电话嘱咐上海航空检查所，卢汉和朱家才下飞机时，不要怠慢。卢汉从南京回昆明的第二天就请我去吃饭。其实我早已得到消息，蒋介石已同意了他的要求，撤销云南警备总司令部，调走何绍周，把军政大权都交与卢汉。我一进门就向他道喜。他笑着说："你们真是消息灵通。"他诚恳地向我表示，希望我能与他合作。他还感谢我在他去上海时，我在上海的手下人对他的照料。朱家才悄悄告诉我，卢汉认为我这个人够朋友。

二、与卢汉成为"朋友"

每隔两三天，卢汉便叫他的副官朱家才来看望我，问我有困难没有。这种关切，颇使我感动。但我想，他对我再好，若不听蒋介石的话，我也不能真正相信他。

1949年夏天，云南人民民主运动高涨，在中共地下党组织的领导下，云南各校学生、工人和民主人士强烈提出驱逐国民党及其派驻云南的一切机构，包括特务机关。一些进步报刊一再呼吁全省人民要一致行动起来，反对国民党的反动政策。蒋介石对此极为愤恨。毛人凤给了我一封亲笔信，要我立即去西安见胡宗南，把他的老婆、军统特务叶霞翟接到昆明，并让胡宗南抽调两三个军开赴云南。当时有许多人纷纷把家眷送往台湾。由于胡宗南和陈诚的关系一向不好，当时陈诚又是台湾的负责人，所以毛人凤就想利用这种关系让胡宗南把家眷留在云南，从而对云南感兴趣，就可以不必再让他的家眷去台湾了。

我离开昆明的前一天，去看了卢汉，请他对保密局在云南的工作多加照顾。我刚走，他便把我在昆明查获的"边纵"一部手摇发动机的无线电台和送电台来

昆明修理的人下令释放了。被我扣押的在东北被解放军俘虏后释放回到昆明、又到处宣传解放军优待俘虏政策的原营口市市长也被卢汉释放了。等我回到昆明时，云南局势已很紧张。我去看卢汉，他一听胡宗南不愿把老婆送到昆明而是送往台湾，便很高兴。他用讽刺的口吻对我说："这不是白白让你跑一趟，还费劲为她准备了那么好的房子。"当时，毛人凤已有命令来，同意把特务机关撤走。但这只是把有公开身份的特务、属军统指挥的交通警察部队和大型无线电台撤走，而实际上是在加强秘密组织的活动。我把这消息告诉了卢汉，卢汉说："这才是明智的做法。"但我没有料及的是，他竟要我留下来，和他保持密切的联系。他抚着我的肩，用一种军人下令的口气说："我负责保障你的安全，请你放心，留在昆明!"我一听这话，顿时感到这是少数民族重感情讲义气的一种表示。我也很恳切地表示，决不使他为难；如果以后让我走，我随时可走。临别，他用力地握着我的手，再一次表示希望我能留下。说实在的，我虽然表面上和他很亲切，而内心却是站在国民党"中央"的立场上，把他看成是搞地方割据称王称霸的军阀。

我从卢家出来，立刻与毛人凤联系，说卢汉要我留在昆明，并保证不会出问题。毛人凤十分高兴，认为这是我平日和卢相处很好的结果，并希望我利用这一关系，在昆明加紧布置"应变"工作。我家原有的一个便衣警卫班，是由昆明市警察局派来的，也随"中央"驻云南各机关一起撤走了。新调来的警卫，是几个专门搞行动的特务，一个可顶便衣警卫两三个。除这几个人以外，我还让几个外围组织派人轮流在我的住地巡逻，以加强保卫。云南站的大型电台撤走后，我留了一部小型电台，可随时与台湾、重庆联系。为了家眷的安全，我把母亲、妻儿都送去了重庆。为了防备万一，我又去二十六军军部要了一个房间。因为该军军长余程万和我私交甚深，又同属"中央"嫡系，在他那里比什么地方都安全。每隔两三天，卢汉便叫他的副官朱家才来看望我，问我有困难没有。这种关切，颇使我感动，但我想，他对我个人再好，若不听蒋介石的话，我也不能真正相信他!

三、奉命暗杀卢汉嫡系

毛人凤奉蒋介石的命令，要我立即把卢汉身边的几个重要助手暗杀掉……我知道只要枪声一响，他的亲信倒下去之后，卢立即会和我翻脸，而置我于死地。

不久，毛人凤奉蒋介石的命令，要我立即把卢汉身边的几个重要助手暗杀掉。我虽然做好了布置，但不愿马上动手，主要是考虑到自身的安全。我知道只要枪声一响，他的亲信倒下去之后，卢立即会和我翻脸，而置我于死地。特别是那位曾任过陆军大学校长的杨杰，尽管毛人凤一再催我先把他干掉，但是国民党军队中不少高级军官都是杨的学生。他参加了国民党革命委员会，到处派人去拉拢那些学生；还利用昆明的特殊环境在卢汉的同意下进行活动。所以我担心一旦把他杀死，卢汉也会和我闹翻，所以迟迟未能下手。

正在这时，云南过去的统治者龙云，忽然从香港的一些报馆传出："卢汉已在云南起义了。"毛人凤连夜拍电报给我，问是怎么回事，昆明局势究竟如何？我立即复电："昆明一切正常。"第二天我去见卢汉，告诉他龙云在香港的所作所为，卢说香港已有人打电话告诉他了。他希望我为他说明一下，请中央不要相信"谣言"。

龙云

过去，我对卢汉和龙云之间的关系一直不十分清楚。我到云南之前，便听不少人说龙云与卢汉是同父异母，也有的说是同母异父。总之，都把他们两人说成是兄弟。自龙云在香港宣传卢汉已在云南起义后，我才找许多人深入了解了一下，原来龙云与卢汉只是表兄弟关系，同属于彝族上层统治阶级黑彝（即奴隶主）。卢汉的母亲是龙云的姑妈，龙云的父亲纳吉瓦梯又是卢汉的大舅

父。卢汉是吉迪家族，他母亲非常能干，既善于指挥奴隶搞生产，又能骑马打枪，率领奴隶“打冤家”（即少数民族间打内战），对卢汉幼年管教很严。记得有一次我和卢汉闲聊天，谈到彼此青年时期的时候，我告诉他，我抗战前在十里洋场的上海搞特工，待遇很高，如不是母亲管教很严，我肯定会把身体搞坏的。他听了深有同感地说，他青年时期很顽皮，要不是母亲，怎么会有今天。他跟随龙云工作时，他母亲更时常叮嘱龙云，要认真、严格地要求他，所以他一直不忘母亲的教育。龙云比卢汉大 11 岁，卢汉的妻子龙泽清、妻弟龙泽汇，同为纳吉家族，所以他们之间的关系是很深的。

卢汉和龙云都毕业于云南陆军讲武堂，多少年来，卢一直追随龙云身边，为他打天下，是一位机智灵活的猛将。龙云当了省主席后，他一直为龙云保驾。抗战开始时，卢被任命为滇军第六十军军长。龙云爱国，不惜把自己花钱装备的部队派了出去，参加抗日。在台儿庄战役中，滇军英勇顽强，对那次大捷做出了巨大贡献。蒋介石便利用机会把卢汉拉了过去，先升他为三十集团军总司令，不久又晋升他为第一集团军总司令。

抗战胜利后，蒋介石决心除掉称霸云南的龙云。但因他握有兵权，不易听命，便任命卢汉为第一方面军总司令，负责对越南日军的受降。这是很毒辣的手段。抗战胜利后不少人都希望能发接收财。蒋介石就利用这种心理，将卢汉调出了云南。龙云对此有所警觉，他一再叮嘱卢汉：“一旦云南有变，你要马上率部回滇。”卢汉答应：“一定随时听候召唤，有事立即返回。”不料蒋介石布置得十分周密，卢汉刚跨出国门，驻昆明的杜聿明部，就把枪炮对准了五华山——龙云的统帅部。龙云这时身边只有一个警卫营。杜聿明指挥的昆明防守司令部所辖的美式装备部队早已把五华山团团包围。龙云急电卢汉回师。但卢汉的部队一是因路远赶回不及；二是在他所带的云南部队后面还跟着几个“中央军”，再加上昆明附近都是杜聿明的部队，卢即使想回师也很难。结果龙云只坚持了两天，便被迫接受了去重庆担任军事参议院院长的职务。龙云去重庆后，蒋介石便任命卢汉接替龙云担任了云南省主席。从此龙云对卢汉怀恨在心，也许这就是谣言的起因。当时我虽竭力证实“卢汉起义”是谣言，但我也有个预感：卢汉迟早是会走这一步的。

四、只身入虎穴

他说："云南人民抚育我那么多年，我为了1300万云南人民，即使遭到什么不幸，我也认了。"

正当我在昆明不敢轻举妄动，搞暗杀活动下不了决心之际，忽然接到了毛人凤的急电。他命令我停止搞暗杀活动，与卢汉紧密联系，随时将卢的情况电告。我一时猜不透毛人凤为什么会改变主意。8月25日，蒋介石突然由广州飞抵重庆，他要亲自处理云南问题。于是我们便加紧搜集卢汉和地方势力活动的情报，随时电告重庆。不久，蒋介石要西南军政长官张群打电话给卢汉，要卢去重庆见蒋。在这段时间内，我把卢汉在昆明的一言一行都弄得清清楚楚，把当时一些进步报刊连续刊登的毛主席的《新民主主义论》等文章，也搜集来送了去，企图说明卢汉不可靠，非借机除掉不可。结果卢汉接到张群的电话后，推病不去，只派去了两个代表，暗中却约见其军政界亲信，常常商谈到半夜。我建议最好派人来昆明督促卢汉去渝。我估计卢汉到重庆后蒋介石可能会把他扣押，那样一来，云南局势便可急转直下。当卢汉派去的两个代表省委杨文清和秘书长朱景暄见了蒋介石后，蒋坚持要卢汉去，卢汉这才紧张异常。他想反蒋但兵力悬殊，解放军离昆明很远；二十六军已开始把派驻在附近各县的部队向昆明集中；刘伯龙的八十九军已由贵州向云南挺进，先头部队已到达盘县；淮海战役中逃出来的兵团司令李弥拼凑的一个第八军，也由泸州向云南前进。李弥系云南人，在云南有不少关系。此外，还不断有人传说，蒋介石准备把由鲁道源率领的一个滇军兵团，用飞机送回云南。这是蒋介石逼卢就范所采取的高压手段。

蒋介石见卢汉不去，又派他的亲信、原总统府军务局长余济时飞到昆明劝驾。卢汉还想装病，蒋介石又加派了自己的大儿子蒋经国来昆明作为人质，让卢安心去重庆。实际上蒋经国并未留下，只是劝说了一番便走了。这时卢的身边分成"去"还是"不去"的两派，各有理由。正僵持不下，忽然跳出个"李逵"

来，那就是平日不大过问政治的卢汉夫人龙泽清。她坚决主张卢汉去，她说："我自己的丈夫，我比任何人都关心他。这次去重庆，可以说生死难料，但即使把他扣押甚至杀掉了，云南也只是换人，不会大动干戈。如果他不去，立刻就会大军压境，打起仗来，就不是死一个或几个人了。他一个人能顶上成千上万人，为什么不去？"卢汉也坚决表示："云南人民抚育我那么多年，我为了 1300 万人民，即便遭到什么不幸，我也认了。这有什么好说的！"他俩的一番话很快传到了我的耳中，我立即用"限即刻到"的密电告诉了等在重庆听消息的毛人凤，他拿到电报立即送给蒋介石。蒋很高兴，认为还是他的"威信"逼卢就了范。

这时，重庆方面有人主张扣押卢汉，改组云南省政府。也有人主张只要卢汉听话，还是让他回去，因为当时国民党连打败仗，已抽调不出大部队来。尤其是"西南军政长官"张群，坚决主张保留卢汉的职务，他认为以滇人治滇可以团结地方，比另外派人要好得多。蒋介石对张群的意见一向是听得进的。卢汉 6 日一飞往重庆，昆明方面便异常紧张起来，因为卢临行前曾叮嘱龙泽江和谢崇文等高级将领，要他们把队伍集中到昆明，加紧布防，随时做好打巷战的准备，他还指着龙和谢大声说："你们也是云南老百姓养大的，养兵千日，用在一朝。要特别记住，剩下一个兵也要打下去。我安全回来，就撤防解严。"他的这番话，既是对龙、谢说的，也是对陪同他去的裴存藩和朱景暄说的。裴是军统，朱是改组派，两人在重庆的关系都很多，当然会传到毛人凤和蒋介石那里去的。

卢汉到重庆后，张群立即陪他去见蒋介石。蒋对他很客气，只问了他云南的情况怎样。卢汉便把历年来"中央"派去的人把云南弄得民穷财尽，人民被逼铤而

1949 年 9 月，张群（左）陪同蒋介石在重庆会见云南省主席卢汉（右）。

走险，所以一经共产党地下武装号召，不少人便去跟着搞起了反对“政府”的活动等等，说了一遍。蒋问卢：“你的意思怎么办?”卢便提出了“要保境安民，收拾民心，加强武力，准备应变”的策略。蒋边听边点头，又问到李弥、余程万去云南的情况。卢说这两个人对他有点不放心，“中央”和地方部队合作得不太好。蒋听完便来了一通训话：“云南共产党闹得太凶，几乎是在搞公开宣传活动，非彻底解决不可。”还告诉卢要派毛人凤去昆明，加紧处理一批反对“政府”的人。卢表示他一定“效忠党国和总裁”。蒋听了很高兴，叫他休息两天便回去。张群在旁对蒋说：“我保证卢主席对总裁不会有二心的。”一场暴风骤雨就这样在一次轻松的谈话中结束了。消息传到昆明，大家都松了口气。二十六军对准五华山的几门大炮又重新穿上了炮衣。我也和往常一样，只带一名卫士出入于各大餐馆酒楼。不过在卢汉没有回到昆明之前，这里还是表面安定实际紧张的，生怕蒋介石出尔反尔不放卢汉回云南。我得到毛人凤的密令，要我一俟卢汉回到昆明，即行大规模逮捕进步人士和可疑的人。所以我认为蒋虽放卢回但不会变卦，便积极准备捕人的黑名单。

五、“打草惊蛇”放走进步人士

蒋介石已很清楚地看到，卢汉将要起义……叫我随时做好暗杀卢汉的准备。只要他一声令下，卢汉便会死在特务的毒弹之下。

9月8日，卢汉平安返回昆明，他急急忙忙派人到一些学校和个别省参议员家中去暗示，昆明可能会来一次大逮捕，让一些人事先做好准备，离开昆明。

9日上午，保密局西南特区区长兼西南军政长官公署第二处处长徐远举，带着一大批特务，从重庆飞到昆明。我去机场把他接到家中。他提出，第一个要抓的人就是住在我家斜对过的杨杰。我带着几个特务陪他步行到杨杰家，一问才知，在徐远举飞抵昆明的同一时间，杨杰已坐上了从昆明去香港的客机。这下可

真把徐远举急坏了，因为他在飞昆明前，蒋介石召见他时曾当面指示：这次要在云南来一次“整肃”，把那些反“政府”的人都抓起来，特别要把杨杰抓到，用原机押解到渝。因为没能抓到杨杰，停在昆明的飞机只好放空回去了。

当天下午，卢汉派人去查封省参议会，实则是有意打草惊蛇，所以晚上开始大规模逮捕时，一些黑名单中的重要人物早已离开昆明了。一夜间虽然逮捕到300多人，第二天又捕了100多人，但真正的中共地下党领导人和重要的民主人士都没有捕到。那次昆明大逮捕，可说是有史以来没有过的。记得当时看守所所长第一次向我报告说：“抓来的人太多，没办法睡觉。”我把桌子一拍，指着他的鼻子说：“这些人是来坐牢，能坐就行，不是抓来睡大觉的。”隔一会儿，他又来报告说，坐也坐不下了。我只狠狠地回答一个字：“站！”不久，他又来报告：“不能再抓了，牢房站也站不下了。”我一问，还只抓来一半。那一半怎么处理呢？我立即命令他：“释放全部刑事犯，腾出牢房关政治犯。”他犹豫了一下连说：“不行、不行，那样一来，整个社会秩序就会乱套了。”我听了十分生气，再次严厉地叫他马上释放刑事犯。他还是说“不行”。我便走过去狠狠地抽了他一个耳光，大声嚷道：“刑事犯只偷抢老百姓，偷抢不到我们头上，顶多扰乱社会治安。共产党可是要我们的命，要和我们争国家政权的！这一点你都不明白吗？再不执行我的命令，我就先枪决你！”他这才恍然大悟，连说：“对，对，我遵办！”

由于没有抓到杨杰和没有破坏中共在云南的地下党组织，毛人凤在重庆被蒋介石大骂了一顿，并命令他亲自到昆明去主持大规模的“整肃”。

毛人凤于9月12日带着西南特区副区长周养浩和贵阳市警备副司令、保密局贵州站站长陈世贤、保密局高级法官徐钟奇等大批随员飞抵昆明。毛除了希望继续逮捕和破坏中共云南地下党组织外，还想通过卢汉之手，屠杀大批被捕的进步人士，让卢汉分担血债，以防其投向共产党。这个一举两得的阴谋被卢汉识破了，他便采用种种办法进行拖延，使这个老奸巨猾的特务头子在昆明逗留了一个多月，虽费尽了心机，但终未得逞。“九九事件”被捕的400多人一个也没有杀，主要是卢汉抓住了蒋介石与李宗仁之间的矛盾。当毛人凤刚走、李宗仁到达云南之时，他立即请李下令全部释放了被捕的人士。这时，蒋介石与毛人凤已很清楚地看到，卢汉将要起义，卢汉这一举动，是为投靠共产党取得人民谅解创造条件。不过也有人认为卢不可能投共。因为他抽大烟，两个儿子和存款都在美国和澳大利亚，他会按国民党一般达官贵人的方式——出国当寓公，用不着冒着生命危险去投共产党。

毛人凤离昆明前，又叫我随时做好暗杀卢汉的准备。只要他一声令下，卢汉便会死在特务的毒弹之下。因为卢身边最亲信的副官处长朱家才也得听命军统，向军统提供卢的活动情况。有这样的潜伏内线，杀卢汉的机会当然是很多的。毛人凤建议蒋介石，除掉卢汉后，用第八军军长李弥去代替当云南省主席。李是云南腾冲人，在当地关系多，完全可以取代卢汉。另外由二十六军军长余程万负责军事。余在云南多年，对云南情况很熟。蒋介石认为由这两个学生主持云南，无论如何要比卢汉可靠。他很希望能保住云南这个最后的“反共基地”。因为云南与缅甸、越南、泰国相邻，可以借用外力来实现他“反攻”的目的。可是他身边的“智多星”张群却认为卢汉可靠，不宜对卢轻举妄动。

六、智设“鸿门宴”，起义成功

卢汉抓住了张群来昆明的机会，先将其软禁在自己家中，然后用张群的私章“骗取”两个军长、两个副司令、一个空军指挥官、一个师长和我去“开会”。就这样，我们这七个握有实权、拥有强大兵力的刽子手，便束手就擒了。

10月20日，蒋经国突然飞抵昆明，在和毛人凤、徐远举与我三人的密谈中，他一再问我们：卢汉有没有力量像当年在西安一样来一次“昆明事变”，把蒋介石扣押起来。因为蒋介石对卢汉去留还没有下最后决心，想亲自来昆明一趟。但他又怕卢变卦，所以先派蒋经国来昆明做准备工作。我对卢的情况比较清楚，便向蒋经国保证，在最近期间，卢还没有力量搞“事变”。蒋介石遂决定于10月22

日飞昆明。不过事前一点消息也没透露，直到他飞抵昆明上空，蒋经国才告诉卢汉去机场迎接，这是以防万一的做法。因为卢汉即使想变卦也来不及了。蒋介石是个惊弓之鸟，他在昆明只吃了一顿午饭，就在特务和宪兵的严密保护之下匆匆飞走了。这是他对卢汉态度的一次试探。卢汉的沉着应战，使蒋介石相信了张群的话："卢不会起义，可能出国。"但我当时从各方面得到的消息是，卢汉已在积极做起义准备。主要表现在以下几个方面：

一、扩编保安部队。1949 年 6 月已将六个保安团扩编成三个旅，10 月又将三个旅扩编为七十四、九十三两个军，分别由其亲信余建勋和龙泽汇任军长，并向昆明集结。

二、与"边纵"加紧联系。卢汉派朱家才送枪弹给"边纵"，我曾派一个特务随同前往，表面上我说是去搜集情报，实际上是准备去暗杀"边纵"领导人朱家璧。朱家才以为搜集点情报没有太大关系，他并不知道特务身上带的无声手枪，装填的都是剧毒弹头，无论射到身体的哪一处，只要破皮见血便无法医治。不知是什么原因，朱家璧那次没有接见朱家才，这一阴谋未能得逞。但卢汉想利用"边纵"来牵制"中央军"的计划是越来越明显了。

三、我从朱家才和卢的秘书长朱景暄口中得知，卢汉从 9 月下旬起，曾多欢派人去香港，希望通过在香港的一些云南籍进步人士与中共中央直接取得联系。他自己已开始戒鸦片烟了。

四、卢汉一再向李弥、余程万表示，不希望"中央"再派军队到云南。理由是云南民穷财尽，养不起那么多的军队。现在的兵力已足够对付地方上的人民武装游击部队，只需加强保安团队实力，就可控制局面，保证云南安定。

我不断把情况向"中央"反映，蒋介石也越来越感到卢汉不可靠。我也随时做好了准备，只要一声令下，子弹便可射向卢汉。

正在卢汉派人到处设法与中共取得联系时，有两个与特务外围有关的人张铿、杨柳，冒充"中国共产党滇川康黔四省联络特派员"，从特务检查站得来的一些中共文件中，了解到一点表面情况，受到了卢汉身边几位亲信的信任，请其秘密介绍情况。这两人故弄玄虚，卢汉居然也相信了。除给其优厚待遇外，还派了一个营的兵力保护他们。我在一旁看笑话，却不去戳穿。后来卢汉与地下党组织取得联系，才查出中共在西南的组织中根本没有这两个人，便逮捕了他们。

卢汉到市郊迎接解放军，图为陈赓与卢汉握手

1949 年 12 月 9 日，在卢汉的领导下，云南宣布和平解放，1300 万云南各族人民没有遭受战争的苦难。卢汉和他的几位亲信龙泽汇、杨文清、安恩溥等都是冒了全家生命危险而做出这一巨大贡献的。

12 月 7 日，蒋介石命令在昆明的李弥、余程万、龙泽汇三个军长去成都，当面指示要控制云南局势，以便加派援军固守这块“反共基地”。12 月 9 日，张群与三个军长同飞昆明，打算安抚卢汉，以稳定局势。尽管当时起义条件还未成熟，但卢汉却抓住了张群来昆明的机会，先把张群软禁在自己家中，然后用张群的私章“骗取”李弥、余程万两个军长，宪兵副司令兼宪兵西南区司令李楚藩，空军西南军区副司令、坐镇昆明的空军指挥官沈延世，师长石补天和我去“开会”。就这样，我们这七个握有实权、拥有强大兵力的刽子手，便束手就擒了。

当时李弥和余程万两支军队以抢救军长为名，向昆明猛攻，防守的兵力进行抵抗。全城人民在卢汉的号召下动员起来，许多人把自家的粮食成袋背出来，堆在马路上，为自己的子弟兵做掩蔽用。有的连门板也搬了来，这对巷战的士兵们起了极大的鼓舞作用。卢汉一直守在五华山办公室的电话机旁，亲自调兵遣将，全力指挥起义，决心和昆明共存亡。当时攻城部队的炮弹不断飞来，国民党的轰炸机一批又一批向他的指挥部扔炸弹，他一动也不动地坚守在那里。有些老百姓和士兵们为他这种大无畏的精神感动得哭了起来，异口同声地称赞他是彝族中的爱国将领。当日，在卢汉的领导下，云南便宣布和平解放了。12 月 10 日《云南日报》头版头条刊登了拥护卢汉起义的通电，上面有我们七人的亲笔签名，并特地刊出我亲笔下令要云南的所有军统特务停止活动，交出武器、电台，到指定地

点去报到的消息。

云南的起义，卢汉做出的贡献无疑是巨大的，但美中不足的是没有扣住张群。当时张群不同意参加起义，卢汉念及过去与张群的情义，放走了张群，没有考虑到留下张群的作用。

1961年，我第一次见到敬爱的周总理，他在留我们吃午饭时告诉我，张群被扣留的消息传到北京，他正和毛主席在一起吃晚饭。毛主席说："张群如愿和我们一道工作，我们应当好好安排他；如果他不愿留下，便拿他去向蒋介石换张学良，蒋一定会同意的。"不料第二天消息传来，卢汉已把张群放走了。

1960年冬，我得到特赦后，卢汉也早已到北京，他是全国政协常委。当时他就让统战部通知我去他家吃便饭。这次见面，心情和过去完全不同了，处在新中国新的环境里，彼此再没有利害冲突，只有新的友谊。所以谈话是从来没有过的轻松愉快。他知道我全家在大陆解放前夕被迫送走，只有我一人留下，又是刚刚特赦出来，一定有不少困难，一再表示要帮助我。我婉言谢绝了。他在我临走时还一再叮嘱，有困难可以随时去找他。不久，我也到全国政协任文史专员。政协在京委员的活动时间多，我和卢汉先生见面的机会就多了。有次他似乎是带着一点歉意地说，他在解放后没有让我参加工作，而是改造了十年。我爽朗地大笑起来，向他说："我十分感谢你让我受了十年的改造教育，如果在1949年就让我参加工作，我肯定会当个反党的右派分子。"他笑了，在场的许多人都笑了。这种新的友谊是那么坦率真诚，我怎能不珍惜缅怀？

今天，我是以极为尊敬的心情，要让卢汉先生这一不平凡的伟大转变，在中国现代史上留下光辉的一页。

国民党高级将领的另面人生

一、解放前我与杜聿明的两次往来

二、头等战犯监狱生活写真

三、在秦城农场接受劳动改造

四、宣布特赦

五、昔日的战犯，今天的人大代表

沈醉回忆录

一、解放前我与杜聿明的两次往来

头等战犯杜聿明，国民党的高级将领，曾在淮海战役中统率过百万大军；也曾在抗日战争中，率领远征军与日军作战，即使穿越野人山原始森林，也誓死不向日军投降。

解放前，我和他只有过两次往来。解放后，却在一起学习、工作了20多年……

1948年12月25日，中共中央宣布：国民党发动第三次国内反共战争中，被俘的国民党高级军政人员有43人为头等战争罪犯。其中便有国民党高级将领，在淮海战役中统率80万大军，加上地方团队，号称百万大军的指挥官杜聿明。

1978年，上海地区选出的第五届全国人民代表大会代表的名单中，就有杜聿明。许多不了解情况的人，以为这是同名同姓的两个人，了解情况的人知道，就是一个人。30多年间，中国发生了天翻地覆的大变化，许多人是这一巨大变化的历史见证人，而杜聿明便是其中之一。

杜聿明

解放前，我和杜聿明只有过两次往来。解放后，却在一起学习、工作了20多年。在这20多年中，我们情同手足。他的夫人曹秀清认我为表弟，他的女儿杜致礼叫我舅舅，所以我们的关系很密切。我今天是噙着怀念他的热泪，对着他和曹秀清大姐的两本“北京市八宝山革命公墓骨灰寄存证”（他们在国内无亲人，骨灰证由我保存，以便常去奠祭），边揩泪边来写这一篇文章的。

我第一次见到杜聿明是1945年初。当

时，他在昆明任昆明防守总司令兼第五集团军总司令。那时，他统率的机械化部队，经常派大批汽车去重庆接运军用物资，去时大都是放空车，回时才满载。当时，军统和中美合作所在昆明黑林铺仓库存放了大批美式武器装备。这些东西都是由美国运往印度，再用飞机飞越驼峰运到昆明的。中美合作所虽有2000辆十轮大卡车，因经常远道运送物资去东南前线和西北等地区，车辆常不够用。当时最紧急的任务是要加速装备军统所掌握的，经美国训练的“忠义救国军”等在东南的特务武装部队，以便在抗日战争取得胜利以后，好去阻止在东南地区坚持抗日多年的新四军接收上海、南京、杭州等大城市。所以急需把在昆明的武器装备先赶运到贵阳，再转运去东南。

我是拿了军统头子戴笠一封亲笔信，由重庆飞往昆明去见他的。戴笠和杜聿明的私交一向很好，约在十多天前，杜聿明到重庆，戴笠请他吃饭时，谈到中美合作所在昆明物资运输困难，请杜帮忙，杜满口答应了。所以我拿着戴的信去昆明防守总司令部见了杜聿明后，他边看信边说：“没有问题，一定照办。”答应得十分干脆。接着他便问到了有关戴笠的身体情况，并留我在他的总司令部吃午饭。当时我挂的是少将级领章，而那次同桌吃午饭的都是挂中将领章的，虽然杜对我很客气，但我总感到有点拘谨，因为都是第一次见面。吃完饭，那些人都走了，杜聿明便留我在客厅里聊天，谈话中扯到军统的工作方面，我便随便谈了一点，他听了很感兴趣，因为都是他过去所没有听到过的一些既真实又惊险的小故事，所以他便约我晚上去他家里吃晚饭，见见他的夫人和孩子，他说她们一定会欢迎我这样的客人。

我在昆明是住在戴笠在昆明的郊外小别墅内，离杜聿明的家很近，步行几分钟就到了。杜聿明一听到卫士的通报说我去看他，问见不见？便马上到门口来迎接我。进客厅刚坐下，杜聿明就叫人把他的夫人曹秀清请出来，并叫马上开饭。几个孩子也高高兴兴跟着来了。这次吃饭我不像中午那样拘束，感到非常随便。他们给我的第一个印象是俩夫妇都爱抽烟，特别是他夫人在吃饭前，先狠狠地抽完一支才上桌，拿起筷子后又放下来，再燃上一支，边吃饭边抽烟。杜聿明看到我既不抽烟又不喝酒，就笑着说：“烟酒烟酒，两样都有，不烟不酒，不够朋友。”我听了他这四句顺口溜，立刻感到这位名将竟是如此平易近人，和蔼可亲，而且非常幽默，也就更加感到轻松了。杜聿明一再劝我喝一点他常用来宴请客人的云南有名的杨林肥酒，那种酒不但清香扑鼻，而且还略带绿色。他说如果连酒都不喝，那就太名不副实了。我说：“我不但名字已醉了，而且还是‘在礼’，因为我入了礼教，所以绝对不能犯戒吸烟喝酒。”杜聿明一听，感到很诧异的样子：“你也‘在礼’吗?”我点点头。其实，我这个人从来就不敬神怕鬼，什么教也不信，不过别人劝我喝酒时，我因过去干的大都是些见不得人的罪恶勾当，生怕喝醉了，会醉后吐真言，把一些特务工作的秘密泄露出来，所以我为了既要达到不喝酒的目的，又要做到在应酬场合上不得罪人，不给敬酒的人难堪，就常用“在礼”来婉谢，有了这样一个挡箭牌，别人就不便再勉强我喝酒了。

杜聿明（右）及其夫人曹秀清（中）、女儿杜致礼（1932年）

杜聿明听了马上说：“‘在礼’的人不喝酒，菜总得吃吧?”说完他一连夹了许多菜到我面前的菜盘里。我从孩子们的眼神中不难看出是在等我讲故事，我相信杜聿明一定告诉过他们，我这个传奇怪客。我便边吃边谈，从军统在抗战前如何杀害杨杏佛、史量才，到抗战开始又如何杀害曾任北洋政府内阁总理的唐绍仪。最使他们感兴趣的是暗杀汪精卫伪政府上海市长傅筱庵的经过，那个老奸巨猾的大汉奸，不但有自己的保镖（警卫），还雇有白俄保镖，日寇又派有便衣和武装保护他，他每天晚上睡在哪个姨太太的房间，除了那个姨太太临时才知道外，别人都不知道他当晚睡在哪一间寝室内。所以要对这样一个人下手是很不容易的。

经过一段时期，特务们从多方面才了解到，要摸清傅的生活规律和行踪，只有通过傅的一个叫朱昇的老家人才有机会下手。朱昇是傅在青岛时用的一个厨

师，跟傅20多年，一向表现忠实可靠，所以傅很信任他。不过这人爱喝点酒，喜欢与帮会中人打交道，这就给特务们找到机会，他们通过很多关系，结识了朱昇，并常和他在一起喝酒，并常常在朱喝醉了时送朱回去，傅家的警卫也不曾产生过怀疑。有天晚上，他们将朱昇灌得醉醺醺的，由两个特务扶他回去，朱在醉意中指明了傅当晚住的房间，特务们推门进去之后，用利刃将傅刺死在床上，傅的两个随身警卫就睡在隔壁房内都未发觉，朱昇才惊醒过来，特务们便将房门反锁，在朱昇掩护下安全逃了出来，并随同特务一同逃往重庆。一直等到第二天早上，傅家的人才发觉，这时凶手们早都逃出了上海。

杜聿明的夫人和孩子们对这些都很感兴趣，听了还想听，总是要我一个接一个地讲。

不过，有时我也爱问他，他任远征军副司令长官在缅甸与日军作战时，是怎样穿越原始森林而进入印度的一些惊险经过和情况。因为这些我只听别人很简单地谈过一点点，我认为很有趣，想从他口中了解全部经过。他的夫人和孩子们虽然听到他说过，也还爱再听听，总是在一旁鼓励他讲。而他一讲到那次率领远征军去缅甸作战时，先是有点气愤，最后又感慨万千。使他气愤的是，他率领国民党装备精良的第五、第六两个机械化军（杜自兼第五军军长）和第六十六军10万多人赶赴缅甸，是根据反法西斯同盟的规定，配合英国在缅甸由英缅军总司令亚历山大指挥的英缅、英印、英澳等部队，共同夹击由泰国侵入缅甸和由仰光登陆的日军第十五军饭田梓二郎率领的四个师团。远征军一进入缅甸，阻住了穷追英缅军的日军，接替了英缅军在同古等地的防地后，变成了孤军深入，远离祖国后方，差一点便全军覆没。使他感到骄傲的是，他的部下都是在敌人层层包围，没有援军，也无法退回祖国的艰难情况下，却宁愿战死疆场而不投降。当他一提到他最亲信的第五军二〇〇师师长戴安澜将军的时候，便禁不住热泪盈眶、泣不成声。当时远征军被日军十五军十八师团和五十五、五十六三个师团包围，他虽然命令部队分五路向祖国边境撤退，但许多地方都已被日军将退路截断，不得不绕道而行。因为在几次激烈战斗中，几个师都伤亡很重，尤其是二〇〇师在同古与敌人连续作战12天，补给中断，杜聿明不得不下令撤退。撤退前先由步兵指挥官郑庭笈率领城内部队对当面之敌施行佯攻，戴安澜则亲自督后留在城内以少数部队牵制敌军。当二〇〇师主力以压顶之势强渡色当河的时候，日军还以为二〇〇师主力仍在城内固守，正调集空军配合步炮兵向同古猛攻。戴安澜最后带领几十个官兵离城撤走时，在一堵快要倒塌的墙附近，又走出几十个日军。双方一动也不动地对峙了片刻。因彼此都不了解对方的实力。日军伏倒在地上正要准备射击，戴安澜突然大喝一声："冲!"日军一看到这位身先士卒勇气百倍的将军直向他们扑来，赶忙爬起来向后跑。他们不知他带了多少队伍突围，哪晓得他身边只有几十个人。不过这几十个人都是跟他多年久经战斗的子弟兵，个个都是一能当十当百的。这支几十人的队伍在日军不断增援中冲出来后，只剩下了10个人。已经登船离岸的郑庭笈，一看师长还没有来，又带着一个特务连赶来，在两面夹击中击溃了日军。二〇〇师全师最后一个离开同古的是师长戴安澜。当他拖着疲乏不堪的身体赶到叶带西的时候，杜聿明闻讯早已亲自率领先期到达的二〇〇师官兵夹道欢迎。在战场上那么英勇顽强的戴安澜，也被感动得流下了热泪。

戴安澜将军

几天以后，日军占领了腊戌，包围了曼德勒，逼近八莫和密支那。杜聿明接到中国战区参谋长美国史迪威将军的命令（同盟国中国战区最高统帅为蒋介石），要他率领第五军立即随英国军队经普哈尔退入印度，因退入中国的归路已被日军全部截断了，第六军已在撤往印度途中。杜聿明坚决想要绕道回到自己的祖国去。他宁愿把所有的战车毁弃而爬上连接祖国边境的野人山，而不愿去英国统治下的印度。他当时的决心，即使全军都变成了野人也要找机会与日军作战到底，并要尽一切可能回到祖国的国土上来。

当杜聿明率领远征军司令长官部的一小部分直属部队和长官部的官员与第五军军部人员等离开孟关向野人山进发时，他的警卫营长带着一个满身稀泥的军士追上来，向杜聿明报告，二〇〇师派人送紧急报告要求请见副司令长官（司令长官罗卓英和中国战区参谋长史迪威都早已跑到印度去了）。杜聿明立即接见了那

个军士，还不等杜问他，他便泪流满面地说：“报告军长，戴师长阵亡了！”听到这句话，杜大吃一惊，随即泪流满面，询问那个军士戴安澜殉国的情况。那个军士边报告边哭泣，简单报告了之后，杜聿明立即从日记本上撕下一页，在上面写下了一个手令，并用严厉的口吻向那个军士命令道：“回去告诉高副师长，一定要照我的命令，不惜一切代价把戴师长的遗体运回国去！”那个军士恭恭敬敬地接过他的手令后，才想起还有件重要东西忘了拿出来。他解开上衣的胸前纽扣，从里面口袋中取出一张小纸条，热泪横流地将它交给杜聿明，才把杜的手令放进那个口袋，向杜行了一个军礼，转身走了。杜聿明一直望着那个军士到看不见他的背影，才又把手帕掏出来，捂着眼睛轻声地啼哭起来。

戴安澜是前三天接到杜聿明的命令，要他带领二〇〇师向野人山靠拢的。第二天早上，走到茅邦郊外，与日军一个联队遭遇，戴亲自率领一个团向日军冲锋，不幸右腿中弹。他摇晃着身子继续指挥部队，结果腰上又中一弹。他倒在地上后，军医刚把他的伤口裹好，敌人已在不断叫人大喊：“你们已被包围了！快快投降！”戴咬着牙用尽全身力气站了起来，又大声叫着：“冲！”这时附近的敌人便集中向他射击，他的胸部、头部连中数弹，再也站不稳了。全团士兵一看到师长这种英勇杀敌视死如归的爱国热情，无不勇气百倍，一拥而上，将敌人打得抱头鼠窜。戴倒下后，还挣扎着写下一个纸条，要人快送给杜聿明。那张用香烟盒翻过来被鲜血浸透了的小纸条上歪歪斜斜地写了不到30个字。当杜聿明说到这里时，我禁不住忙问一声：“是不是请你照顾他的家属？”杜听了连连摇头，眼眶便红了起来，才慢吞吞地说：“戴安澜倒下后写下的遗言，是要我向校长（蒋介石）去请求，以他的战功去赎一个老长官的罪……”他的夫人一看他又为此事而难过起来，连连对我摇手：“不要让他再说这件事了。”我便转过话题，问他是如何通过野人山原始森林的。这时他才点燃起一支香烟，用力吸了一口，又慢慢地说了起来。野人山的原始森林区是从来没有人深入到里面去过的，更不用说要穿越它了。因为那里面无法明显地分出白天和黑夜。只是有时从高高的树尖上看到一点点阳光，才知道是白天。在参天的古树上绕着一根又一根粗大的藤葛，没有可以走人的道路，长年落下的树叶腐烂在洼地里更像一个个烂泥坑。不小心一脚陷下去再也别想拔出来，整个身体也会跟着陷下去，别人要想去援救，也会一样跟着陷下去。有些没有坑的地方，不知多少年的落叶堆在那里，也像弹簧一样，走在上面会摇摇晃晃。有一种旱蚂蟥比家蚕还大，钻到人身上吸饱了血便像一个血色乒乓球。好不容易找到一小块石头，就赶快坐下来休息。越走到里面去困难越大，走在前面开路的是六头大象，用鼻子卷着锋利的缅刀，把一些藤葛劈开，好让人鱼贯通过。森林中的毒蛇更是出没无常，猛兽则很少碰到，因为他们人多又有武器，对虎豹等并不害怕。有次遇到一个野象群在一片树木稀少的山坡上，看到他们穿出森林便赶快躲开，只有一头大公象站在山坡上监视着他们，杜聿明怕惹麻烦，便让部队停下休息，那头大公象才保护着象群走了。而最可怕的反而是一些小东西，有一种吸血的蝙蝠，往往趁着人打瞌睡时，轻轻落在人的肩上，用它那带有麻醉液的舌尖舔舔颈上的血管部位，才轻轻咬破血管表皮，尽情吮吸，直到它干瘪的身躯胖得像一个网球那么大，上千 CC 的血吸进了它的腹中，才用力鼓动两翼，拍打着人的颈部头部慢慢起飞。这时人被惊醒，一摸颈上血还在不断地流，如不及时止住，很快血便会流完。一群群吸血小虫不知什么时候就会从裤脚袖口爬进身上去，到处吸血，直吸得人无力走动倒了下去。所以在森林里行走随时都有死去的可能。

进入原始森林只有十来天，所有的重一点的武器、电台、公文箱等都慢慢丢得精光，不到一个月，近千人便去了一半，不知是病死还是被咬死或陷下去了。总之，这时能照顾到自己便不错了，很少还有多余的精力去照顾别人。和外面一切联系都中断了，谁也不知道这一群人在什么地方，蒋介石请求美军天天派飞机侦察也毫无消息。杜聿明也病倒了，只好由人抬着走，但他还是坚持一定要绕道回祖国，决不能从来的路上再退回去当日军的俘虏。事情的凑巧往往是出人意料的。有一天，几个士兵在一小块空地上烤吃刚刚打到的一条大蟒蛇，这是森林中最佳的美味了，不料升起的缕缕炊烟，被美军的侦察机发现了，便立即在上面盘旋，并向基地报告了发现的情况。飞机不敢飞远，怕回头找不到这一小块升起炊烟的地方。很快两架早就做好准备的小型运输机飞来了，向这一小块空地上投下了电台、粮食、医药等。许多东西都挂在高高的树尖上。杜聿明高兴得从担架上跳了下来，马上命令人从树梢上取下这些东西，先把电台架了起来，与蒋介石取

杜聿明在嘉奖大会上（1944年冬于远征缅甸抗战中）

得了联系。因为他们在原始森林中穿来穿去快靠近印度了，蒋介石便告诉他，两个月来，日军已把从缅甸和野人山返回祖国的一切通路都占领了，所以命令他只能去印度，他不得不带着最后剩下的几十个九死一生的部下，又走了快一个月，才到达中印边境的印度东北列多，从而结束了这一神话般的百日旅程。

我听了也十分感动。他的夫人一等他说完马上吸燃一支香烟插到他的嘴唇边，非常激动地告诉我说，杜聿明穿越原始森林时，还有人造谣说他投降日军已到南京当官去了，她就不相信杜会投降，两个多月后证实了他还在战斗。

那次我在昆明虽只住了五天，却一连到杜家去过四次。

我第二次和杜聿明见面是在抗战胜利以后，我是到华北清理军统特务在各地接收的敌伪财物。因抗战胜利后，原来潜伏在敌后的特务与当地汉奸勾结，一下都从地下钻了出来，抢先进行接收。军统头子戴笠在世时，他们虽然少报了许多，但还不敢太放肆。戴笠一死，他们就纷纷申请军统局改正过去所报接收财物清册，用各种各样理由说过去的清册应改正，实际上是请求改少。军统头子毛人凤怕事久更多变，所以戴笠死后尚未来得及办理丧葬等事，就派我和军统督察室主任廖华平到各地清点已接收到的敌伪钱财产业。我那次到了北平，听说杜聿明不久前动手术割去了一个肾，还在北平中央医院休养（即现在的北京西城阜内人民医院），当时他任东北九省保安司令长官，比过去的官大得多了。我只是去作了一次礼节性的拜访，希望将来去东北有事时可以请他帮忙。本来只想看望一下就走，以免影响他的休息。不料他一见到我，就急忙问戴笠飞机失事的详细经过，并问是否被人所暗害。我只简单向他谈了飞机失事是偶然遇上气候变化的一些情况，决不是被人暗害等之后，他连声叹气，感到非常难过。我急忙劝他千万不要激动，以免影响身体。他又长叹一声说："你不知道我和雨农（戴笠别号）兄相识十多年中，虽然他的工作使人感到可怕，但他对朋友却十分热情，他不幸发生这种意外，我怎么会不难过啊！"

接着，杜聿明告诉我，他这次动手术前，戴笠对他特别关怀的情况。3月上旬，戴笠准备回南京之前，知道他因病住院，便去医院看望他，知道是肾结核，非割去那个有结核的肾不可。戴笠急忙问是哪位大夫主治？当杜聿明说出是国内很有名的泌尿科大夫谢元甫时，他又忙问谢大夫现在有多大年纪？又一听说谢大夫已经是60多岁了，就一个劲地摇头，连说："不行！不行！"并说内科大夫越老越有经验，外科大夫就不能太老，还举出抗战前他在上海宏恩医院割盲肠，宋子文推荐一位国内外都很有名的英国老大夫给他动手术。戴笠说这个老家伙动作迟钝，弄了半个多小时才把伤口缝好，以后还常常出毛病，所以他便坚持一定要请一位精力充沛、手术高明的医生才行。杜聿明告诉他，已经约好决定第二天就要动手术，不能随便更换人。戴笠站起身来，拍着胸膛说："你的病我要替你负责请位好大夫，如果你认为谢大夫有把握，那我还得亲自去看一下再作决定……"说完他就匆匆忙忙地走了。

没有料到，当天晚上10点钟左右，杜聿明的副官向他报告，说谢大夫来电话，戴笠带了几个人去他家找他。因为那几天平、津两地正在由戴笠主持大肆捕人，吓得谢家的人不敢开门，而戴笠带去的又是些警察局长、稽查处长，他们在门外叫嚷不休，谢大夫想请杜聿明派人马上赶去把这些凶神恶煞劝回去，他实在不愿见这些人。杜聿明要副官告诉谢大夫，是他请戴笠去看谢大夫，商谈明天动手术的事，这样谢家的人才敢开门把戴笠等请了进去。他们两人一直谈到深夜。戴笠反复问谢大夫有无把握，谢大夫认为这不是什么重大手术，没有问题。戴笠才同意让谢大夫给杜聿明动手术。

我看他讲这一段经过时很激动也很吃力，便急忙起身告辞，怕他再说下去。分手时，他在病床上欠着身子，握着我的手一再说，有机会去东北，一定要到他家做客，他全家都会欢迎我。我也表示，不久会去东北，还有些事得请他帮忙。

他说，只要做得到的事，他会尽力去帮助我的。

二、头等战犯监狱生活写真

听人说，坐牢是度日如年，而我们在战犯管理所却是嫌时间过得太快了。我们天天等待有人来问我们“投不投降?”可是一天、一个月、一年都过去了，我们所等待来问我们这句话的人也没有等到。

谁能料到，我第三次和杜聿明见面，竟会是设在北京功德林监狱的战犯管理所中。

1957年初秋，我从重庆战犯管理所被送到北京。晚间到达后即被编入第二组学习改造。进屋时人们都已入睡，只有小组长一个人起来指定我在大通铺一位大胖子身边睡下。我脱衣服时，那位大胖子小声和我说了几句话。听口音是我的湖南同乡，但我过去不认识他，便小声问了他一句：“尊姓大名?”“覃道善。”一听这名字，我马上记起他是在淮海战役中被俘的一位军长。他用很轻又很带歉意的口吻告诉我，他晚上爱打呼噜，如果我被他吵得不能入睡时，就不客气把他推醒，他翻一个身，鼾声就会小一点，甚至会停一会儿，这一刻工夫就可以让别人入睡了。面对这样一位好心的新同学，我也很客气地安慰他：我一向不怕吵闹，大炮打起来我照样可以睡觉，请他不用顾虑我。他似信非信地点了点头，便蒙头入睡。没有料到，他的鼾声竟那么声震屋瓦，直对着我的耳朵吹起来，加上新来一地，总有些心思，平日再不怕吵，这次却被他的鼾声把瞌

覃道善

睡全吹跑了。但我不忍心去推醒他，这是他的生理现象，又不是故意吵我。我只想，通铺还有空位置，小组长这样安排，可能是要给我这个新来的同学先来一个下马威。这使我联想到旧社会牢房的情况，在旧社会每个看守所或牢房内都有那样一个小头头，他们对新关进来的犯人都要显示一下自己的权力，治他一下，免得不听话。通常的做法，就是指定新犯人睡到紧靠马桶的地方（旧社会的看守所和牢房内都放有一个解大小便的马桶），新犯人不但要忍受马桶的臊味，还要忍受别人解大小便从他身旁踩来踩去，一夜不得安眠。今天，我不是睡在马桶旁边，而是睡在一位打呼噜的同学身边，这对我来说，也就心满意足了。

第二天一大早，我听到有人在大声喊叫："起床！起床！"我正披衣起床，便见一个人匆匆回到组内来。我定睛一看，竟是我过去的老熟人王耀武。我从报上只知道他在山东战役中被俘，却没有想到在这里能见到他。他一看到我坐在大通

杜聿明（前）、王耀武（后）在北京北郊战犯管理所参加劳动（1957 年夏）

铺上穿衣服，赶忙走过来和我握手，并问我睡得怎样。我没有回答，只点点头。因为我这一夜睡得实在不怎么样。他看我已把衣服穿好，便问我洗脸的东西带来了没有。我指指大通铺旁边我放鞋子的地方的脸盆等。他就替我拿起来，并且到对面一个架子上把他的脸盆等也拿上，要我和他一道出去洗脸。我还没有出门，小组里的几位都起来了。我们那位小组长更像老师对小学生一样："你的脸盆等物，以后便放在这里。"他边说边指指那个架子的最下层一个空位。我也像小学生回答老师一样回答了一声："是!"便跟随王耀武到盥洗室去洗脸了。

我和王耀武是抗日战争初期在上海认识的。他当时任五十一师师长，担任上海附近罗店的防守任务。我当时是国民党军委会战地随军调查组罗浏组组长，主要是在罗店、浏河地区活动，常去王耀武师部。他和副师长李天霞对我们的工作很支持，有段时间我还和他们一同到最前方去参加收复丢失阵地的战斗。后来我调军统局工作，他的官越当越大。他每次去重庆见蒋介石，戴笠总要请他吃饭，我也有机会和他往来，所以这次在监狱中重逢，特别感到亲切。他把我领出去在一间可供盥洗的房内洗脸，并告诉我隔壁便是厕所。洗完脸他和我一道回到小组内才给我一一作了介绍。同组的有国民党原十二兵团司令黄维，此人是与军统一向不和的陈诚的亲信，过去只闻其名而没有往来过。还有在陈诚系统的几个军长：方靖、宋瑞珂和睡在我旁边的那位大胖子覃道善，以及一位湖南老乡苏本善等。因过去都不熟，初次见面都客气了一番。

由于一夜没睡好，我便不想吃早饭，开饭时，我只盛了一碗稀饭勉强一点一点往嘴里送，忽然听到对门房内传出几声很熟悉的四川口音。那高大的嗓门和地道的乐山话，一听就知道是被解放军俘虏的唯一的国民党上将，原四川省主席兼保安司令王陵基。我和他在重庆白公馆四川战犯管理所一起学习改造过几年，又同在一个小组，住在一间房内，他比我早几个月才由重庆送到北京，所以对他的声音很熟悉。我一听到他的声音，便想向他打听一下北京方面的情况。因为此人是心直口快，有什么便说什么，毫无顾忌，也不会向管理人员反映别人的问题。我把饭碗一放，就想循声而去，但一想到应当入境问俗，先弄清这里的规矩，免得一来就和我从昆明送到重庆第一天那样犯错误，挨一顿批评。所以我便向小组长问了一声："能不能串门?"小组长和王耀武几乎是同时回答："除了不能出大门，在院内完全可以自由活动，随便哪一组有熟人都可以去找。"一听这话我高兴极了，赶忙把饭碗筷子收拾好，连馒头也不吃就向对面房内跑去。一进房门就看到了王陵基和不久前刚由重庆送来的老同事徐远举，彼此高兴得都把手握得紧紧的。我环顾四周，看到房内竟放有一个床铺那么大的白色石膏模型，模型内坐着一个戴深度近视眼镜的人，他刚把一个牛奶瓶放下，正要躺下去。见我进去和王陵基、徐远举握手谈话，比我早几年从重庆送到北京的宋希濂也走了过来和我握手，那个刚躺下一半身子的近视眼又忙坐了起来。我定睛一看，不由得大吃一惊。怎么？杜聿明还活着？我当时既万分诧异又很感不安。诧异的是，1952 年，我在重庆看到一本新编的小型《人名字典》，在那辞典里他的名字下面，明明白白写着他在淮海战役中，曾因下令施放毒气，使解放军许多指战员受害，被俘后，应全体战士的请求将他枪决了。没想到他竟然还活着，而且在这个地方见到了他。不安的是，看到杜聿明睡在那样一个大而硬的石膏模型内，看样子只能仰面躺着。我是一个习惯蜷着身子睡觉的人，不用说，睡在那样一个模型内连翻身都不可能，更甭提缩脚侧身了。这不是在故意折磨他，使他连睡觉也无法睡好吗？因此，我便误认为北京战犯管理所比重庆战犯管理所对战犯的惩罚办法厉害得多。在重庆犯了错误顶多是批评一下，或是写份检讨书就可了事，想不到在北京竟会这么来折磨战犯！我是口没遮拦惯了的人，说不定什么时候犯错误，也会用这种办法折磨我，我真后悔不应该来北京了。

1957 年夏秋间，北京战犯管理所根据周总理的指示，安排战犯们去华北、东北等地参观了一个多月。回来以后，管理所宣布，为了配合思想改造，要求每个人都要参加一项力所能及的轻微体力劳动。因为这些国民党的高级文武官员，过去不但没有劳动的习惯，而且是很轻视体力劳动的。毛主席和党中央制定的改造罪犯政策是思想改造与劳动改造相结合，我们这些过去没有进行过劳动改造的国民党高级军政人员，当然也得学习一点体力劳动，体会一点体力劳动的实际情况。这和一般劳改单位完全不同，不仅仅是由于这些人过去职位高，更主要是这些人年龄大，加上在旧社会过的大都是花天酒地、三妻四妾的腐化生活，身体素

杜聿明（左）、宋希濂（中）、王耀武

质都较弱，不能担任一般的强劳动，所以得从轻微入手，逐渐懂得一点什么是体力劳动。因此，便成立了缝纫、理发、补鞋、木工、洗衣等十来个组。当我报名参加缝纫组时，我发觉本来可以根据身体、年龄等情况请求免予参加体力劳动的杜聿明也报名参加了缝纫组。在缝纫组成立的那天，管理人员让我们自己推选组长、副组长，十来个人默默坐了几分钟一言不发，因为谁也不知谁能担任这个组的组长。

坐在一旁的管理员看到大家都不提名，便说："哪个过去懂得一点的，可以自己报名当组长、副组长嘛！"他的话音刚落，出人意料的是，病号杜聿明站了起来，自告奋勇愿担任组长，他说他过去懂得一点缝纫常识。我也跟着报名，愿意协助杜聿明当副组长。

当时，我很怀疑，这样一位名将，怎么会懂得缝纫？所以，我以为他可能是为了响应号召故作积极表现，才争取当组长的。

缝纫组开始只有两部老式的英国胜家公司生产的旧机器。抗战时，我家里也买过一部这样的缝纫机，我也曾好奇地去踩着玩玩，知道这种缝纫机机头里的梭床拆装都很费事，不像现在国产的机器那么简便，弄不好，很久都装不上去。可是我看杜聿明在试车时，能很熟练地把梭床拆卸下来，擦拭干净后又轻巧地毫不费事就装上去了。我不免好奇地问他："你怎么会懂得这些的？"原来是他带机械化部队时，自己办过一个缝纫工厂，不但解决了军官家属的就业问题，也为制作部队服装和武器的外罩等提供了方便。他当时除了对所使用的美械装备性能、维修等都一一亲自学习外，对缝纫厂的缝纫机的使用检修也都懂得，还向裁缝师学会了剪裁、量制衣服等全部技术。正因为如此，他才敢自告奋勇当缝纫组长的。

缝纫组的两部机器，我和杜聿明各使一部。我是边学边用，杜聿明在一旁耐心指导。很快，我也能熟练地使用和检修缝纫机了。参加这个组的人，有几个是担任铺棉花、拆旧衣服和钉纽扣。直到今天我一想起钉纽扣的事还要发笑。当时，杜聿明告诉那几位过去当过兵团司令（统率几个军的司令官）和总司令、军长的同学们，钉纽扣应当注意的一些问题时，他们连听也不爱听，而且非常不耐烦地顶他，说他摆组长架子，看不起人，连几岁的小姑娘都会干的事，还要他这么费神来指点。杜聿明很有耐性，还要说几句，结果被他一个黄埔一期的老同学、十七兵团司令刘嘉树一把推开，不让他讲下去。几位将军们在长条桌边一字儿排开，一个挨一个坐下来开始操作了。的确，这是十分简单而又轻微不过的工作了，不用说小姑娘，连幼儿园的小宝宝不也会自己钉纽扣吗？

开始工作大约不到五分钟，就听到有人大叫一声："哎呀！"原来是一位同学被坐在旁边的另一位同学抽针时扎了一下。那位扎了别人的同学不但不认为自己没有"技术"，还埋怨别人坐得离他太近。那位被扎的同学只好自认晦气，赶忙移动一下。离他远一点。不想这样一来就又挨近别人了。他一边嘟囔，扎了他还不认错反而责怪他不该坐在他针下。他一肚子火气正无处发泄，碰巧他又把针扎在衣服的接口处，抽起来很吃力，他便使出最大的劲一抽。这一抽不打紧，靠他坐着的另一位同学也是一声大叫，不过这回不是"哎呀"，而是"哎哟哟"了。一听这声惨叫，杜聿明赶紧跑过去，要大家马上放下手中的活，查一查是什么原因？经过一问一看，杜聿明笑得腰都直不起来了。原来是这些从未拿过针线的将军们抽针时是把针尖朝外抽，所以便向别人的身上扎过去了。他要大家注意，看看他是怎样抽针的。他的示范动作很慢，以便让大家看清楚。他抽针时也用力，

不过一抽出来，便让针尖朝着自己的方向，然后继续向外抽。这样，即使不留心碰到坐在自己身边的人，也只是手腕和小指部分碰一下，决不会把别人扎出血来。大家一看，再比着做一下，果然不会扎着别人了，这时才不得不心服口服地说："今天我们总算学到了一门钉纽扣的技术了。"

在战犯管理所的缝纫组里，如果没有大批旧棉衣服要拆洗缝补，只是为同学们补补劳动时穿的衣裤时，便没有几个人去工作。我和杜聿明则不管有没有活，在下午劳动时间里（上午是学习文件或讨论、座谈等）都得在那里，一是随时接收同学们送来的要修补的衣服；一是管理员安排工作也总是到那里找我们。我们即使无事也常在那里擦拭或检修那两部破旧缝纫机。在这时候，往往只有我和杜聿明在那间小房内，俩人无话不谈。有一天我们谈到刚解放时的一些情况，我告诉他，我是和余程万、李弥两个军长及其他几个人被骗去开会遭到扣押的，扣押我们是强迫我们参加云南起义。当时李弥在起义通电上签字以后，回到被软禁的房内，抱头痛哭了一场。他一边喃喃自语："我对不起校长（指蒋介石），我被人牵着鼻子走上背叛你的路上去了！"说完，便走到窗子边，一只脚跨上窗子，准备从四楼跳下去自杀。我眼疾手快，一纵身过去，紧紧抱住了他。只要迟疑一下，他就会粉身碎骨。我硬把他抱了下来，他还用拳头打我，说我阻止他"为国尽忠"。后来经大家劝慰很久，说暂时虽被迫签字，我们手上还有几万兵、不愁没有复仇之时，他才安静下来。说到这里，杜聿明问我当时怎么想的，我说我被迫也在起义通电上签了名，但我不是什么识时务的"俊杰"，只是一个怕吃眼前亏的人。杜聿明听了在我肩上一拍："怕吃眼前亏的也是好汉嘛！"

他听我谈完，马上讲到他自己。他告诉我，在淮海战役中，校长（指蒋介石）把他的大部分本钱都交给了他，希望吸引解放军在徐蚌地区来一个生死决战。他说，校长认为平日不易把解放军吸引在一起，他们总是爱打运动战，打了就跑，因为他们武器装备不如我们，不能打硬仗，我们有陆空配合的优势，加上运输条件好，补给方便，可说兵精粮足，一举可歼灭解放军主力，转败为胜。谁知解放军采取各个击破，把几个兵团隔开，一个一个吃掉，而我们的高级指挥官却不诚心合作，只想让别人去先拼，等两败俱伤，才如卞庄刺虎一样，轻易取

被俘的杜聿明

胜，结果连兵团司令都被打死两个，还是不吸取教训，最后是全军覆没。他说，我自己也成了俘虏，怎么还有脸活下去，所以在被俘时便拔枪自杀。我正要对准自己脑袋开枪，被人将枪夺去，还抱着我痛哭苦劝。我只好暂时放弃自杀念头，准备混出去再说。等到被解放军盘查出身份后，手上已没有枪了，便用砖头朝自己头上猛击，一下就击晕过去，再也没有气力能把自己弄死了。等到被解放军军医抢救过来，就再也没有自杀机会了。我两次自杀，一是感到对不起校长的信任，输掉了他几十万精锐大军，没脸见人；二是怕被俘受侮辱，所以不想活下去。

当他没有办法再找机会自杀时，就希望早点病死，因他患有肺结核、肾结核和胃溃疡三种致命的病。他从不向医生去说明自己的病情，结果经多次健康检查，都被发现了，并都得到了很好的治疗。他当时不但不感激，还非常反感，认为这样一来，他决心希望通过疾病而提前死亡来达到慢性变相自杀的目的也被制止了。更加使他吃惊的，是连他自己过去没有发现的第四种病——脊椎结核，也被管理人员发现了。那是在一次洗澡时。每次洗澡都由干部陪着，从开始一直到洗完送回房间。有一次一位年长点的干部看到他身躯不像别的国民党高级军官一样能把身体挺直起来，便送他去医院进行仔细检查，结果发现他患有脊椎结核。除了服药打针外，还特地给他定做了一个石膏模型，让他睡在里面。每晚挺直地睡了整整三年，才使他这个病得到了有效的治疗。他告诉我，这个石膏模型，不只矫正了他的躯体，同时也矫正了他的思想。我听了之后，才敢告诉他，我第一次见到他的时候，见他睡在那样一个石膏模型内，只能仰面躺下，不能缩腿时，

感到很不安，还以为这是一种特殊的惩罚呢。他听了以后，又拍了我一下，说：“你虽然没有脊椎结核，不必用石膏模型来矫正，但你的思想却也得用石膏模型一样的东西来矫正一下才行。”说完，我们都笑了很久才停下来。

杜聿明的几种不易治好的病能那么快治好，他心中有数，政府一定花费了不少的人力和财力。当时，我国还不能自己生产治疗结核病有特效的链霉素，苏联虽供应了一些，但他们的药物性能也还达不到标准，只有美、英等国的质量过了关。可是，美国又对我国进行封锁。政府为了抢救杜聿明、黄维等人，不得不通过香港、澳门买回一些这类的药物。有一次，杜聿明好奇地问给他治疗的医生，给他治病花费多少钱？医生用开玩笑的口吻说：“不多，两个铜板。”医生无意中一句话刚脱口，杜聿明两行热泪便夺眶而出。惊得医生忙问：“怎么啦？怎么啦？”杜聿明把头一摇：“没有什么，因我想起了一件使我伤心的往事。”医生劝他好好养病，不要想过去不愉快的事，以免影响身体。

什么往事会使杜聿明这么伤心呢？原来在1931年，蒋介石于12月15日被迫宣布“下野”（即辞去国民政府主席和军事委员会委员长职务），杜聿明等一些黄埔学生也跟着失了业。杜聿明带着家眷住在杭州，靠黄埔同学会每月发点救济费勉强维持生活。

1932年1月间，他夫人看他闷在小小的住房内很不是滋味，便劝他领着大女儿杜致礼去西湖边上散步。才三岁的杜致礼看到街上卖油炸臭豆腐的，便拉着爸爸的衣角不肯走，嚷着要买一块吃。当时一块油炸臭豆腐虽然只要两个铜板，但杜聿明掏遍所有的口袋也只掏出一个铜板来。连这两个铜板就可买一块儿的东西他都没法子满足爱女的要求，而引得她嚎啕大哭，赖着不肯走。杜聿明也忍不住鼻子发酸，强把孩子抱了回去。所以听医生一说“两个铜板”，这件伤心的往事便立即涌上心头。他感到了党和政府抢救他的深情，禁不住热泪簌簌而下。

思想的彻底转变并不容易，由于过去受了国民党20多年的反共教育，所以虽然在某一件甚至几件或几十件具体问题上感到共产党对待自己的确是深恩厚德，有时甚至感到今天党对自己比过去国民党和蒋介石对自己还好一些，但根深蒂固的反动思想却没有连根除掉，有时又不知不觉冒了出来。

记得有时杜聿明和我在谈到前途问题的看法时，彼此的认识还常有出入。反正是闲聊，而且是在谈悄悄话，即使看法想法不相同，也不致于发生争执。但有一件最关切身利害的事，我们两人的看法却是一致的，那就是改造战犯政策。

战犯管理所执行党中央和毛主席的改造政策，是针对不同的对象采用不同的方法。由于我们这些国民党的高级军政人员，不但有不少是外国留学生，而且大都是文武双全，有的人讲起话来头头是道，看文件也能讲出一番道理来，而联系起他们的思想却不容易，所以对这些人的改造便是以自学为主，再加上相互帮助，彼此促进。管理人员从不讲大课，更不讲马列主义等。因为这些人不从内心转变，靠压力和主观上的正面教育是不易奏效的。除非发生重大思想问题，彼此帮助不能解决，领导人才去讲讲话，但讲完后，也还是让大家讨论，充分发表自己的意见。我们特赦后，与杜聿明等接待外国人采访时，讲了这套改造办法后，他们无不把大拇指一跷，说："这一招真高！"

在管理所下面除了十多个学习小组和以后增设的劳动小组外，还有一个由战犯自己推选出来的主管学习生活等的委员会。主管学习的委员是王耀武。他和我同属第二组，参加第二组学习。每次学习完，各学习小组便向他汇报各组学习的情况，由他汇总向管理所汇报，管理所有什么事也由他向各小组去传达。这样做，首先消除了大家的顾虑，大家对王也很信任，有什么思想问题不愿和小组长讲的，便和他去谈，这就比向管理人员去谈少了许多顾忌。

宋希濂

川湘鄂边区绥署主任，统率过14万大军的宋希濂，是文娱委员。他对围棋、象棋、桥牌等无一不精。他主管文娱，大家想玩什么便毫无顾忌地向他提出，由他去组织或请求管理所

购买什么文娱用品，也比直接向管理员提出方便得多。

国民党中央执行委员兼山东省主任委员的庞镜塘是负责生活方面的委员。大家想领什么买什么都由他负责。大家想买东西时，往往由他出面来讨价还价。因为解放军执行不搜俘虏的政策，被俘时身上带的财物都算是自己私有的，虽暂时交管理所保存，但随时可以取用。这些大官被俘时，身上往往带有大量美钞、黄金，所以花起钱来满不在乎。每逢年节，管理所同意买些香烟糖果食物时，有的一开口便是香烟10条、糖果10斤……这时庞镜塘便得出面来和这些人讨价还价了。他往往说，如果每人买这么多，一次得买上千条香烟上千斤糖果，这得多少人去拉回来？如果是由管理员直接出面，大家的心情就不同了，所以用自己管理自己的办法十分高明。

曾任川陕边区绥靖副主任、国民党中有名的十三太保之一的曾扩情，是负责清洁卫生的委员。此人对人一向温和。许多战犯都是过惯仆从如云的腐化生活的，要他们自己动手去搞卫生，也不是件容易事。他很有耐心，也很风趣，能把这方面弄得很好。这也比由管理人员直接来督促要有效得多。

有一天，这四位同学来缝纫组检查。他们看了一下便问我们对学习、生活、文娱、卫生等有什么意见。杜聿明照例回答："都很好，没意见。"他们刚一转身，杜聿明便指指王耀武和宋希濂的背影，问我知不知道他们过去的情况。我说除庞镜塘过去和我没有往来过外，那三位我都熟识。他一听我这样回答很不满意，便直截了当地说："你知不知道王耀武当旅长时，在江西捕到过红军有名的重要指挥员方志敏；宋希濂任三十六师师长时，在福建逮捕到共产党中央领导人之一瞿秋白吗？"我说我和宋希濂在重庆改造时，听到宋希濂交代过杀害瞿秋白的罪行。他又问："为什么要杀害？"我说因为他们是共产党的负责人嘛。杜聿明一听便装出一副要开导我的样子："你知道的就是这一点吗？"我说还有什么你就说吧！不必再绕圈子了。他才很郑重其事地告诉我，据他过去所知，国民党逮捕了这两位共产党的高级军政人员后，先是像今天对待我们一样，很优待，有病看病，要什么给什么。可在客气一阵之后，就提一个问题，要他们投降。当得到的答复是"宁死不投降"这一坚决的答复之后，便毫不留情地枪决了。

听完他这一段话，我便问他，过去国民党抓了共产党的重要军政人员是这样对待，共产党对我们这些人会怎样？他毫不犹豫地说，还不是一样采用这种办法来对待我们，“以其人之道还治其人之身”是天经地义，也是公平合理的嘛！我便问他，如果将来有人也来问他：“投降不投降，你怎样回答？”他忽地一下站了起来拍拍胸膛：“也是一样回答‘宁死不投降’！”他又反问我一句：“你呢？”“和你的态度完全一样。”

停了一会儿之后，我才问他，政府花费那么大的人力物力把你的病治好，你也表示感激，那为什么不愿投降呢？他眼眶红了一下，几乎是一字一句地回答我，感激政府医好我的病，这是个人问题，而投降则是涉及中国的传统道德、气节问题，这不能同等看待。中国几千年来都十分重视气节，我们都读过一些书，看过一些历史书籍，对这个问题应当有坚定正确的看法。我没有再表示什么，只是不断地用点头表示同意他的看法。

过去听人说，坐牢是度日如年，而我们在战犯管理所却是嫌时间过得太快了。我们天天等待有人来问我们“投不投降”？可是一天、一个月、一年都过去了，我们所等待来问我们这句话的人也没有等到。我们细心观察，从我们经常接触到的一般管理工作人员和偶尔来的一些领导干部口中，都没有谁问过这句话，或类似这样的话，也没有人侮辱过我们，更不用说打骂了，甚至连一句讽刺我们的话都没有听到过。这和我过去对待从延安只身投奔到国民党的陕甘宁边区代主席张国焘完全不同。有一次我和张国焘因一件小事顶起嘴来，我便用极其讽刺的话大叫一声：“张主席！这里不是延安！”气得他脸色由红变成苍白，半天说不出一句话。当时我非常得意，所以我解放后也怕别人用同样的方法来对待我。杜聿明也说，如果有人故意讽刺他，叫他一声“杜司令长官或杜将军”，他会不顾一切一头撞过去。与此相反，和我们接触过的干部和解放军战士，都是和颜悦色的。有一次，我不留心把一根缝纫针弄断了，杜聿明也替我担心，认为这是损坏公物，虽不是故意破坏，但肯定得挨一顿批评。我便写了两页信纸的检讨书，给自己扣上几顶帽子。杜聿明也在最后加了几句，说他也有责任。检讨书送上去之后，管理人员却笑嘻嘻地把我的检讨书和一枚缝纫针拿来放到了我面前，轻声地说：“你又不

是故意损坏什么公物，写这么长的检讨干嘛？以后断了针再去要一枚就行了。”管理员一转身，我们两人相对一笑。这一笑，包含了多少说不出的安慰与感动啊！

杜聿明是事无巨细，对什么事都是十分认真的，他常常对我说，他之所以成功是靠认真得来的。他发现我有时马马虎虎，曾多次劝告我，一定要改变这种不良习惯。有一次我在缝制一批新的汗裤，这是给战犯们穿的。杜聿明在裁剪时比来比去，用旧报纸剪了几次纸样才动手剪裁。我很快把30多条短裤缝好了，他和军统老同事董益三两人逐条仔细检查，发现其中有12条不合格，要我拆开返工再做。我不服气，认为反正是给自己同学穿的，差一点没有什么关系。他们两人都不同意，说非返工不可。缝制过衣服的人都会懂得，已做好了的东西返工再做一次比做新的要麻烦得多。我一再说没有必要，如果不合格，我可以把这12条裤子负责分配出去。我自己留两条，那10条我会找五个愿意要的同学。杜聿明向我说明，在剪裁时他便考虑到了，既要节省布料，又要使穿的人感到舒适，所以把前面裁小点，后面放大点，这样穿了蹲下去舒服。如果不把前面裁小而前后一样大，就多费布料。一条裤省一寸，这100多条就可省一丈多。我把该放在前面的那块小的放到后面，该放在后面的又放到前面，弄成前后一样大，所以这12条不合格，得拆开重新返工。我却认为前后一样大，可以随便穿，没有什么不好。我们正在争论时，在一旁铺棉花的原十七兵团司令刘嘉树便问我：“你是肖什么的？”我说：“属虎，属吊睛白额虎。”他知道杜聿明和董益三都是属龙的，所以他便插进来，边笑边说：“今天我总算看到了两龙斗一虎了！”杜聿明一听正要开口，我便先问刘：“你肖什么？”他把两手一抄：“我属蛇，属地头蛇，专门斗孽龙的老手！”杜聿明听了一笑：“看你胖得和猪一样，还来冒充是属蛇的，也不去照照镜子。”董益三也接着说：“他明明是属猪而且是属蠢猪的。”刘嘉树一听急了，便指着他们两人：“我要把你们这两条孽龙的筋抽出来，一条将来出去捆行李，一条把你们这两只瘦猴子吊起来玩把戏。”他们正在唇枪舌剑吵个不休的时候，坐在一旁看热闹的原陆军副总司令汤尧也插上一句：“今天我不但看到了龙虎斗，还看到了二龙戏珠（猪）的好戏啦！”他这一句话正引得小组内的许多人哄堂大笑时，只听原川军军长王泽濬大叫一声：“哦嗬！”杜聿明赶紧跑过去一看，原来这位仁兄把刚领来的一枚行棉衣的长针弄断了。杜聿明很幽默地对他说了一声："你老兄一叫'哦嗬'，我就吓得出汗。"这位四川同学十分热心，什么事都争着干，一干坏了，总是大叫一声"哦嗬"，所以他一叫，不但杜聿明着急，我们都跟着不安，知道又出了什么毛病。这次又是为了一枚针，使得满屋的笑声都被压下去了。我也表示，缝错了的12条汗裤全部返工，重新按杜聿明的规定去做。我花了三个半天和三个晚休息时间，把12条汗裤拆开再缝好时，杜聿明又逐条仔细检查，直到找不出毛病，才在我肩上拍了一下："全部合格通过。"

我在功德林改造时，虽然争取干一些较重的劳动，每天三次挑饭、挑开水等我都参加，但我认为这是对身体的锻炼，而不是真正体会到要从劳动中来改造自己。

我当时是抱着得过且过的思想。因为我认为像我这样一位参加工作就是反共反人民，今天落到共产党手中，不杀就是万幸了，学习与不学习，对我来说不是什么关键问题，学得再好也不可能弥补我过去的罪行，活下来就算了。我只求活着不挨批斗，看文件也是为了过关，跟上形势随大溜，要我花时间去钻研，那是自讨苦吃。而杜聿明在这方面却尽心尽力想帮助我。我们两人因为观点不同，经常发生辩论。有一次一位同学写了一首咏虞美人花的诗送给我看，显然从这四句诗中，可以看出他在借题发挥，诉述自己今天寄人篱下的心情，我立即和了他一首。他的诗是这样写的："往来篱下托终身，徒负人间最艳名；今日西风萧瑟甚，满怀清泪暗中倾。"我开始和他的诗还带有一点劝慰他的话，其中有这样两句："今日篱边沾雨露，明朝阶下沐恩光。"他一看很不高兴，并说我也变成教条主义。我这个人一向爱和稀泥，为了迎合他的心意，又改写成："项羽当年发浩歌，虞兮虞兮奈若何？美人死后名花在，不似当年健壮多。"他看了勉强点了点头，并说我们都把它贴到墙报上去。贴上后，他那一首自然引起许多人的批评。当时我们在管理所范围内是完全民主自由的，你想写什么都可以自己写好贴在墙报栏内，管理人员从不阻止。但你有贴的自由，别人也有驳的自由。现在我才深深体会到这种改造政策的伟大而有力。那么多人中，谁没有坏思想？如不让他发泄出来，是无法得到改正的，只有让他有地方尽情发泄，别人才好帮助他。我记得那首诗使不少人感到气愤，批评的文章一篇又一篇地贴了出去。杜聿明也在缝纫室

里写批判文章，我却在一旁若无其事地看他写。他把笔一放，又耐心地和我交谈起来。他先问我为什么要写诗去和？明知是有错误的诗。我说这是应人之请不能不写，他便说我太不讲原则了。我反问他："原则和朋友哪一个重要？"他禁不住又习惯地在我背上拍了一掌，才大声回答我："你太是非不分了，朋友犯错误不帮助他而去附和他，只能更加深他的错误，这是对不起朋友的大事，你还以为你在讲交情够朋友，你不但害人也害了自己！"我一听便火了："我什么时候害过朋友？你指出来！"他一听便笑开了："你是第一个看到他这首诗的，如果你不附和他，而义正词严指出他这首诗是借题发泄对今天当犯人寄人篱下的不满情绪，他的诗便不会贴出去，你这才够朋友。你第一个看了不帮助他，也不提醒他还附和他，今天的结果不是说明你害了他吗？"我很不以为然地回他一句："我才不去趋炎附势哩！"这句话一出口，他便把笔和纸都收起来，看样子要和我作一次长谈，我连忙说："你写你的批评文章吧，我不再讲话行不行？"他一把将我拉住，把我按在椅子上："不讲清不让你走。你刚才说你不趋炎附势，想和旧社会一样去做高人雅士吗？""对！我不想再高攀权贵，庸庸碌碌活下去就行了！"他听了长叹一声，便很耐心地和我谈了一段很长的话。我当时是似懂非懂，听了半天又冒出一句："我如果能活下来，决不会像杜甫一样过'朝扣富儿门，暮随肥马尘'那种生活，我感到可耻！"他连忙说："我相信共产党让我们活下来，决不会要我们去靠别人生活，而是由政府把我们包下来。"我还不服气，说他和我一样，说这些话是自宽自解，自己安慰自己，将来的出路是靠自食其力，我们学会缝纫去当裁缝师傅，我多学了一门理发，哪一门赚钱就去干哪一门。他对我的回答还是不同意。最后照例是他劝我有空多看看文件和报纸，就会懂得党的政策，我也照例"嗯"了一声，便算是同意他的意见了。但这次他却不放过我，还说我应认真多看看书和文件才不会吃大亏，我又"嗯"了一声，他还继续说，他是有过切身体会的，1948 年底，在淮海战役中他被包围后，毛主席亲自写了《敦促杜聿明等投降书》，虽然写得很明白，说明除了投降没有别的出路，入情入理，但他看也不看。当他的侍从副官把解放军散发的这篇文章的传单送给他，请他认真看看时，他一看标题便大发雷霆，不问内容一脚把传单踢得远远的，侍从副官又弯腰拾起来请他看，他朝着副官又是一脚踢去，并大喝一声："滚!"副官只好悻悻退出。现在他很后悔没有看那篇文章，所以一有时间，便抓紧看书和学文件。

他曾告诉过我，他感受最深、思想上起变化最大的是去东北参观。抗战胜利后，他是国民党东北九省保安司令长官，主持过接收东北的工作。他很清楚地记得，当时许多工厂都不冒烟，工人失业没有饭吃，工厂许多机器被拆下来卖掉，真是满目荒凉。我们去参观时，已是一派繁忙的新景象。过去要靠进口的一些钢材，自己也能生产了。在那次参观中，本来有一件事，开始使得许多人感到很生气，以为是有意侮辱和讽刺自己，但冷静地想了一下之后，他觉得对他的帮助很大。那次战犯们去东北参观，住在沈阳一个招待所。到铁西区参观了一些工厂回来，不知是谁在街边一处放置变压器的三角形水泥地上，用粉笔画了一个大铁笼。笼里关了许多大大小小的老虎，有只最大的张牙舞爪、凶相毕露。一群中、小虎围着它，显出跃跃欲试的种种凶态。王耀武首先发现了这幅画，他悄悄地喊大家到窗前去看。杜聿明和许多人看后都很反感。领队的干部知道后，立刻叫人把画擦掉，并组织大家座谈，说明纯属巧合，并非有意让人画来讽刺我们这些人的。没想到，杜聿明在沉思一阵之后，便开门见山地说："这幅画可以说是代表了东北人民在批判我们。"接着又说，沈阳是他任东北九省保安司令长官的所在地，他应当是画中的那只大老虎。他觉得这不是对他的讽刺，而是提醒他过去是一副什么样的嘴脸，只是现在关进了铁笼，再也不会逞凶作恶了。他的话音刚落，许多人都争着联系自己，说自己过去也算是一只猛虎。原洛阳警备司令邱行湘还说，他在洛阳时任意杀人，当时，洛阳人民就曾叫过他"邱老虎"。

应当感谢这位没留姓名的画家，他也和许多热情的工厂厂长、书记一样，对我们这些特殊的参观者进行了一次很有意义的新旧对比的教育。

杜聿明除在缝纫组工作外，还担任了修理管理所的电器、水管等工作。有一次管理所的喷雾器坏了，准备拿到外面去修，他听说后，立刻表示愿意试试看。每到夏天，管理所都要在我们住的房内和厕所、厨房等处喷撒消毒药剂，喷雾器使用久了自然要出毛病。杜聿明接过之后，一样一样拆卸下来，经反复研究，终于找出毛病所在。他那种认真的精神，实在令人钦佩。看到他那种不怕脏不怕累的劲头，谁也想不到他曾经是一位统率过几十万军队的高级将领。我记得那次他从早上吃过饭干起，坐在一张小凳上整整干了一个上午，吃过午饭午睡起来又接着干，直到吃晚饭前，才高兴地把自来水装进去试了几遍，认为已完全修好才交给管理员。

从1958年开始，战犯们也被准许去天安门参观国庆游行了。后来听说这是周恩来总理决定的。当时，我们当然不能和特赦后一样，站在天安门下面的观礼台，也不能和群众混在一起。公安部领导为了让我们参观好，以利于加速对我们的思想改造，经过反复研究，便在公安部大门东边的院墙上搭了一个临时看台，让我们参观。公安部大门在天安门广场东边，正好斜对着天安门。在那里不但可以看到经过天安门的全部游行队伍，而且可以看到在天安门城楼上的党和国家领导人毛主席、周总理……向群众游行队伍挥手的情景。虽然面目表情看不清，但从外貌和举止上还是可以猜出谁是毛主席、谁是周总理以及我们所熟悉的人来。

我们是在9月中旬得到这一消息的。当时战犯们都异常兴奋。杜聿明提出，一定要把准备发给我们过冬的棉衣赶出来，让我们能在10月1日都穿上新衣去参观国庆游行。在那些日子里，他几乎放弃了一切休息时间，赶着缝制。缝纫组的人看他那样认真，也都主动放弃休息和他一样加紧工作。9月28日终于全部完工，上百人穿上了新棉衣。有些人感到不合身，要求改一下，他一一照办。我也帮着他干一些技术性不高的活。凡是需要动剪刀的地方，都是他亲自动手，我只是拆和缝。因为缝纫这门工作，看起来容易，但要真正使一件衣服让人穿上合身就不简单了，特别是修改更难。他有时得先考虑很久，左比画右比画之后，才下剪刀。他常常告诉我，使用剪刀也和写大字一样，一刀下去，如果错了，改都改不过来。写大字也一样，如果一笔写得太长或不恰当，修改也很困难，而且会越改越难看。直到今天，我每逢写大字，在运笔时，还常常记得他这句话。

战犯们穿上新棉衣后，我和曾代理过山东省主席的牟中珩，还得加紧干两天，为所有的战犯理一次发。牟中行是理发组长，我是他的助手。跟他学理发，平均每天每人得理20多人。不过，我们理发只是负责把头发剪短剪整齐，不管洗头、刮胡子，所以理得相当快。但是，也有些人头发又密又硬，我们用的又是手推剪，一个头理下来，手指又酸又痛。每逢遇到一些难理的头，牟中珩总是接过去，怕我理不好。当然也有个别人，虽当了战犯，对理发的要求仍和以前当将军时一样，很是挑剔，要求理得合乎过去的标准。每逢这种时候，杜聿明在旁总是说："今天有人给理就不错了，还要求这样那样，再好看还不是个战犯。"而他理发时，总是要求越快越省事越好，从不挑剔。

10 月 1 日那天，天不亮我们就起了床，匆匆吃完早饭便乘车去公安部。我们到达后，先在公安部的警卫部队文娱室内休息，游行开始前半小时才去临时搭的看台。一上看台，面对天安门城楼上和城楼下观礼台的人群，我们这些人真是思绪万千。这也难怪，因为我们对面站立的都是胜利者，而我们则都是失败者。我们每个人的面部表情虽然都差不多，而内心却是各想各的。站在对面的人正在热烈欢呼，我们这些人却在伤感万分。当一批批军队、战车、炮车、坦克……游行过来时，不知谁长叹一声，把晏殊的词"无可奈何花落去，似曾相识燕归来"改了一下，轻声念出："无可奈何观礼去，似曾相识战车来。"我站的地方离杜聿明不远，他听到这话后，悄悄地把眼镜取下来，用手帕在整个脸上擦了一下。估计他是借擦脸把流出的眼泪揩拭掉。因为这些战车、坦克……都是解放军从他们这些将军们手上夺去的，今天又在游行中出现，他们怎么会没有"似曾相识"的感触，而思绪万千呢！

三、在秦城农场接受劳动改造

我们初到农场，真是五谷不分，在锄草时往往把草当成麦苗，有时还把玉米苗当成草拔掉，还有的人把胡萝卜叶子硬说是香菜。

1958 年秋天，公安部为了对战犯们进一步改造和考验，决定把身体强健有劳动力的送到北京东北郊小汤山附近的秦城公安部的绿化基地和农场去劳动。按规

廖耀湘

定，杜聿明是属于体弱的，不应参加，但他却坚决表示：一定要利用这一机会去体验一下农民的生活和劳动。过去他在带领机械化部队时，对开车检修车辆等工人的劳动都懂得一点，对农业劳动却一无所知。他认为身体虽不好，不能干重活，轻活还是能干的。管理所见他要求诚恳，便同意了。

我们初到农场，真是五谷不分，在锄草时往往把草当成麦苗，有时还把玉米苗当成草拔掉。更有趣的是原第七兵团司令廖耀湘，看到地里胡萝卜长出的叶子，硬说是香菜。带领我们去劳动的干部拔出来给他看了下面那个红色萝卜，他还是坚持这种香菜和湖南的香菜不同，说湖南的香菜不长萝卜，品种还是一个样。为了这个胡萝卜与香菜问题，那位干部专门带我们去附近一处菜农的地里看了他种的香菜。究竟是不是与胡萝卜有分别，廖耀湘比了又比，闻了又闻，才承认不是一样东西。杜聿明则虚心得多，他遇事肯问、肯学、肯钻研。我们在一大片空地上栽葡萄，规定每种一棵要求挖一个半尺见圆的小坑，把隔年留下的葡萄枝紧紧埋下去，只露出约四分之一在外面。照这样干下去，一人一天埋不了多少，杜聿明便建议用铁条按规定距离间隔插一个洞，把葡萄枝插进去后，再把附近的土压紧，这样就快多了。管理人员接受了他的意见，提前好些天便把一大片葡萄种完了。不料第二年，这片葡萄按老办法栽的都出芽了，而按杜聿明的办法栽的绝大部分都没有出芽。杜聿明挖开一看，原来用铁条打的洞，将葡萄枝插入后，大都底部悬在洞的一半以上，上半部的土压紧了，下半部土仍然是松的，葡萄枝没有与土紧密结合，当然长不出芽来。但等到发现时已经晚了，耽误了一年。杜聿明立即写了一份检讨，检讨自己没有经过研究，不懂装懂，造成了重大损失，并请求处分。管理人员笑着把检讨书退还给了他，说这不怪他，是大家都没有经验，谁同意的谁负责，他是好意，不应受处分。为了这件事，他花了不少时间去翻阅所有能买到的有关种葡萄的书。秋天剪枝时，他便得到了指导我们种葡萄的老农的称赞，而且可以带领我们去剪枝了。有一次他正在指手画脚要我们从什么地方下剪，如何保留明年的结果枝的时候，几位过路的农民一听到他说得头头是道，那么仔细，也凑过来听他讲，还不停地“师傅长，师傅短”，向他问这问那，他也很耐心为他们讲解。等那几位农民一走，我们就笑他，别人叫你师傅时，你居然点头承认。他一听也笑了：“我不承认，难道我应当告诉他们我是战犯杜聿明吗?”第二年一开春，我们几个人决心搞一次试验，选了两株粗壮的葡萄，搭了一个四方架。这样做虽比两面架占地方多一点，但受阳光也多，再多施点肥，我们相信结果一定会多。这一试验又得到了管理员的同意，我们便精心精意进行试验管理。当葡萄枝向四面展开挂满果实时，杜聿明非常高兴。每天出工收工，再疲劳，他也要我陪他绕道去看看这两棵葡萄。因按监狱规定，一个人不准单独行动，所以他要我和他两人一道，这样稍许离开队伍远一点也没关系。葡萄一天天长大，我们数了一下，比一般双面架的要增加两倍多，这说明我们的试验是成功的。

正当我们庆幸不久便可收摘时，忽然一夜来了一阵狂风暴雨，还夹杂着冰雹。那晚我们都没法入睡，都在为这两棵葡萄担心。可惜我们不能自由自在地在夜间跑出去，如果可以，我们都愿意把自己盖的被子等拿出去，给这两棵我们花了无数心血的葡萄遮风避雨。眼睁睁地看到天亮了，一听到值日的组长起床的哨音，杜聿明和我便迫不及待地往那棵大葡萄的地里跑去。近前一看，我们的头都垂下了，大家一语不发，一屁股坐在泥泞的田坎上。一夜风雨冰雹竟把大葡萄打了个七零八落，挂在枝条上的串串葡萄都被打在地上，叶子也没有剩下几片，只留下横乱的秃枝条无精打采地垂在那里。我们都难过得想哭，心里有一股说不出的难过和愤怒。老天为什么这么无情，竟对两棵即将收获的葡萄下此毒手！一会儿，管理员也来了，他让我们把打落在地上的葡萄捡起来。他说稍许生一点，还

是可以吃的。我们谁都不愿去捡，哪还有心思去吃啊！

值日组长喊我们回去吃早饭了，我们才慢腾腾地站起来走回去。管理员看我们那副难过的神情，便问我们："有什么感想？"我和杜聿明边走边回答他，通过这次眼看要丰收的葡萄被雨打掉，我们很痛心，也使我们懂得了一个道理：过去农民为什么要造反？是他们辛辛苦苦种的东西被反动统治者抢走了。如果我们过去也是农民，我们的庄稼被人夺走了，我们也会参加革命的。管理员听了十分高兴地说，你们通过这件事从思想上提高了认识，而且这一认识是通过这样一件具体的事来联系的，这比丰收一万斤葡萄的价值都要多出多少倍。杜聿明笑了，我也笑了！我们懂得了自己付出辛劳后的成果和自己才能发生感情。为什么让我们到农场来锻炼？这不只是体会农民的辛苦，而是建立对农民的感情，懂得农民过去不怕杀头要参加革命的道理。

在农场劳动一年左右后，又给了我们一个新的任务——写材料。公安部主管这方面工作的一位领导，在召集我们讲话时，说得很清楚，希望我们把亲身经历过的重大历史事件详细写出来。除半天劳动不变外，每周抽出三个学习时间写材料。劳动时间遇雨雪或气候变化不适宜劳动时也写材料。我因从 18 岁参加军统起到解放时止，18 年中都是干反共工作，所以写了几个月还没写完。杜聿明写了几个月，便很高兴地告诉我，他的材料再有几天就完了。因他抗战前只在大别山地区进犯过红军，抗战胜利后才在东北和淮海战役有过反共的军事罪行，所以不像我那么多，再写几个月也写不完。没想到，他把自认是最后一份材料写好后交上去不久，那位主管这一工作的领导便找他去谈话。回来后，他坐在床上很久不作声，我跑去问他出了什么事，是不是认为他写的材料没有写好。他没有马上回答我，而是把我放在他床上的手紧紧地按住，才很激动地对我说："我真没有料到，你也不可能料到，我们这次写材料，上面不是光要我们交代自己的反共罪行，凡是我们做过的大事都要写。连抗日也要写，而且明白指出我在昆仑关打了一个大胜仗，消灭日军一个旅团以及率领远征军出国抗日等。"他说，这些事他认为是国民党干的，问可否不写？回答完全出乎意料，那位领导很认真地告诉他，国民党抗日是民族之间的生死存亡的战争，参加抗日的都是爱国的行为，这是在中国历史上不可缺少的一页，所以要他一定认真写出来。当天杜聿明非常激动。他说，想不到共产党人做事这么公正，而国民党对共产党领导的军队在平型关打了大胜仗连提都不提，如果不是在解放后看到有关文件，他根本不知道平型关大捷的情况。共产党这么是非分明，这样正确对待历史，所以他回来后，就不再只是考虑如何写好交代材料的问题，更重要的是通过这件事使他对共产党的光明磊落和伟大有了更进一步的认识。如果不仔细去分析杜聿明的思想转变过程，真不容易理解正是由这些具体的事例促使他的思想起了急剧的变化的。

有一天在出工的时候，忽然下起濛濛小雨，管理人员要我们立即停工到附近修建干部宿舍的工棚去避雨，我趁机找杜聿明，问他为什么政府要他写抗战时的史料那么激动。他说他这一生中聊可告慰的就是在抗日战争中尽了一点力量。他说，他知道这些不是罪行，所以过去交代罪行和这次政府组织写历史材料时，他都没有写。这次政府指明叫他写，并特别指出像昆仑关这样重大胜利要详细写，他当然激动。我问他昆仑关这一胜利是怎样取得的，他正要谈，看到郑庭笈走过来，便说："你问他吧，他也是参加过这一战役的。"我问当时郑担任什么职务，他说是二〇〇师的团长。我说团长虽参加了这场战斗，但总没有你这个军长知道得多，还是请你谈一下吧。他看我一再请求，也只是简简单单地谈了一下。那是1939年秋天，日本侵略军在南海地区集结兵力，准备开辟华南战场，企图截断我西南国际交通线。同年11月间，日军在防城、北海登陆，进占钦州，并向南宁推进。杜聿明率领的第五军奉令由湖南向广西南宁附近集中，准备攻击由钦州、防城登陆北进之敌。杜奉命后，即令第二〇〇师戴安澜以两个团步兵为先遣部队。向南宁前进时，南宁已被敌军占领。这两个团在距南宁不远的头塘、二塘之间与敌人遭遇，激战二日，一团长阵亡、一副团长受重伤。二〇〇师全师赶到后，血战十多天，双方伤亡均很大，不得不向宾阳转移。这时，日军已进占桂南战略要地昆仑关，第五军奉命在宾阳、樟木圩之间占领阵地，拒敌北进，并应全力将昆仑关夺回再向南宁进军。

这次侵占南宁之日军是坂垣征四郎所部号称"钢军"的第五师团十二旅团，旅团长是日本有名的军事将材中村正左，直辖第二十一、四十二两个联队，每联队有官兵3000余人。这个师团在侵华战争中参加过不少战役，在开辟华南战场时，又经过两个多月的山地作战训练。官兵多系日本山口县人，秉性剽悍，长期受武士道浸染，又参加侵华战争多年，战斗攻守经验丰富。加上昆仑关具有“一夫当关，万夫莫开”之势，为军事上必争之地，要想夺回，是很不容易的。但杜聿明决心很大，他相信经过自己苦心训练多年的这支部队，一定能在这场卫国战争中击溃凶残的侵略者，所以他把自己的指挥所选定在昆仑关附近的最高点高大岭上的一个山洞里，亲自到前线指挥这场战斗。

12月18日拂晓，杜命令该军荣誉第一师师长郑洞国督率所部，在战车、炮火掩护下，对昆仑关敌阵地进行猛烈攻击。两军相接，进行了激烈的白刃战，刺刀见红，手榴弹响成一片，战斗自晨至暮，彻夜未停，终于将昆仑关攻占下来。部队喘息刚定，第二天午后，敌人在大批飞机掩护下，进行反攻，昆仑关又被敌人夺去。杜又指挥所部再度进击，又将其夺回。敌人增兵猛扑，又被夺去。这样反复争夺中，双方伤亡均很大，杜聿明便调动其他两个师侧击敌人并截断其增援线路，向昆仑关四面包围。这时，杜所在的指挥所成为敌机轰炸与重炮轰击的目

前排左起：黄杰、徐庭瑶、杜聿明；后排左起：刘嘉树、郑洞国、邱清泉

标，杜毫不畏惧，几次险被炸伤，他还是坚持指挥。最后敌旅团长中村正玄亲自率队前来督战，也无法挽回败局，反而被荣誉一师第三团当场将中村正玄击毙。戴安澜又率领郑庭笈、刘少烽两个团奋战一昼夜，前仆后继，奋勇强攻，将昆仑关附近高山全部占领。奋战至12月31日，将昆仑关之敌全部肃清，取得了重大胜利。日军不仅旅团长被击毙，两个联队长和班长以上军官85%均被击毙，士兵死亡4000余人，俘虏100余人。当然杜的第五军牺牲也是很大的，他为了安慰这些为国捐躯的英烈，在修建"陆军第五军抗日阵亡将士纪念碑"时，把中村正玄的尸体跪着埋葬在纪念碑前面，他还亲自含泪写了400多字的悼念碑文，刻在纪念碑上。他认为这是他一生中最值得纪念的一件大事，他说政府今天能让他把这件事作为历史事件写下来，他怎能不感激异常呢。

我听了这话，使我也有同感。因为我过去总认为自己过去所干的，都是罪行，而在这次写材料时，主管的干部告诉我，把有关过去我参加上海抗战和在虹口地区潜伏袭击日军以及我后来派人去沦陷地区工作与暗杀汉奸等事都写出来。我还问过，这是国民党在抗日战争中做的事，写它干嘛。他说抗日是民族战争，是国共两党合作共同进行的保卫祖国的历史大事，怎么可以不写呢。所以我也把这些材料如实地写了出来。

杜聿明在秦城劳动编在第四队，是干轻劳动的，但他有时却主动去干较重的活。管理员看到后总是阻止他不要干，他口头虽答应了，但一转眼又争着去抬东西。有一次他看到原天津警备司令陈长捷和另一个人抬着一筐土慢慢腾腾地走着，便开玩笑地说："你们这样走，是不是怕踩死了蚂蚁？"陈长捷听了，马上回敬他一句："我们倒不是怕踩死蚂蚁，而是怕踩死了老鼠啊！"他的话一出口，便引得在场的人都放声大笑起来。这样一句话为什么引起人的大笑呢？原来有一段很有趣的小故事。

杜聿明在北伐战争时左腿曾负过伤，伤好后比右腿短了一公分，走起来便向左边倾一点。他担任东北九省保安司令长官时，与负责东北行政工作的东北行营主任熊式辉，正好天凑地合成了一对。熊式辉1931年由上海警备司令调升江西省主席时，由上海乘飞机赴江西上任，飞机刚从龙华机场起飞，机翼冲在龙华附近

江面上一条大帆船的桅杆上栽下来，熊虽幸而不死，但右腿却被折断，医好后右腿比左腿短了一公分，走起路来便向右倾。他们两人在主持东北军政工作时，只要两人走在一起，便是一个向左倾一个向右倾，他们的部下看了这种滑稽的样子，背地里不知笑过多少次，因此“东北二瘸”便闻名于全国。杜聿明在劳动中仍然一瘸一拐，有一天他去参加小组的学习，不知什么原因迟到了几分钟，大家都在等他。只见他急急忙忙走进去时，全组同学都感到非常奇怪，怎么他今天走得这样平平稳稳？是不是怕迟到了走得快的原因？他自己也感觉到大家都在用惊奇的眼光看他。当他准备坐下的时候，才发觉左边脚下似乎垫了什么东西。他坐下后，把鞋子脱下拿到手中一看，露出一条“小绳子”，他把“小绳子”往外一拉，跟着“小绳子”拉出来的竟是一只老鼠。这时全组的人都忍不住捧腹大笑起来。从此以后，杜聿明踩死老鼠治好腿短的笑话也就传开了。

1959 年 2 月 8 日，是农历春节，7 日晚上，我们在农场的一座小礼堂里举行了一次十分有趣的迎春晚会，演员和观众全都是战犯。如果说连一个非战犯的观众也没有，那也不对。平时我们看电影，每周一次，有时还两次，这时附近的居民都扶老携幼，围绕着礼堂左、右和后方三面观看。我们照例是坐在正前方。因为礼堂小，加上过年谁家都在团聚，听说是战犯们自编自演的戏，都认为没有什么好看的，所以没有人来。但主持这个晚会的宋希濂却灵机一动，在前排正中安排好一个座位之后，便大声向大家问了一句：“我去请一位我们熟悉的人来观看我们的表演，大家同不同意？”几乎是和小学生回答老师的问话一样，大家不约而同地说：“同意！”不过宋希濂要请的是谁？却又看法不同。有的认为是请医生或护士长，因他们对我们的健康十分关心。有的认为是请农场的干部或带领我们来劳动的李科长或其他管理员。大家正在纷纷小声猜测时，宋希濂已连拖带劝地把我们平时最感亲切的一位绰号叫“鲁智深”的炊事员推到座位上了。因为别的炊事员都回家过年去了，他除了给我们做好晚饭正在厨房收拾外，明天还得为我们做早餐，不能回家。大家一看到是他，都不约而同地鼓掌表示欢迎，他也回敬了我们几下，才很腼腆地就座。我不知他是怎么想的，估计这么受欢迎是出乎他的意料的。

为什么大家对这位炊事员这么亲切热爱，因为他对我们从来不另眼相看，完全把我们和农场干部一样对待，事事处处为我们着想。不像其他几个炊事员那么高的阶级觉悟，好像和我们太接近太随便一点，就不足以说明和我们划清了界限。他们认为，我们这些人身上从头到脚都是该打倒的，他们给我们来做饭菜，等于照顾动物园的猛兽一样。喂养猛兽是工作，但并不是爱猛兽。而我们这些人也是一群不信邪的硬骨头，你在我们面前装模作样，摆出一副无产阶级的面孔，我们也相应不理，反正你得给我们做饭烧水。这位被我们称为“鲁智深”的炊事员，他不但身材面貌像京戏中的鲁智深，而且热情豪爽的个性与对待战犯们的照顾也和鲁智深的性格一样，所以我们背地里便送给了他一个这样可敬可爱的绰号。

有两件事，直至今天我仍未忘掉，而且常常怀念他，如果我能再见到他，我一定很热情地请他到我家做客，好好招待招待他。

第一件事，是有一次我去挑开水，因为扁担的挂钩（铁的）年久磨损，我正把一担滚开的水挑起来，挂钩断了。一大桶开水眼看就要倒在我的腿上、脚上了，我急忙把扁担当成撑竿，撑在地上一跳，虽没有烫伤我，却把另一桶开水也弄倒在地上了。我只好把两只空桶提回厨房，想再去打两桶。有位炊事员已看到了这一情况，便大声埋怨我不该把前面的一桶水也弄倒了。留下一桶，他们就可以不再烧，让我们少喝一点，将就一下也就行了。我正想解释，“鲁智深”听到了，马上从厨房冲出来，大声问我：“烫伤了什么地方没有？”他这一问，使我脑子里立刻闪现出英国维多利亚女皇的马车撞倒人，她连忙问：“踩伤了我的马没有？”而我国孔子的马撞了人，他则是问：“伤人乎？”不问马。这位炊事员真和孔子一个样，所以当时我感激和感动的心情，是一生中很少有过的。另一件事，是我们劳动刚回来，满身是汗，还没有擦一下，管理员便让我去厨房帮着剥豆子。开始还不觉得，坐下不久，便感到冷起来。那时正是暮春天气，一坐下来，就感到汗湿的衣服发凉，身子也轻轻抖起来。我仍咬着牙坚持剥。又是这位炊事员，他一看我那副样子，二话不说，马上把一件炊事员们常披在身上的棉衣给我披上。我不但身上感到温暖，心里更感到温暖。虽然这件棉衣满是油垢灰尘，可是在当时我却认为比最好的狐裘还要好得多。过了一会儿，我看附近没有别人，只剩下他蹲着帮我剥

豆子。我便小声问他："你这样照顾我，不怕别人批评你吗?"他理气直壮地回答："我是按政策对待你们的，怕什么?"真是天涯何处无芳草啊!

由于他一直是按政策对待我们，我们大家都很尊重他。这次把他请来参加我们的迎春晚会，都认为是最合适的。

晚会开始，先由原天津市长杜建时用清脆响亮的京腔："祝同学们身体健康，学习进步!"然后伸出右手，象征着拉幕布一样，从左边走到右边，算是开幕了。第一个节目是由两位湖南同学唱湖南花鼓，不但声音洪亮而且手眼表情传神，博得了一阵掌声。第二个节目是由原国民党华中军政长官公署中将副长官兼第三兵团司令张淦编的桂戏"王佐断臂"。这位一向被人誉为文武双全的桂林才子编写出来的东西，的确不平凡，而六十开外的老人又能一字不漏地把上千字的台词一口气念出来，更见其才华横溢，再加入情时又声泪俱下，无怪戏未完便掌声四起。十三太保之一的曾扩情坐在我旁边，连说，这个台词可以和四川才子赵尧生编的川剧"活捉王魁"媲美。接着由原陆军副总司令汤尧表演八角鼓，以及广东同学表演粤剧和京戏、苏州评弹，无一不精彩异常。最后是一段最令人发笑的压轴戏相声，由原国防部二厅中将副厅长沈蕴存化装成一少妇。他一出台就引起大家的欢笑，他穿一件借来的女人衣，还用两只红辣椒当耳环挂在耳朵上，一扭一扭走出来。在一阵笑声中，他却把背熟的台词忘得一干二净。躲在台侧递送台词的原兵工署警卫稽查处少将处长，军统老同事廖宗泽，又太热情，他唯恐台上的演员听不到，真是张口之时，吼声如雷，闭口之余落地有声。不但台上能听到，台下每一处也都可听到。沈蕴存在台上弄得不知所措，使得全场的人都笑得前仰后合。沈蕴存只好用立正敬礼来表达他的歉意，这就更使人感到滑稽可笑了。迎春晚会就是在一片哄堂大笑声中宣布结束的。那天杜聿明几乎笑得站不起来，我用力拉了几下，他才站稳。

"鲁智深"后来逢人便说，这场晚会实在太精彩、太难得了。真是这样，历史上也没有过这么多高级文武官员，自编自演这么多节目来欢度春节啊!

在农场劳动的杜聿明和原四川省主席王陵基，都是属于半劳动力或轻量级的。所以杜聿明和这位被俘的唯一国民党上将经常一起干点轻活。杜爱开玩笑，而王则肝火旺盛，我们都笑他们这一对在一起是“以柔克刚”。杜虽体弱但样样精，王虽无大病却年龄较大，而且过去一向是由几个姨太太照顾他的生活，所以什么都不会做，第一次使用牙膏，一下挤出一尺多长，还问别人：“有啥子办法收回去？”他使用保险刀刮胡子，不是刮破了嘴唇就是装刀片时割破了手。杜聿明和他同组，看到这一情况，便主动把王的刮胡子的事承包了下来。他们之间也爱开玩笑。有一次我们坐成一圈搓葵花子，因为农场没有脱粒机，向日葵成熟晒干后，得靠人力去搓下来。办法很简单，一手拿一盘，互相去搓，葵花子就掉下来了。因为这是轻活，但向日葵太多，靠干轻活的包不下来，所以我们这些干重活的也得去帮忙。王陵基的思想可以说与一般人不同，他是清末举人，由清政府送去日本学军事，读过日本陆军小学和士官学校，日语很流利，中文基础更深，并向皇帝老子磕过头，自认为“见多识广”。杜聿明对他的年龄是很清楚的，有时看他爱逞强不服老，总爱当着很多人问他：“您今年高寿？我老是记不清楚。”过去王陵基总是看他一眼之后，便很骄傲地回答：“我有幸和你们的校长（蒋介石）同庚。”这当然是带有一点占杜聿明便宜的意味，把杜聿明比成晚一辈的学生。那次去搓葵花子的时候，生性好逞强的王陵基，偏偏要选两个大的去搓，这比拿小的搓吃力得多。杜聿明为了照顾他，便选了两个小点的送过去请他把大的换下来。王一看便生气地说：“为什么让我搓小的，太瞧不起人了！”“不是瞧不起您，因为您的年龄和我们校长一样大，所以不能和我们这些学生一样……”杜聿明的话才说出一半，谁也没想到，王陵基突然大声嚷起来：“谁还愿意和你们的校长论同年，我现在是和朱老总认同年了！”

王陵基

在秦城农场半劳动半学习的战犯们，可说是日日夜夜都在等待、盼望着好消息，终于在1959年9月15日，由中国共产党中央委员会主席毛泽东，向全国人

民代表大会常务委员会提出，对于一批确实已经改恶从善的战争罪犯，宣布实行特赦……这一震惊世界的消息，当天便飞向全国各地，飞向全世界各地。而战犯们得知这一天大的喜讯，却是第二天，即9月16日的《人民日报》。

这是每一个战犯永远不会忘记的日子。那天下午收工后，徐远举照例是提前跑到干部办公室，去领取当天报纸，分送到各小队。他是我们中最为热心的义务邮递员。平日，他总是习惯边走边看看报纸的标题，再卷了起来去分送。而这次他却是迎着收工回来的队伍像发了疯似的，手里挥舞着高高举起的报纸，操着湖北而又带点四川的口音，大声狂叫："好消息！好消息！"负责学习的王耀武马上赶了过去，把报纸抢到手中，还没有等到所有收工的战犯围过来，他就用他那山东泰安口音大声念了起来："在庆祝伟大的中华人民共和国成立十周年的时候，对于一批确实已经改恶从善的战争罪犯、反革命罪犯和普通刑事罪犯，宣布实行特赦是适宜的……"突然听到有人在喊："快来！康泽晕倒了！"康泽平日说话是十分谨慎，态度一向严肃拘谨，学习很少谈自己的思想，因为他总认为自己是和戴笠齐名的大特务头子，落到共产党手中是非千刀万剐不可的。没有料到他听了这消息后，突然一下把杜聿明抱得紧紧的，杜要他冷静一点，他怎么也冷静不下来，不断向站在他身边的同学握手，终于因过度兴奋而晕倒，护士长一量是血压升高，只好送医院去进行急救。

康泽接过特赦书

那天的晚饭虽然菜多又是吃大米饭，但很多人很快就吃完，便去抢报纸细看，并纷纷议论开来。只有杜聿明、徐远举和我几个人饭后在门外空坪里转圈子，彼此久久不发一言。为了打破这沉闷的气氛，我走近杜聿明身边，他仿佛和我分别了很久一样，把手伸了过来，紧紧地和我握着。我用力地握了他一下，他才习惯地用左手在我肩上也用力地拍了起来，还感奋异常地说：“三年前，张治中、傅作义、邵力子、刘斐、唐生明等来功德林看望我们时，这些老朋友除了很诚恳地劝我们安心学习改造外，还特意告诉我们，毛主席对他们讲过，对在押的国民党战争罪犯，不管过去职位多高，罪恶多大，都要进行耐心教育改造，并且对他们不审不判……”他停顿了一下才联系他当时的思想说：“我认为他们说的‘不审不判’不过是长期囚禁，因为如按照国家法律和世界各国法律来审判我们，真不知会怎样判决，没有想到会对我们采取特赦的办法。这样一来，你我天大的罪行，不就一下都‘赦’掉了！”他的话音刚落，早就站在我们身边听我们谈话的徐远举叹了一口气，才用提醒我们的口吻说了一声：“不能太乐观了，报上说的是‘一批’而不是全部。‘一批’究竟是多少，有哪些人？还未明令公布，要看下文分解。”他这一提，我也从盲目乐观中清醒过来，杜聿明也同意他这种说法。三人一分析，可能是把一些职位较低、民愤不大的人先赦出一批，看看各方面的反应和这些人出去后的表现，再考虑继续赦其余的人。虽然刚才那一股高兴劲经这一分析，马上降了温，但还是认为迟早是会有希望赦出去的。

第二天上午，我们正准备出工，管理员叫我们不要忙，先把内务整理一下。我们这些人都是很敏感的，几乎每人都知道，准是有人来参观、访问我们。平日出工时，床上虽不是丢得乱七八糟，但也不是和部队一样干干净净，平日也没有人叫我们整理过，所以管理员一提出要我们不忙出工先整理内务，就猜到一定有人来。还不到9点，几部小车陆续到达，由公安部的负责人陪着一些人，先到管理员办公室商量了一会儿，才叫整队出工。这时，我们才看到，有拿笔记本的采访记者，有挂着相机拍照片的摄影记者，还有扛着摄像机的拍纪录片的记者，这些人也和我们一道向工地走去。当我们和平日一样开始劳动，去葡萄地里剪枝的剪枝，收拾的收拾时，徐远举轻轻走到我身边，悄悄地说：“看！为什么这些记者采访、拍照、拍电视片，老是杜聿明、宋希濂、王耀武等几个人？”我一听到他的话，也把手中的活放下，向四周环顾一下，果然不是找所有的人谈话和拍照。有一位和我们一道劳动时平时最不积极的，那天竟特别卖力，满头大汗还一

个劲地在干，可是摄影机的镜头连扫都没有扫到他身边。我还扫了一下，有一位摄影记者对我拍了一张照。下午，我们在学习时，他们又继续工作了一会儿才走，拍去了不少我们在学习和开饭时的照片。

晚饭后，一切又归于平静。大家在门口散步时，不少人估计，国庆节前夕，我们就可以出去了。

一天，两天，一星期都过去了，再也没有什么消息和动静。从来不性急的杜聿明，又把9月16日那张《人民日报》找出来看了又看，不用问，一定是等得有点发急了。我是一向存不住话的，看到他在翻报纸，便插出一句："特赦令颁布这么久了，连一点消息都没有，会不会发生变化?"杜聿明听了后，朝我笑了两声，好久才说："这还用得着怀疑，都在忙国庆，暂时顾不上这些，是可以想像得到的。"不过他的表情也带有点焦急的样子，但却相信不会变化。

9月30日，我们又得到通知，明天仍去参观国庆十周年大典，大家兴奋的心情比过去更加热烈。我又忙着参加理发，这次最使我们高兴的是在公安部警卫连的俱乐部休息时，看到报架上的山东《大众日报》上，有一条山东特赦在押的战争罪犯和刑事犯的消息，这一下可说是一颗定心丸。外地都已开始执行特赦了，北京肯定在不久即可特赦。每个人都是抱着满腔希望去观看这次隆重的十周年国庆大典的。

由于我不是军人出身，对阅兵典礼的兴趣不像杜聿明等军人出身的同学那么大，我还记得，当彭德怀元帅在指挥接受检阅的游行部队时，杜聿明、宋希濂等都发出不断的赞叹声："当军人就应当表现出这种气魄……"不过也有人在泼冷水。不知谁轻轻地叹了一声："俱往矣！俱往矣！数英雄人物，空羡别人！"杜聿明的头垂下去了，这可能是败军之将的一种必然的表现吧！我没有再去研究，而专心看热闹去了。

四、宣布特赦

最高法院首席法官宣读特赦战犯名单……每叫到一个名字，全场都要骚动一下。被念到名字的人，立即把头抬得高高的，腰也挺得笔直，就像在战场上打了胜仗一样神气。

大家焦急等待的日子，一天迫近一天了，我们突然从秦城农场又搬回到了功德林监狱，并连续在北京城参观了几处新的巨大建筑，其中有人民大会堂、历史博物馆、人民英雄纪念碑，还去十三陵参观了地下宫殿。每个人都是那么兴高采烈，都以为参观完毕就要分道扬镳了。

12 月 3 日，我和几位身体好的强劳动力被叫出去打扫布置功德林监狱的小礼堂，我回来把情况一说，大家都估计，明天就会宣布特赦了。

特赦大会会场

12 月 4 日上午 9 点多钟，管理员叫王耀武吹哨全体集合时，人人喜形于色，列队进入小礼堂。一看到礼堂主席台上挂的横幅“特赦战争罪犯大会”，都认为这是最后一次在这里集合了。我们坐好以后，便看到有几位同学的家属也从侧门走上了主席台坐在旁边，10 点差 5 分，公安部的首长才陪着最高人民法院的首席法官走上主席台正中就座。时钟指在整 10 点的时候，最高法院首席法官先念了一下和报纸上一样的文件后，接着就念特赦战犯名单，第一名就是杜聿明，接着念了宋希濂、王耀武、郑庭笈、曾扩情等 10 人之后，就不再念，而是说了一声：“以上 10 名，改造 10 年期满，确已改恶从善，现予释放，从宣布之日起，给予中华人民共和国公民权。”

首席法官的话音刚落，就像一块千斤重的大石头投向一池平静的水中，激起了各种各样的浪花。

杜聿明一走进礼堂，便坐在小马扎上闭目养神，静听首席法官宣读文件。直等到法官叫了他的名字时，他才把眼睛睁开。我当时坐在他身旁，很留心看他的动作。许多人都是一直睁大眼睛在看，竖起耳朵在听的，所以每叫到一个名字，全场都要骚动一下。如果叫别人而不是自己，又立刻露出一副失望的神情，但还是在等待着。而喊了自己名字的人，立即把头抬得高高的，腰也挺得笔直，胸也和当新兵学立正一样挺了起来，很像过去在战场上打了胜仗一样神气。那些听了念完 10 人之后，单上无名的人，脑袋马上耷拉下来，有些几乎快碰到自己的膝盖了，比当年打了败仗只身逃命还难受。总之，各种得意与失意的形象，一下毫无保留地表现了出来。我想再会描绘人生百态的名作家，这时也会弄得手忙眼乱，恨不得成为千手千眼，抓紧时间，把这上百名的国民党军政大员的种种神态、表情传之于笔下。我总算有幸看到了这一难得看到的场面，却无力把它记述下来，真太可惜了。

宣布已给予公民权的 10 人，便被喊上主席台去领取特赦证。杜聿明是第一个被管理员喊着站了起来，我又仔细看了看他面部的表情还是和平日一样，方方正正的脸上还是带有肃穆的神情。要说和平日有什么不同的地方，那就是从他眉眼间添了一道光荣的新中国公民的喜悦。他是那么沉着地走上主席台，仍不失过去的大将风度。当首席法官把一份特赦证递给他时，他走过去立正之后，双手恭恭敬敬地接过了特赦证书。管理员让他坐在台上中间摆着的有靠背的10个座椅第一个上面，我这时才感到自己太不会看问题了，台上明明只摆着10把椅子，怎么不联系一下只能是特赦10个人呢。我一面在想一面盯着杜聿明，我发觉透过他那副深度近视眼镜片，看到他两眼满含泪珠，只差点流到脸颊。后来他告诉我，他当时的那些泪珠是感激多于激动。

当10个人都被喊上台之后，便有不少人接着讲话，其中有被特赦人的家属，还有代表在押战犯讲话的庞镜塘。这位前国民党中央执行委员兼山东省主任委员，是很有口才、善于讲演的人，临时要他代表在押的人去讲话，他也有点紧张，我只记得他结结巴巴说了几句，而我听进去的只有“感同身受”。其余的话我都没有心思去听了，我只考虑为什么会没有自己？坐在台上的杜聿明，没有看出我不安的心情。在散会后回到寝室去收拾行李，我帮他捆背包时，曾扩情老大哥把他一本心爱的《唐诗三百首》递给我：“老弟，留下这本东西，你走了再交给别人，让它永远伴随我们这样的人吧！”杜聿明一听，便抢过来向曾扩情一扔：“我们都得到自由了，陪伴你这么久的李白、杜甫，你还想要他们留下来，不和你一道出去吗？”

杜聿明在和我分手时，已看出了我不安的心情，所以他走出寝室门，一大群人争着和他握手，他看我没有伸出手来，便很严肃地对我说：“你不能泄气，也没有理由泄气，既有第一批肯定会有第二第三批，你今天还不符合特赦的标准，好好再争取一下吧！我在外面等候见你。”我一听这话立刻反感异常，便气愤愤地说：“我还不合特赦标准，当然我比不上你！”杜聿明一听便笑了起来：“老弟，请记住时间，你还不满10年嘛！”我这时才发现他比自己细心得多。按入监狱的时间计算，我还差几个月才满10年。我是1949年12月9日被扣押在昆明五华山原云南省主席卢汉的办公室十多天，后又在陆军监狱优待室住了几个月，才送进监狱牢房的，所以严格说起来，还没有“改造10年期满”。

送走了10位同学后，战犯们一下子议论开了，主要的是许多人不服气，因为相比之下，大家认为都改造得差不多。不过我还是有点自知之明，除了我未满10

年外，我和杜聿明相比，我就自认为差得太多了。我的思想的确不如他进步，他帮助我很多，他走了，我感到失去了一位益友良师，心情久久不能平静。

12 月 5 日，新华社向全国全世界发出了特赦战争罪犯的特大新闻。《人民日报》等国内报纸，都是在头版显著位置上刊出。除杜聿明等之外，还有伪满洲国皇帝溥仪，也在第一批被特赦了。这真是新中国在政治上的一件大事，也是中国共产党人改造罪犯所创造的一个史无前例的奇迹。带过百万大军的敌军统帅和中国末代皇帝都经过改造而能成为新中国的公民，所以这一消息立即成为国内外谈话的资料。大多数人认为这是共产党改造人类的一项伟大成就。也有人认为这样做，未免有点宽大无边，连这样的大战犯都赦了出来，保准会要闹出大乱子的。

杜聿明等特赦后，是住在北京的一家中等旅馆内，他们虽感受到投向人民怀抱的无限幸福和欣慰，旅馆的服务人员对他们都很热情，丝毫没有歧视他们的表现，使他们解除了不少顾虑，但总感到处处是那么陌生，好像进入了一个新世界似的。他们整天不敢出门一步，只是坐在房内阅读书报或给亲友们写信，此外就无事可做。杜聿明在北京没有什么亲属，只有在京的黄埔一期同学和好友郑洞国、侯镜如，以及旧部黄翔等几位来看他，为他得到新生而向他祝贺。杜虽高兴，但表现得很拘谨，只是彼此问候几句，不敢深

周恩来总理在颐和园接见杜聿明等第一批特赦留京的国民党将领。左起：郑庭笈、宋希濂、周恩来、周振强、杨伯涛、杜聿明、王耀武（1960 年 10 月 19 日）

谈，害怕谈得不对会出问题。这样连续几天的冷冷清清的生活，连旅馆的工作人员和照顾他们生活的民政局秘书殷兆玉也看出了，知道这些人是不了解政府的政策，是否真正给了他们以充分的自由，思想上顾虑未消除，不敢冒昧从事。加上北京自新中国建都以来，市容有很大改变，纵然他们中有不少是老北京，要上了街，很可能找不到路回来，所以只好待在旅馆内。殷秘书和旅馆工作人员便热情地向杜聿明等做工作，说明特赦后便享有公民权，只要在宪法范围内，都可以自由行动，没有任何限制，尽可去外面活动。没有亲友可以探访的，可以去看看北京的市容，或到公园去逛逛。还给他们介绍了一些北京可以游览的公园、名胜。这样杜聿明等才敢走出去。杜聿明自由活动的第一个目标是去天安门广场，虽然不久前曾去参观过，但那是战犯身份，集体行动，这次再来就完全不同了。他独自走到人民英雄纪念碑前，仔细看了很久，并肃立致敬后才离开。后来又去故宫、中山公园、北海等地畅游了几天，看看后面确没有人跟踪，思想上才再也没有什么顾虑了。

1959 年 12 月 13 日，殷秘书通知他们，说 14 日下午，有首长要接见。他们都猜不出是什么首长。第二天下午，一辆大轿车把他们接到了中南海西花厅，下车后，杜聿明等被领进一间大会客室。陪他们去的北京市民政局的负责人要他们先坐了下来。一会儿，有位干部走来向他们宣布："今天是周总理接见你们。"这个突如其来的消息，真使他们惊喜万分，因为周总理是黄埔军校早期的政治部主任。这次被接见的 10 人中，有当年总理的学生杜聿明、宋希濂、曾扩情、周振强。这四人都是黄埔第一期学生。还有一个第三期的王耀武，也是听过总理讲课的。他们早就想见到总理了，因知道总理太忙，不敢开口，没想到今天竟抽出时间来接见这些特赦人员。正当大家思绪纷纭时，中央统战部徐冰副部长走了进来，指着随他一道进来的一位穿蓝棉制服、戴深度近视眼镜的人，向他们介绍："大家认识一下，这位是清朝末代皇帝溥仪，是由抚顺特赦出来的。"

溥仪刚坐下，周总理便从客厅后边走了出来。跟在总理后面的有副总理陈毅、习仲勋以及张治中、傅作义、邵力子、章士钊四位过去的熟人。大家不约而同地起立鼓掌。总理满面笑容要大家坐下，便一一问到每人的身体健康情况和家庭亲属等方面情况。杜聿明等一看到总理这么平易近人，如此关怀这些人，都感

到无比温暖。总理看到曾扩情便说："我在黄埔时还不到30岁，有些学生比我年龄大，当时感到很大压力。"曾扩情连忙回答："我那时已30多岁了，学生比老师还大几岁。"接着，杜聿明便对总理说："学生对不起老师，没有跟着老师干革命，走到反革命路上去了，真对不起老师！"总理听了立即回答："不能怪你们学生，要怪老师没有教好。"说罢便爽朗地哈哈大笑起来。杜聿明又向坐在总理身边的陈副总理用检讨的口吻说："我在淮海战役刚被俘时，老总要见我，我当时抱着与共产党誓不两立的立场，坚决拒绝，确实顽固透顶，应该罪加一等！"陈老总摆摆手说："过去的事，就让它过去吧！"说完也是一阵大笑。

这样无拘无束地漫谈了一会儿之后，总理才向11名特赦人员作了较长时间的谈话，说明党和政府特赦这些人是根据民族利益和人民利益作的决定。他指示今后应注意立场问题、观点问题、工作和生活问题、前途问题，并说希望你们第一要相信党和国家是信任你们的，你们要用自己的力量为国家民族多做贡献。第二遇到不如意的事，可以写信给我，可以和中央统战部联系，有话就要说出来……

周总理讲完话后，章士钊先生也说，共产党和毛主席领导下的新中国，对各位将军进行特赦，这在我国历史上是第一次，希望大家一定要遵照总理的指示去办。

这时，周总理看了看表，就问工作人员："预备晚餐了吗？"答复是"没有预备"。总理还表示歉意地说："以后再说吧！"杜聿明等便向总理鞠躬告别，极其兴奋地离开了中南海。

1960年1月28日，是农历春节，杜聿明和溥仪等11个人，正在欢天喜地的欢度第一个自由的春节时，旅馆服务人员忽然笑嘻嘻地请溥仪出去，说有客人要见他，杜聿明等便跟着出去想看看是什么客人，只见先出去的溥仪正怒容满面，把一个一尺多长的大红信封摔在地上。杜聿明把近视眼镜摘下仔细一看，才看出信封上端端正正写着"恭叩年安"四个大字，旁边还有臣某某等顿首一行小字。溥仪正指着两个身穿长袍马褂的老头子在发脾气："我早已感到当皇帝太可耻，你们还认为当臣子有什么光荣吗？还不快给我滚回去，不准再来给我丢丑！"那两个自讨没趣的老头只好躬身退了出去。这件事，马上传到了周总理耳中，他笑笑说："如果不特赦溥仪，谁会相信解放了十来年，居然还有人愿去向溥仪请安叩头呢？"

杜聿明等国民党将领和末代皇帝溥仪等战犯特赦名单在全世界公布后，在国际上的影响非常之大，许多来中国访问的国王、国家元首、将军等都想见见这些被共产党改造过来的旧中国的头面人物。有一次，周总理向一位外国元首介绍溥仪时，说这位就是中国的末代皇帝，溥仪却高声回答："今天新中国光荣的公民溥仪！"这一回答博得了一片掌声。

杜聿明也是一位很为人注意的人物。他和宋希濂、郑庭笈等六位于1960年春节过后便按照周总理的指示，先去北京郊区大兴县红星人民公社锻炼一年后，再分配工作。他们一到公社，立即引起了轰动。

当时的红星人民公社是象征与朝鲜友好的，也称中朝友好人民公社，公社主任赵彪，是一位老革命干部，很懂得党中央政策，他得到民政局转达的总理的指示后，立即亲自选定了旧宫大队作他们锻炼的基地。这个大队主要种植稻、麦、果木、蔬菜，还有马场、奶牛场、猪场等多种经营。赵彪还亲自去向旧宫大队的几位负责人交代，要他们一定要认真做好这些人的劳动锻炼和思想改造与生活学习等方面的安排。所以他们在这一年的锻炼中，得到各方面的照顾，使他们完全消除了怕受歧视的顾虑。他们原本都是安排在果木队劳动的，因这些人在秦城农场劳动时都搞过果木工作，而且果木队的工作不太累不太脏，比大田农业劳动轻松得多。

过了不久，杜聿明听说红星公社还有一座农机修配厂，主要是维修农业机器，并生产一些小农具。杜带过多年的机械化部队，不仅在技术上很有根底，而且和机器结下深厚的感情，他爱这行更甚于爱果木队，所以他曾独自去那里参观。他一看到那个简单的修配厂，20来位工人热火朝天地在工作，院子里停着那么多待维修的载重汽车、手扶拖拉机等，他知道那里的工人太少，便请求调到那里去。由于那里是干重活，大队和公社的领导都不敢做主，而杜又一再坚决要求去，他们只好向民政局请示，才同意他去的。他一调过去，便本着对工作一贯严肃认真的态度，勤勤恳恳地和工人们一道劳动。在大修汽车时，他总是钻到汽车底盘下，长时间地蜷伏在地上工作，从不叫苦，不修好决不罢休，所以经他修过的汽车、拖拉机，质量都是可以保证的。他一向是很虚心的，除了经常向两位老

师傅请教外，还买了不少有关机械修理的书，用心钻研，并常常抢着干重活，所以他和厂里的每一个人都处得很好，谁也看不出，这是国民党军队中的高级将领，也不相信他是《毛泽东选集》中的知名人物。

杜聿明在红星公社劳动期间使他感受最深的是，当时国防部负责人兼东北一个军事学校校长、黄埔一期同队同学陈赓大将。他多次约见和宴请他，按照当年黄埔同学风趣而亲切的说法，这是“一道穿过草鞋的”。杜聿明第一次见这位大将时，感到很羞愧，而陈赓大将却以十分亲切与关怀的言行，使杜聿明逐渐消除了自卑感。有一次陈赓把杜聿明、宋希濂等接到前门东河沿国防部招待所，让大家休息几天，才送回去。

曾任黄埔军校教育长的张治中先生，因身体欠佳，在颐和园介寿堂休养，周总理便让张以黄埔教育长身份，邀请在京的黄埔同学到颐和园聚会。杜聿明等在红星公社劳动的几个黄埔毕业的，也应邀去参加，这在当时是轰动了北京的一件大事。周总理除了和参加的黄埔师生照了相外，还特意邀杜聿明、宋希濂等人单独照了一张相。

杜聿明在劳动期间，还先后会见了英国老将军蒙巴顿勋爵和英国蒙哥马利元帅。蒙巴顿将军来我国访问时，特地提出，要求见见过去和他一道在缅甸共同指挥对日作战的老伙伴杜将军，当然，他这一要求立即得到满足。当杜聿明神采奕奕地出现在他面前时，他惊喜异常，紧握着杜的手连声说：“想不到你的豪气风采仍不减当年。”这位老将军以后曾对不少的人说：“如果不是自己亲眼所见，谁会想到这些被共产党俘获的国民党高级将领还能生活得这么愉快健康呢！”

周恩来总理（左一）和黄埔同学杜聿明、王耀武、宋希濂、周振强等在颐和园欢聚（1960年10月19日）

隔不久，英国蒙哥马利元帅来中国的时候，周总理请他吃饭，陈毅副总理和杜聿明等应邀作陪，蒙哥马利在席上曾问杜：“你过去统率的百万大军到哪里去了？”杜很风趣地指指陈毅副总理说：“我都送给他们了！”陈老总也很有风趣地笑着说：“你们可没有那么大方，肯随便送给我们，是我们咬住你们不放，才一口一口地把你们吃掉的。”蒙哥马利也认为，像淮海战役那样双方人员近百万的大军，在一个地区进行决战，这不仅在中国战史上少有，就是世界战史上也是少有的。他们一同回顾这一场大战的激烈程度，认为是十分动人的。国民党方面统率几个军的兵团司令如黄伯韬、邱清泉这样的名将相继战死沙场，更是过去所没有过的。

蒙哥马利问杜聿明：“中国在对日作战中，你统率的军队、装备、训练都不及日本军队，而且在地势险峻、易守难攻的昆仑关，能打那样大的胜仗，而后来你统率的队伍在装备和训练等方面都超过了解放军，却弄得一败涂地，连你也被俘，你想过是什么原因没有？”杜聿明不假思索地用很简单明了、也是十分得体的一句话作了回答：“这是正义战与非正义的区别。”在座的周总理、陈副总理等许多人对他这一答复，都认为很得体。

还有柬埔寨国家元首西哈努克亲王来我国访问时，周总理设盛宴欢迎，也邀溥仪、杜聿明去作陪，当总理向西哈努克介绍杜聿明、溥仪时，说：“这便是你想见的杜聿明将军。”亲王对能认识前国民党高级将领很感兴趣，问了杜一些解放后的生活等情况，杜的回答也很得体。杜回来后对这件事很感动，他说想不到总理对前国民党将领仍然是尊重的，有适当机会还给出头露面。

1961 年 2 月间，杜聿明等六人在红星公社劳动锻炼和体验劳动人民生活已达一年，第二批特赦战犯又将继续去那里劳动，中央统战部和北京市民政局按预定的安排，将六人又都接回到崇内旅馆。统战部在全国政协第一会议室举行座谈会，并让第二批特赦战犯也去参加。徐冰副部长宣读了全国政协的任命书，任命溥仪、杜聿明、宋希濂等七人为全国政协文史资料研究委员会专员，正式参加国家机关工作，生活费由原来的每月 60 元增加到 100 元。大家听了都非常高兴，鼓掌很久。因为战犯们特赦后究竟将来干什么工作，谁也猜不到，也没有人向他们透露过，这次一宣布，才知道安排到机关工作。1961 年 3 月 1 日，杜聿明等便到

全国政协文史资料研究委员会去上班。这个会是周总理倡议设立的。那是在1959年一次邀集60岁以上老人到政协举行座谈时，总理建议大家："把亲身经历记录下来，传之后代。"不久，即在政协成立了文史资料研究委员会。办公室设在全国政协东院，这里是原清朝顺承郡王府，宫殿式建筑，花木扶疏，环境幽雅。文史专员的工作是把自己的亲身经历写下来，其次是向过去旧同事和熟人去组织稿件，同时担任审核别人稿件与整理、编纂文史资料。

文史专员除了搞文史工作外，每周还得学习一个或两个半天。全国政协学习委员会是主管全体委员的学习工作，它直接领导在京的委员成立的一个直属组，成员均为委员。当时那个组有熊庆来、贝时璋、王雪莹、王克俊、赵君迈，杜聿明和溥仪等也编在这个组学习。

专员们在生活上也全部由政协负责，都在附近安排有住房，有公费医疗，专员们享受高干司局长级同等待遇。大家对这一安排都十分满意，杜聿明和我开玩笑说："我们以为自食其力是指体力，你说将来当裁缝师傅兼理发师，我也准备搞裁缝兼修理自行车和小机械，谁想到又让我们坐办公室啊!"

1960年11月28日，第二次特赦在押战犯时，我也得到了特赦，同被特赦的还有国民党名将李仙洲、范汉杰、国民党中央执行委员兼山东省主委庞镜塘、军长罗历戎等共11名。李仙洲是国民党中"山东三李"之一（另有李玉堂、李延年都死在台湾），三人都是兵团级的高级将领。他特赦后因山东有亲属，请求回山东去与家人团聚。庞镜塘因沈阳有儿女，他的妻子是台湾国大代表不能回来，他请求去沈阳也得到批准。只有范汉杰、罗历戎、李以劻、董益三和我五人因外地无亲属或亲属在京，便留在北京，也是先进行一段时期参观、学习再去红星公社劳动一年，再另行安排工作。

29日上午，杜聿明、宋希濂、王耀武等几位在红星劳动的人都赶到我们住的崇内旅馆来看我们。我们相互拥抱、跳跃，这种欢快之情，是我一生中少有过的。当大家都围在范汉杰房内笑谈时，我把杜聿明拉到对面我的房内，又把门关上才悄悄地问他："你特赦时有没有人问过你投不投降的问题?"杜聿明一听便大笑一声，又习惯地在我背上拍一巴掌："我相信也没有人问过你。"他一边说一边指着自己的脑袋，后又指指我的脑袋："这里不老早投降了吗?"

大家在崇内旅馆愉快地聚了一顿餐，当时正是三年自然灾害时期，生活方面比较困难，我们在崇内旅馆还能吃到两荤两素四菜一汤。那天，民政局为了让一、二批特赦人员联欢，特给每桌添两个荤菜，所以都感到特别高兴。大家边吃边谈，杜聿明要我们做好思想准备，他们已由周总理接见过两次，我们很可能也会被周总理接见。

1961 年 2 月 26 日，也就是农历正月初七，周总理果然在百忙中接见了我们第二批特赦人员。上午 10 点，北京市民政局负责人陪我们去中南海西花厅总理办公厅会客室。陪同总理接见我们的有陈毅副总理和副总理兼公安部长罗瑞卿与张治中先生等人。总理勉励我们要放下包袱，全心全意去做点对人民有益的事情。我一听感到很紧张，便向总理表示："我今后只能保证决不再做对不起人民的事，哪里还有条件去做对人民有益的事。"总理听了笑着对我说："你的条件很多，只看你做不做。"接着他便向大家说他正在号召老年人把自己的亲身经历写出来，这就是做了对人民有益的事。因为只要没有顾虑，如实地把你们做过的一切都写

1961 年 11 月，第二批部分特赦人员合影（自右至左：沈醉、董益三、陈金城、罗历戎）

了出来，不但对今后编写历史提供了可贵的资料，更为年青一代提供了反面教材。过去你们干的那些见不得人的东西，如阻碍革命，残暴镇压人民等写出来之后，使后人知道革命成功来之不易，就会对新社会对党增加热爱，这就是做了对人民有益的事情。总理还指着我，说我在军统那么多年，并在戴笠身边那么久，知道的事一定很多，要认真写写。我表示一定遵照总理指示尽力去做。不久，我们也去劳动锻炼。

我在北京红星公社劳动期间，常在星期天休息时进城去看望杜聿明和宋希濂等人，有事也先和他们商量，因为他们比我先出来一年，许多情况比我熟悉一些。有一天，我忽然接到最高人民法院转给我一封由香港寄来的信，这是我的前妻粟燕萍看到香港报纸上刊出第二批特赦战犯名单中有我，才知道我还活着。因为1953年，台湾中央通讯社便发表了我被共产党“惨杀”的消息，台湾《中央日报》和香港一些报纸也转载了这一消息，不久，又看到台北市的忠烈祠内也增设了我的一个灵牌，并正式公布我“入祀忠烈祠”，我的前妻和老母、兄弟、姐姐及我在台湾与海外的亲友都信以为真。我在台北的儿子还逐月去领取抚恤金。现在突然看到报上不仅登出我被特赦的消息，还刊出了我的照片。我前妻一研究，既是由最高人民法院宣布特赦的，便写一封信请最高人民法院转给我，不过这封信转了好久才转到我手中。我在此之前，曾托过不少过去的熟人和在香港办报刊的朋友打听我前妻的消息，一直没有结果，现在突然接她的来信真是喜出望外。不过也带来了使我极为悲痛的噩耗，我最怀念的老母，因久久得不到我的音信，又看到台湾宣布我已被惨杀，便终日伤心，已于前两年在台北大哥家中病故。另一使我感到安慰的，是我最小的女儿沈美娟已于1951年随其舅父及大姐由香港回到了湖南。大女和她们的舅舅已死去，小女现正在长沙念初中。我立即把这一忧一喜的消息告诉了同在红星劳动的小组同学，还跑到城内告诉了杜聿明等。杜建议我，应马上向领导我们学习和劳动的北京市委统战部和民政局的领导人去汇报，让他们安排我父女见面的问题。我按照他的建议去找了这两个单位的领导后，他们答复我，等到放暑假时，便通知长沙有关部门让我女儿到北京来见我，由民政局安排招待。

暑假很快便到了，我女儿来到了北京，父女离别十多年，彼此都不认识了。杜聿明告诉我一个办法，做一套衣服给女儿穿着下车，我便可以到车站迎接不会弄错。我便将过去一套花条子睡衣裤寄了去，我女儿果然穿着用睡衣改成的上衣，她一下火车，我便在月台上接到她了。

沈醉和女儿沈美娟在人民大会堂前的合影

当我第二天领着女儿去见杜聿明时，他非常高兴，答应过一两天便和我们一同到公园去拍几张照片作纪念，并寄去香港让我前妻看看我们父女的合影。我女儿在学校中学习“毛选”时，读过毛主席《敦促杜聿明等投降书》。她见到杜的时候便直率地对他说：“杜伯伯，你最不听毛主席的话了，他让你投降你不投降……”我一听到她这么冲口而出，便立即阻止她不要说下去，杜聿明反而哈哈大笑说：“这正是小孩子天真可爱的地方，想说什么便说什么，一点没有假。”说到这里，他便把脸对着我女儿说：“我过去的确是最不听毛主席的话了，可是现在我是最听毛主席的话了。”

隔了两天他借来了一部照相机，带我和女儿去北海公园和天安门照了不少照片。我把这些照片寄到香港后，我前妻又将其中几张寄给了在台湾的儿女们。他的这些照片的确起了很大的作用，我的前妻还同意我的意见回到北京来，不过要等到秋末冬初才能成行。

快到我的前妻回来的时候了，北京市委统战部长廖沫沙为我安排好一切旅行中的准备工作，并在北海公园来今雨轩为我设便宴送行。我拿到了去广州的卧铺车票后，便去和杜聿明等辞行。他忽然问我一句：“你接她回北京来，你考虑好，香港的天气与北京相差那么远，衣着准备得怎样？”我告诉他，已写信说明白，北京已进入冬季，要穿厚的羊毛衣和大衣等，相信她会带齐的。他停了一会儿便

提醒我，香港可以买到御寒的衣服，但买不到棉鞋，广州也不会有卖，为了让她一下火车脚不着凉，最好带一双棉鞋去。我十分佩服他考虑问题的确比我周到。

当我到广州等了十来天，我的前妻突然改变主意“暂时不能回来”。我怀着沉重的失望心情回到北京后，十分难受，在劳动时变得无精打采。杜聿明听到后，马上赶到红星公社和我长谈一个半小时。他再三开导我，决不能因为她没有如期回来，便消极下去，要分析她不能回的情况，应原谅她一定有难言之苦。他认为一是她对国内政策不够了解，产生了动摇；二是当前正遇上天灾人祸，生活上很多困难，外边谣言不少，所以有顾虑……他从各个方面给我仔细分析并用十分关切的口吻安慰了我一番。处在那样的情况下，有人来关心和安慰，这种深情厚谊是我永远不会忘记的。

五、昔日的战犯，今天的人大代表

> 他把我的手紧紧握住，很激动地说：“物质生活我们都享受过了，老了，应当在保持晚节上狠下功夫，才不会走上歧途。如贪图金钱，就会再度失足，永无挽救了。”

1962年初，我们在红星劳动的五个人，也和第一批一样被安排到全国政协任文史专员。又与杜聿明、宋希濂等在一起工作和学习了。

我一上班，杜聿明就告诉我，文史专员这一职称是十分光荣的，是周总理亲自决定，而且是由他下命令在全国政协增设这样一个专为安置我们这些人的机构。他说真没有料到，他在新社会能够弃武就文，干了一年，觉得还能胜任。在学习中，领导我们的文史副主委申伯纯，在向我们新去的专员介绍情况时，着重介绍了杜聿明在工作中极其严肃认真负责的精神，写出了一篇脍炙人口、博得各方好评和重视的《淮海战役始末》。他说，这是由国民党方面的最高统帅写出来的东西，所以深得各方面欢迎。他要我们向杜聿明学习。

杜聿明及其夫人曹秀清与其女婿——著名美籍中国物理学家杨振宁博士（中）在北京住所会面（1972年7月）

1963年6月3日，杜聿明夫人曹秀清从美国绕道经日内瓦、苏联回到了祖国首都北京。曹夫人是在杜聿明被俘后全家逃往台湾的，当时台湾报纸的报道说杜聿明“生死不明”，后来又谣传杜聿明已被共产党杀害，要入祀忠烈祠。原来曹到台湾后，没有人管，子女入学都成问题，杜“入祀忠烈祠”后，子女才领到补助学费。曹秀清为了知道杜聿明的确实情况，便决定离开台湾去美国找大女儿杜致礼，这时女婿杨振宁已获得诺贝尔物理奖，在国际上很有声望，所以1958年9月间她准备动身去美之前数日，蒋介石夫妇突然派车接她去见面。蒋夫妇对她很客气，蒋一再说，杨振宁获得诺贝尔奖，为国争了光，希望她到美国后，凭着岳母关系，要争取杨为党国效劳，为建设台湾贡献力量。曹秀清表面上和他们敷衍了一下，便匆匆离台到达美国。

曹秀清到美国一年多便看到杜聿明写给杨振宁祝贺他获诺贝尔奖的信，不久又在美国报纸上看到杜聿明获得特赦的消息，她真是喜出望外，很快，他们就联系上了。杜便要求曹回到北京来和他共同欢度晚年，并将北京的居住条件和生活环境详细告诉了她。她回来后告诉我们说，许多人看到杜在信上说有寝室、会客室、厨房、卫生间等之后，都笑得喘不过气来，因为曹秀清住在杨振宁纽约长岛的别墅中，不仅有花园，还有游泳池、网球场等，比杜聿明谈的这些真有天壤之别。但曹秀清却表示：我们是患难夫妻，他能过的生活我也能过，何况在这种环境下正是需要她去照料他的时候，所以不用说杜争取她回去，就是不要她回去她

也得回去。所以不论什么人劝阻，她还是坚决回来了。

曹秀清回来，不仅在精神上给了杜聿明以莫大的安慰，在生活上也给杜聿明以很大的满足。曹决定回国时，在美国的许多国民党军政人员都说解放后国内人民生活如何苦，想借此吓唬曹秀清，而杨振宁夫妇知道岳母的归心已定，便购买了许多家电用品让曹秀清带回，以改善他们在国内的生活，所以随同曹到达北京的一大批行李，杜聿明忙了几天才清理好。他很高兴让我们去参观，一部28英寸的大电视机，在当时算是很少有的了，还有一个200毫升的冰箱以及电动缝纫机和空调等一大堆。由于美国是101伏的电压而国内是220伏，杨振宁又买了一个变压器，政协的电工特意去给杜聿明换了大安培的电表。这样一来，杜聿明就忙开了，他一下班回去就摆弄这些东西，除此便是两夫妻玩蜜月桥牌。曹秀清很会料理家务，每天都要做几样杜聿明爱吃的菜，眼看杜聿明身体一天比一天好起来。

1963年11月10日，周总理和陈毅副总理以及张治中、傅作义和鲁迅先生的夫人许广平等在人民大会堂接见了特赦留京工作的一、二、三批全体人员及其家属，周总理对曹秀清不听信任何谣言，冲破层层阻力，排除一切困难绕道日内瓦、苏联回到北京，特别表示欢迎。当周总理当众称赞她的时候，她说："这是我们中国妇女的传统美德，不用称赞。"周总理说："这种美德，我们永远要称赞。"在吃饭的时候，周总理和陈副总理对杜聿明写的《淮海战役始末》均赞不绝口，陈副总理说，他对那篇资料看过几遍，很感兴趣，过去他只了解解放军方面的情况，对国民党方面的情况了解一些，但不全面，看了杜的资料，才完全了解国民党为什么要那样部署。他说这一战役的胜利，缩短了中国革命全面胜利的进程，今天，这一罕见的历史上大战役，双方的最高统帅能在一起吃饭畅谈，这也是历史上罕见的。

周总理走到我坐的那桌敬酒时，我刚一站起来，总理便拍了我肩膀一下，笑着向我说："沈醉你害了我！"我大吃一惊，忙说："我决没有敢再害总理之心。"总理又笑了一下才说："你写的《我所知道的戴笠》，我花了一个整晚的时间，一口气把它看完，因我过去知道戴笠不少的情况，但联系不起来，你的材料就讲清楚了，我一看就放不下来，所以我说你害我少睡了觉。”我便接口说：“我以后写短一点，就不会再害总理睡不好了。”总理却很认真地说：“以后还要写，不论长短都如实地写，不要有顾虑。”

周总理又对所有去的人说，希望各位多写些历史资料来让后人看看，能受到启发，增加对党和社会主义祖国的热爱，你们就做了对人民有益的事了。

接着，总理宣布，明年春暖花开的时候，让大家去江南的苏、浙、皖、赣、湘、鄂等省去参观游览，下半年再去延安、西安、洛阳、郑州等地参观。总理并指示要政协秘书长张执一对这次参观作妥善安排。

第二天，我在文史办公室见到杜聿明的时候，他十分兴奋地拍着我的肩说：“真想不到，我们写的东西，总理和副总理都那样有兴趣去看它，我们今后不但要多写还要写好，写得合于总理的指示，最要紧的是一定要实事求是，才对得起总理啊！”

1964年3月10日，杜聿明等在京特赦人员及其家属共约30余人，由政协派工作人员和医生护士等共40余人，浩浩荡荡从北京乘软卧赴南京，开始作江南之游。我们离开北京时，北海公园阴暗处的积雪尚未全消，而一觉醒来，已是春意葱茏满眼江南春色了。

11日上午到达南京，当时火车还得坐轮船过江，南京大桥的桥墩已露出水面。到车站迎接我们的江苏省政协负责人向我们介绍，这是我国自行设计修建的第二座长江上的大桥，第一座武汉长江大桥是苏联帮助建成的，现在我们已经能够自己建造了。

第二天，是孙中山先生逝世39周年纪念日，我们都去谒陵。在拾级攀登时，大家都怀着疑虑的心情，因为南京解放后，国民党宣传机构大造谣言，说共产党把中山陵破坏无遗，连中山先生的遗体都被毁掉。可是当我们到达灵堂时，看到四周墙上过去国民党的党国要人的题词仍保存如故，寝官内中山先生石棺上的卧式塑像仍完整如昔，没有动过的痕迹。灵堂外仍花团锦簇。杜聿明特到灵堂东侧的警卫室去和几位老年的警卫人员谈了一会儿，知道解放后，中山陵列为国家级的重点保护单位，还成立了“中山陵园保管委员会”，许多国民党旧军政人员的子弟成了该委员会的委员。

在南京几天的参观，除一些名胜古迹都去看过外，杜聿明最感兴趣的是参观南京汽车厂。他见到该厂生产的卡车，立刻走过去看了又看。该厂负责人知道这便是大名鼎鼎的杜聿明后，便说："如有人愿驾驶，可以上去试试看！"杜听后接着说："我去试试，我开了几十年外国汽车，还没有驾驶过中国制造的汽车。"说完他跳上驾驶台，熟练地将车发动，绕广场转了一圈稳稳当当地停下，轻巧地跨出来，连声称赞："真没有想到，我们自已能生产出这样性能好的汽车来。"

接着我们去无锡、苏州等处游览了一番。这许多园林美景，比过去更整洁，只是游人比过去多得多了。我们都记得，当年能到这些地方游览的人很少，绝大多数人不得温饱，哪有闲情逸致来游园。

3 月 19 日我们到达上海，住外白渡桥附近的上海大厦。前面就是有名的外滩公园。我们这些人都没有忘记，这个公园过去是专供外国殖民统治者游逛的地方，门口挂着"狗与华人不得入内"的牌子，今天却成了人民的公园，所以杜聿

1964 年，沈醉（左三）、溥杰（左一）、郭旭（左五）、宋希濂（左六）等人在上海参观。

明夫妇特意要我陪他们去那里走走，听我讲过去上海旧社会里的黑暗情况。因我抗日战争前在上海工作过六年，对上海黑社会的事知道得很多。我边说边对照今天，都有天翻地覆的感触。

3 月 27 日我们由上海到杭州，浙江省政协为我们安排的日程，头一天就是游西湖。解放前因没有疏浚过，西湖湖床逐渐增高，湖水最浅处只有半公尺，解放后从 1954 年到 1958 年，组织了大规模的义务劳动，用人力和挖泥船配合施工，将西湖挖深到两公尺多。经过这次整治，西湖景色，更增妩媚。杜聿明知道我向我母亲学过写旧诗，一定要我写一首给他看，我只好写首七绝："轻云如带绕峰腰，风送欢歌遍六桥；万顷碧波迎旭日，江山如画更多娇。"

我们在杭州游览了过去常常游览的名胜风景，最大的感触是这些地方比过去都整理得好，而且游人也比过去多了几倍甚至十几倍。杜聿明得出的结论是人民生活改善了，才有条件出来游山玩水。

4 月 2 日，我们又去游览了著名的风景区黄山，安徽省政协副主席戴戟专程由安庆赶来，在黄山宾馆设盛宴招待我们。大家对这位老朋友这种盛意隆情，都十分感动，曹秀清说："我在美国听许多人说，过去国民党人留在大陆的都不敢往来，怕共产党说这些人在一起会搞反动活动，没想到戴戟还这么远赶来招待我们，真是事实胜于雄辩，不亲眼看到是不会相信的。"

在黄山玩了三天后，回杭州休息一天，8 日由杭州乘车到达南昌。

我们在江西参观时，许多当年曾参加进攻过红军根据地的将军们，都深有感触地说："过去我们带大军打也打不上来的地方，今天热情欢迎我们，这一变化实在太大了。"

4 月 14 日，我们从江西到了湖南长沙，湖南省政协十分热情，派了一位副秘书长到湖南与江西交界处迎接我们，这使我们都十分感动。在湖南除参观长沙清水塘等革命陈列馆外，还专程去湘潭韶山，瞻仰了毛主席故居。在湘潭休息吃午饭时，杜聿明告诉我一件有趣的往事，他说抗日战争时期，他率部经过湘潭时，戴笠忽然赶来见他，先是天南地北漫谈了一阵，才言归正传。戴笠很谨慎地告诉他，有人向蒋介石告密，说他夫人曹秀清是共产党，所以蒋要戴笠查明处理，戴

笠便直接来找他谈。杜聿明说他听了之后，毫不惊异，只淡淡地回答戴笠说，曹在陕北教书时，有过些激进言行，是否算是共产党？如果认为是，他愿把她交与戴笠去处理。戴笠听到后，反而连声说，这种情况，你自己处理就行了，何必交给我呢。他说，这一来势骇人的事，就这样三言两语解决了，以后再也没有谈过。他说，戴笠可能认为他做了什么处理吧！

湘潭是我的老家，我就出生在那里，一些过去认识的人大都不在了，亲戚也一个都没有，领队的问我要不要到我过去的旧居去看看？我一打听老屋早就改建成了工厂，去了也认不出来，我便不愿去看。可是长沙附近还有我父亲的坟墓，我想去扫祭一下，湖南省政协马上派人去给我寻找，没想到风声传出去，不少过去认识我的一些老人都纷纷找到宾馆来要见我，我只好不断地招待他们吃饭和聊天。不知是谁说我能写毛笔字，其实我已多年不用毛笔，哪还能写，可是一些老人把纸笔都准备好，我情不可却，只好来一个写一张，这样不下一二十张。还没写完，有次杜聿明夫妇站在旁边看我写，我每次都是写一首我回到湖南后感慨万分而写的诗，以表达我重返家乡的心情，诗是这样四句："半生作恶为封侯，今日归来愧更羞；堪慰家乡诸父老，当年逆子已回头。"杜聿明夫妇看后，连说："重返故乡应有这种悔恨心情，过去你离开时只想升官发财，坏事做尽，今天能回头，是可以告慰家乡父老的。"

4 月 22 日，我们从长沙到了武汉，在武昌东湖公园游览时，看到新塑的屈原像和新建的行吟阁。杜聿明让我站在塑像下替我拍了两张照片后，要我一定写首诗来表达对这位伟大的爱国诗人的敬意，我一再说我实在写不好诗，平日是对付一下，今天在这位伟大诗人面前怎敢献丑。曹秀清说：正因为你写得不好，要写一首向诗人去求教，他会保佑你以后把诗写好的，我无奈只好勉强凑一首五律："行吟有新阁，风雨任飘摇；时人怀屈子，岂独爱离骚。志以修能洁，歌犹想象高；千年惊巨变，含笑颂今朝。"杜聿明看后，连说："如果屈原生在今世，一定会要含笑歌颂今天的。"

从武汉回到北京，正好是 4 月 28 日，休息了两天，我们又参加了"五一"劳动节的各项活动。

同年8月初，我们又按照周总理指示去西北参观，8月6日到古城西安，参观了半坡村等处后，便前往革命圣地延安。瞻仰了毛主席等故居和几处当年毛主席等领导人经常活动的地方，听到一些当地老人介绍毛主席等与群众打成一片的许多动人事迹，无不感慨万分。有几位老人说："过去我们有事可以随时找到毛主席，请他老人家帮我们解决问题。可今天……"

杜聿明夫妇老家都在陕北，对陕北的贫困落后情况是十分了解的，他说真想不到，在四面封锁包围、给养等极端困难的情况下，要把这里建成抗日和革命圣地，解决那么多人的吃穿问题，只有毛主席和共产党才有办法，否则是绝对无出路可言的。

杜聿明夫妇到延安不久，他们家乡米脂县的乡亲们便赶来看望他们，这使他们异常激动。杜聿明握着一位从米脂来的老人的手，带着极其内疚的语音说："过去我对家乡没有做一点好事，大家不计较我这个不肖子孙，今天还这么远道来看望我，太使我感动了，请代我向家乡的父老们请安。"

曹秀清在延安街上看到了卖饸饹木床的，十分感兴趣，她说多年不食家乡的饸饹，很想买一张带回去，又怕人多不方便带，杜聿明还怕别人说带这种东西怎么能上飞机。因为它虽不重，却像长条凳一样，上面还有一个压饸饹的木柄，把和好的杂粮粉倒在下边有小洞的槽内，用力一压就成了许多人爱吃的饸饹了。我马上表示：我有办法把它带到北京，要她买下来，她很高兴买了由我提着。她说到了北京一定好好请我吃上几顿她做的饸饹。

8月17日，我们从延安坐了一架小型客机飞回西安。当时延安还不通航，这是为了照顾这些老人，才临时调去的。

在西安参观七贤庄原八路军办事处旧址时，讲解员向我们介绍当年特务如何采用一切手段对付在那里的革命干部时，我作了一些补充，他们一听说是我去了，又向我提出了许多问题，我都尽自己所知告诉了他们，使他们以后可以讲得更好些。杜聿明非常赞成我这一举动，他说当时重庆方面的意图，地方上是不会清楚的，小特务提供的材料，总没有你知道得多，他鼓励我多做这样的事。

凡到西安的人，必定要去临潼，那里曾发生过震惊中外的"西安事变"，是

活捉蒋介石的地方。由于张学良、杨虎城两将军在中国共产党积极主张“停止内战，一致抗日”的政策影响下，举行了兵谏。这是中国历史的转折点。我们搞文史工作的都有人写过不少这方面材料，所以在临潼参观，杜聿明又要我写首诗怀念杨虎城将军，他说是你们军统把他杀了的，你能不写首诗来悼念吗？我当晚写了一首：“兵谏惊天地，豪情泣鬼神；英名垂万古，含泪吊将军。”他看了之后，说写得还可以，让我保留下来。

在临潼，由于有这位“每事问”的溥大哥（我比溥仪兄弟小，所以喊溥仪为溥大哥，溥杰为溥二哥，又比杜聿明和原天津市长杜建时都小几岁，所以喊杜聿明为杜大哥，喊杜建时为杜二哥。我这样有区别的叫法，别人也跟着这样喊他们了），所以就闹了些笑话。

到临潼一定得去华清池洗温泉浴，这是每个去的人都高兴的事，我和溥大哥、杜大哥有幸分配到贵妃池去洗。许多人都以为贵妃池是杨贵妃洗过澡的浴池，其实历史上几经变迁，原来的华清池已不知在什么地方。这两位都是深度近视眼，一摘下眼镜就看不清楚，所以领队的要我好好照顾他们。溥仪的动作很慢，我和杜聿明都下到浴池了，他还在脱衣服，等他脱完走向浴池时，而袜子还穿在脚上。我问他为什么不脱袜子，他才慌慌忙忙把它脱了就扔在浴池边上。他也许怕我们等他太久，匆匆跳下浴池没有站稳，差一点倒在水里。洗了一阵，快洗完时，又摔了一跤，几乎把头撞到池边石头上。我急了，一再大声叫他留心些，他不但不怪自己笨手笨脚，还说温泉水太滑了。我便笑着说：“温泉水是滑的，白居易早在一千多年前就告诉过你了，只怪你太善忘。”杜聿明一听也侧着头看我在逗溥仪，溥仪却很认真地说，白居易怎么会知道我们今天来洗温泉，那么早就预见了吗？我说他的确说过：“春寒赐浴华清池，温泉水滑洗凝脂”，两位大哥一听都笑了：“你真会联系！”

我把溥仪照料上去后，还想再泡一会儿，溥仪刚把衣服穿上，自言自语说，温泉水不但滑，而且洗过会胖起来，杨贵妃胖是常洗温泉的原因吧！我一看，原来他把别人的衣服穿了，所以小了些。我让他找到自己的衣服后，他一面抚摸摔痛的地方一面说：“杨贵妃的余香没有闻到，几乎把骨头都摔断了，下次再不洗这个池了。”

在我们这个参观团中，一向玩世不恭最爱讲俏皮话和捉弄人的要数范汉杰了。这位国民党名将，是锦州战役中被俘的指挥官，他在改造时让他填一张家庭成员表，他都敢写上“老婆半打，儿女一班”。有人问他一班究竟是多少？他说这要看连长吃不吃缺，不吃缺的多几个，吃缺就少了。

我们这一行中，最容易上当受骗的要算溥仪了。有一天我陪溥仪在临潼附近散步，范汉杰赶了上来，他一边走一边告诉溥仪，杨贵妃洗过温泉越长越漂亮，所以附近许多地方的小姑娘都爱到这里来洗脸洗头，而且洗时还希望有客人给她们浇上一瓢水，这样洗过后会更好看。溥仪居然信以为真，一直追问在什么地方可以看小姑娘洗头，想给她们去浇水。正当范汉杰说快到了的时候，有位陕西省政协的干部迎面走来，我便和他打招呼聊天，范汉杰把溥仪带着走了。一会儿便听到前面不远，一群人围着在喊：“打！打!”我和那位干部跑了过去，一看被围的正是溥仪，范汉杰正一个劲地替他在讲情。那位干部是本地人，对那些人都熟识，便走过去把溥仪保护了出来，一问才知道，范汉杰指着一处女浴室让溥仪闯进去看小姑娘洗头。所以被人一下扔到门外还要打他，幸好遇上那位干部才使溥仪免了一场打。范汉杰却一转眼溜走了。回去我把这一情况告诉了杜聿明，杜聿明知道领队的不会对范汉杰批评，他和范是黄埔一期同学，平日关系也不错，他便埋怨我一顿之后，又狠狠批评了范汉杰一顿，要他不要再捉弄溥仪，并说溥仪丢人，我们也不好看。

8 月 22 日，我们由西安到达洛阳，便去龙门石窟等处参观。杜聿明在蜀汉名将关羽关云长瘗葬首级的关林参观时，他那异乎寻常的表情，引起了我很大的兴趣，他一看到那座埋葬人头的坟墓，竟用手去拍了几下，又顺手拔去长在墓上的已变枯黄的小草，好像为亲友去扫墓一样，一面绕墓徘徊，一会又低头沉思。我不便去打扰他，我想可能历代的大将军们看到这身首异处的下场时会比一般人有不同的感觉。在我看来不过是座普普通通的坟，也许我只是一粒小小的芝麻将，所以感触不会和杜聿明一样深。

我们在洛阳参观了三天，杜聿明对洛阳拖拉机厂和洛阳轴承厂最感兴趣。溥

仪和溥杰的夫人嵯峨浩子则对洛阳唐代修建的那座佛教寺院白马寺很感兴趣。该寺方丈向我们讲白马驮经的故事时，我们中有几位信奉佛教的便双手合十起来。我只是站在一旁偷偷地发笑。

8月26日到郑州，住在过去苏联专家的招待所，那里的厨师们，一听说这批客人过去竟是那样一些人，便高兴异常。他向陪我们的河南省政协的工作人员说，他们都是烹饪技术很高的厨师，苏联专家体会不到他们的手艺，这批人过去是吃惯了好吃的东西，一定能欣赏他们做出的美味。所以我们住在那里三天，每顿菜都很精致，早点更是丰富多彩，我们都纷纷夸奖厨师的手艺好。每餐我都让端菜的服务员把大师傅请出来，当面赞扬他们一番，并请他们喝上一杯。大家处得十分融洽，连曾经日食百味的溥仪，也赞不绝口。但可惜的是“文革”当中，听河南省政协的人后来告诉我，这些为我们做过菜点的厨师们都遭到了残酷的斗争，说他们眼中没有劳动人民，只有“帝、王、将、相”。

从郑州乘火车返抵北京后，周总理便问大家的身体怎样？政协领导人便向他老人家汇报，完全按照他的指示：活动日程安排是注意劳逸结合，乘火车都是睡软席下铺，饭菜不太油腻……杜聿明和我们知道总理在我们参观前竟这么仔细关照过，无不感动万分，都说，自己的父母也不会对这么大的子女还这么关心啊！

杜聿明等回到北京不久，在党中央的安排下，溥仪、杜聿明、宋希濂、范汉杰、王耀武、廖耀湘六人，为第四届全国政协委员，工资由过去的每月100元提到200元。他们接到这一邀请通知书时，无不心情激动万分。杜聿明还写了一封信给周总理，表达他对党和人民政府的感戴心情，决心要以有生之年，为新中国的社会主义建设事业，为实现祖国和平统一，竭心尽力。

1965年5月9日上午，文史专员们正在办公室学习文件时，突然接到一个电话，说杜聿明的夫人曹秀清因错服了药引起昏迷不醒，要杜聿明马上回去处理。杜一听急得不得了，政协领导立即派车并指定要我陪同杜一道回去照料。因我在专员中是最年轻力壮的。我和杜聿明上车后，他那种着急和不安的神情，是过去少见的，当我们把曹秀清送到协和医院去进行抢救时，杜聿明眼泪不停地流着，他伏在曹秀清身边连哭带叫。经过三个多小时抢救，他就这样哭叫了三个小时。

我在旁边看了也深深为他这种深厚情谊所感动。

曹秀清被抢救过来后，杜聿明却累得连眼睛都睁不开了。医院害怕病人因年老体弱，随时都有可能发生意外事故，便要家属留下来，在旁照料。杜聿明回去稍稍休息便来接替我。因为夜间还得有人陪伴，我和杜聿明便商量好，白天由我去医院照料，杜回去休息，夜间杜来接班，我就回去休息。在曹秀清住院的16天里，就这样轮流替换着。在那短短的十多天中，杜聿明几乎完全变成了另一个人，他常常在离家来医院接班时，房门也记不得关，敞着就走了，烧在炉子上的开水也忘记拿下来，第二天回去，开水壶的底都烧坏了。每天一进医院见到我之后，就急忙问："病人好一点没有，吃了些什么，说了些什么，说想吃什么没有……"总之，每天都要这么仔仔细细问清楚后才让我走。有时一听说曹秀清有点不舒服，又着急得不得了，一听说比昨天好一些，又那么高兴，变得像小孩一样。谁会想到，这样一位身经百战的名将，在自己夫人生病时会失去常态。有时他下班回去白天睡不着，还到处去买些曹秀清平日爱吃的东西或自己做一两样她爱吃的菜带到医院来让曹秀清高兴高兴。

医院的医生们每天看我都陪在那里，便问曹秀清，我是她的什么人，曹便很认真地说我是她的"表弟"。从那以后，她不让我再叫她杜大嫂而改称她为表姐，所以后来乌兰夫请杜聿明女儿杜致礼吃饭时，杜致礼告诉乌兰夫，她妈妈生病时，多亏舅舅照顾她。乌很奇怪，何时她有一位舅舅的？杜致礼才把这段经过说了出来。

曹秀清病好一些后，就让我讲故事给她听，我除了自己一生的经历和奇奇怪怪的事见得不少外，也会古今中外结合起来编出一些故事来，她听了很高兴。有时我也问她在台湾和美国的一些情况。她们和我一样，也是六个孩子，她说杜聿明被俘后在台湾的日子真不好过，后来带了一个小儿子去美国，这是她最爱的一个，不料因开快车，连人带车翻在山沟里摔死了。她很痛心，幸亏女婿杨振宁和女儿杜致礼对她都十分孝顺，所以才略感安慰。她还有四个孩子在台湾，因而杜聿明和她都希望台湾早一点统一，使他们家人能团聚。

人们因杜聿明有一位举世闻名的科学家当女婿，都十分羡慕。杨振宁获得诺贝尔奖金时，杜聿明还在功德林监狱内改造。他从报上看到杨在斯得哥尔摩领取

奖金的消息和照片后，终于把信纸摊开，草草写下这样几句：

亲爱的宁婿：

我祝贺你获得诺贝尔奖金，这是民族的光荣，你要注意政治。

杜聿明即草

人们都估计，正在得意万分的杨振宁不可能给杜聿明写回信，因为他知道自己的岳父还在共产党监狱内服刑，不会愿意惹麻烦，因当时中美还处在敌对阶段。可是很出人意外，杨振宁居然不久就有信来，虽然也是写得很短，但也说明他对岳父的关怀，还着重说了一句："我非常感谢您对我的关怀！"凭着杜聿明几句话，不但成了杨振宁回来讲学的桥梁，也把曹秀清吸引回来了。

曹秀清的病终于好了，杜聿明高兴异常地迎接她出院时，曹秀清却泪流满面。我十分纳闷，怎么这么多天她没有哭而是杜聿明哭，今天病愈出院杜聿明笑了她却哭，我便问她："表姐，什么事使您难受，是不是病没完全好？"她边流泪边指着杜聿明消瘦的面颊和红肿的眼睛说："我这场病，把他拖成这个样子，我夜晚在病房内还不觉得，今天在外面一看到这副面容，我怎么会不难过啊！"这一对患难夫妻的真诚感情，这次我才亲自领会到了。

中国历史上少有的"文革"十年大浩劫的前奏曲——批《海瑞罢官》刚刚开始，许多政治上敏感的人，便预感到一场暴风骤雨即将降临。所以好多机关的领导们便开始进行一些"洗脸洗澡"的活动，自动提出每周参加一次两次义务劳动。当时中央统战部和全国政协一些领导，也选定了每星期二去西安门北京低压电器厂劳动一天。文史专员们也认为这种自我请求劳动的事决不能落后于人，也提出来一同去劳动一天。我记得头一天我们都提前半小时到达了低压电器厂门口排着队，等候工厂开门领我们进去。在那里劳动，是很轻微的，也是象征性的，所以许多人虽年过花甲，不少已届古稀之年，都能坚持得下来。第一天由一位女同志把文史专员领到一个小车间，让我们两人一桌先坐下来，再安排我们工作。记不清是工厂有意还是巧合，溥仪和班禅两人坐在一张桌上，那天的任务是在一块不到一尺长的零件上拧上五个螺丝钉就算完成一件。溥仪是一出娘胎就有人招扶，大了更是前呼后拥惯了的人，从没有自己亲手拿过改锥一类工具，所以看来一项极轻松的劳动，在他身上却是困难万分，他先是看别人把螺丝安上用改锥拧几下就上好了，而溥仪却怎么也无法把螺丝拧进那小洞内。杜聿明那天自己请求安装一个大件，不坐在桌上，而是放在地上安装，他一看溥仪弄得满头大汗，便跑过去一问，原来是他从未弄过这玩意儿，杜便告诉他，螺丝放上去后，用手轻轻拧一下，等站稳后，再用改锥顺时针方向转动，就可以安上了。溥仪忙问一句："顺时针方向，是朝南还是朝北?"弄得我们都笑出声来，杜聿明便手把手地教他，对着自己身上转而不要朝外转就行了。

溥仪是把整个手掌将改锥握住，掌心顶着，用力转动，杜又教他要用手指握牢转动，不要去顶，他怎样也不会，结果半天装了一块零件。一验收，不是太松就是由于改锥滑动把零件表面划出一道道痕迹，结果是："不合格。"领班的考虑了很久，才决定不再让他拧螺丝，而做一种最简单的工作，即一个螺丝套一个螺母，不过中间要加套两个垫圈。这总能干好了罢，结果一验收，不是套的垫圈少了就是多了。但总得让他做点事，垫圈多点少点就由它去，所以他便一直干那个活没有再换，也没有可换的了。

我们总共才去四次，也就是四个星期，就有红卫兵到工厂警告我们，要回单位去，不能在这里利用劳动逃避阶级斗争。这昙花一现的义务劳动，也在我们生活中留下了一道浅浅的痕迹。而溥仪的笨手笨脚，却给我添了不少茶余饭后的谈笑资料。

我们这一群不久便被指为"横扫"的"重点对象"，自然没有好日子过了。我们过去写的资料上一些旧的名称，如什么"剿匪总部"之类的东西，都被人贴出大字报，说我们借写史料咒骂党和人民，应罪上加罪。我们都写检讨做成大字报贴出去。到了1966年8月24日下午，政协的什么"造反派"，公然以命令形式宣布解散由中华人民共和国总理兼政协主席周恩来亲自决定成立的文史资料研究委员会。总理亲自安排在文史委员会担任专员的十多人，一律扣发每月30%的工资外，还要我们立即停止工作，不准再到政协上班，说我们到政协去是钻防空洞避风雨，要我们都回家去到社会上见见"无产阶级文化大革命的斗争"世面。只

准我们把办公室私人用品带走，其余查封不许动。我们不敢再去上班，但工资还得领。政协机关的那些红卫兵在我们去领工资时，便百般刁难让我们干力不能及的重劳动，连喘息一下都挨打挨骂，大家把领工资视为畏途。不领又无法维持生活，所以还得忍受一切去领。

我当时住在政协附近西黄城根，加上我有一辆自行车，只要几分钟就到了。我就想替杜聿明、宋希濂、郑庭笈三人和住在他们一起的唐生明委员等代领工资。当时在会计室工作的几位干部，虽然在那些机关造反派和红卫兵面前也板着面孔说话，但没人在时，却又和平日一样，这在当时真是一种赏赐。一副笑脸、一句关怀的话，都是无比安慰。我便得寸进尺提出来，可否代别人领工资？居然得到了同意，我连忙打开手提包，迅速代为签名，把代领的几份工资匆匆领走，骑上自行车直奔东四前厂胡同。当我第一次把工资送到杜聿明等手中时，他们无不高兴异常，都问我怎么去领的，我说我一进后门（当时政协的大门自己封了，由锦什坊街后面进出）便先找一把扫帚，从后门一直扫到西边那个大的男厕所，把厕所打扫得干干净净之后，再从厕所一路扫到会计室，把会计室门口打扫完了，才看准趁没有别人进去时，迅速把自己的和代领的工资取走。虽然从进去到出门都得挨上几句骂，我也只装没有听见，面不改色从容走出，因为要面带愤怒的表情，那就休想出门了。我懂得这个诀窍，所以能顺利完成这一任务。

我们被扣去的一个月30%的工资，隔了两个月，又补发给我们了。当我把当月工资和补发的工资领了送给杜聿明等时，大家都感到很奇怪，不再扣发已满意了，还把扣去的又补回来，谁会在这个时候还这么关心我们呢？大家正在议论时，唐生明叼着香烟走到杜聿明客厅里，笑嘻嘻地说：“你们没有猜到吧！我昨天才听到有人告诉我，周总理对政协扣发我们的工资十分生气，所以后来才没有再扣。前不久有人把扣去我们的工资作为政协的节余经费上交时，被总理知道了，又命令他们一定要如数补发给我们，所以拖了这么久才又补发了。”这时，大家的心里都有一种说不出的感激。总理那么忙，居然还这样关心我们，要不，我们真不知会落到什么样的地步呢。

有一次我去领工资，看到政协机关有几十人签名的一张大字报，说文史专员过去都双手沾满了人民鲜血，应当一个不留地遣送回各自的原籍，交当地群众监督劳动改造。我看了不敢告诉杜聿明等人，怕他们害怕，幸好第二次我再去机关领工资时，看到这张大字报被撕掉了。当时敢撕大字报的决不是一般人，这说明是有指示不让他们这样提，所以才撕掉的。

在“文革”期间，杜聿明和溥仪两人，几乎是各地来京串联的红卫兵都要想“串”一下的知名人物。有一次，几个由外地来京的红卫兵由北京某大学的红卫兵带领去找杜聿明，这些人过去都没见过他，只查出了他的住址，所以径直走进他住的那个四合院。正想打听时，便看到一位身穿粗布工作服，在做花盆架子的木工，他们对这老人毫无礼貌地吼了一声：“快给我们把杜聿明叫出来!”这位老人却仍旧慢条斯理地一边盯着花盆架的木条看看刨直了没有，一边满不在乎地反问他们一声：“你们找他有什么事?”这些小将们一看这老头对他们这样怠慢，便大声嚷道：“我们有要紧的事要见见他，你快去把他给我们找出来!”老人仍旧一动不动，只是“啊”了一声，照样在弄他的花盆架子。这时，红卫兵发起火来，大叫大骂，他才毫不介意地说：“你们不是见到杜聿明了吗！他已见到了你们，也和你们谈了话，还要我再去找谁呢？有事就请直说吧!”这群小家伙才恍然大悟，原来他们认为是杜聿明家佣人的老头子就是杜聿明本人。他们一见这人如此穿着而且在干活，并做得一手好木工，便不好再发脾气，和他聊了一阵便走了。一个戴深度近视眼镜的小红卫兵还用铅笔在他刨得很光的木条上写下几句打油诗：“久闻大名，今见其人，和我一样，也戴眼镜。”杜聿明自己当时并未发觉，而是他院内一个小朋友告诉他的。他笑了一笑，顺手刨了两刨，便把这首打油诗刨掉了。后来杜聿明谈起此事，还感到有点后悔，当时不应把它刨掉而应当保留下来作一纪念。

在十年浩劫中，由于周总理的爱护，留在北京的十多名特赦人员才没有被赶回老家管教，也没有受到大的冲击，只有康泽和我以及董益三三个“属牛的”（当时许多人称干过特务工作的是“属牛的”或“姓牛的”，因特字旁边是个牛字）曾以“保护”为名，再度被“关进监狱”严加“保护”。杜聿明、宋希濂等专员，则在政协的红卫兵监督下，与几位被他们指为“叛徒”“特务”嫌疑的老革命干部一同从事一些体力劳动。杜聿明还是干他的老行当，检修一些机电设备

左起：范汉杰、沈醉、康泽、廖耀湘

和担任政协大院内的果木养护等工作。他曾花费过不少时间研究果树的嫁接与丰产技术，经过他接枝过的许多梨树、苹果、柿子等直到现在每年都是果实累累，每年政协的职工分到这许多又大又甜的水果时，还有些老职工会提起："这些都是经过杜聿明亲手嫁接过的。所以长得这么好，结的果实这么甜。"他当年真没有白努力，至今仍令人在怀念他。特别是有一株大梨树，他接上三种不同的梨枝，来政协大院的人，看到这棵长有三个品种的梨树时，都要夸奖一番，一听说是杜聿明的杰作，带相机的人总爱在那棵树下留影纪念。

杜聿明在养护果木树的同时，对培栽花卉也是尽心尽力的。他很爱花，自己家里栽了不少，也做了几个花盆架。小小的客厅里真有点像花木店一样，一层一层地垒着三四十盆名贵花卉。政协大院有几十株牡丹，是十多年前从山东高价买来的，多年来一些工人不会分株，他悉心研究牡丹分株，居然由原来的增加近一倍。为了增加花卉的热性肥料，他每天一大早便去政协门口的大马路上捡拾马粪。有一天，他正高高兴兴拎着一筐马粪往回走时，被一个偶然高兴提早去上班的什么派的头头看到了。此人算是懂得点统战政策而当了头头，总算还听到别人说过，杜聿明有个举世闻名的好女婿，在美国得过什么什么奖，他一看到杜聿明穿得破破烂烂不说，手里还拎着一个粪筐，不知什么灵感触动了他，一想这样太难看，万一被外国记者（中国记者他倒不怕）拍了照片在美国报纸上一发表，他女婿看到了向中国领导人提出意见，他这个专门管这些人的头头就脱不了手，眼看就要到手的大乌纱帽没有希望了。他便一改常态，走到杜聿明面前，不再用带有强烈阶级斗争的口吻直呼其名，而是勉强喊了一声“杜老!”问他捡这些东西干什么？当杜聿明告诉他的用途后，他便把手一挥，要杜聿明快点回去，不让再捡，生怕就会在那一瞬间被外国记者看到似的。而杜聿明却满不在乎，还站在政协大门口马路上和他谈，说拾取路上的马粪，既便于打扫马路，又得到了粪料，这并不丢人，而丢人的事是祸国殃民，损害民族利益，才是见不得人的事。最后他是被连劝带推拉回来的。

我于 1967 年被关进监狱，1972 年由总理下令才被释放出来的。进出都没告诉我是为什么。

在我被关进秦城监狱的五年中，我的女儿早在 1966 年便因考上大学而无学校敢录取，只好去宁夏生产建设兵团搞农业生产，而我刚结婚一年的妻子则三次被政协红卫兵赶着搬家，由在西黄城根三间北房变成两间、一间，最后赶到杜聿明他们住的院子的汽车间临时改的一间房子内。这时，一些人都认为我这一辈子完了，再也不会有出来的时候，都躲避我妻子没有人理。只有杜聿明夫妇，却仍和过去一样对待她。虽然他们也不知道我将来究竟怎样，但他们总认为不能因为这样而改变对我妻子的态度，所以除了在言语上常给她一些安慰外，还从生活上给以照顾。在那种时候哪怕一句话、一碗粥、一个烧饼，都带有无限深情，都是使人终生不会忘记的。所以我出来第一件事就是去向他夫妇俩表达我深切的感激。我未出来的前一个月，我妻子便由杜聿明家的汽车间搬到政协附近的北篦子胡同两间北房。我释放回来的第二天，就由西城走到东城去向杜聿明夫妇和同院的几家道谢，感谢他们对我妻子的照顾。

我释放回到政协，也和杜聿明等一同参加体力劳动，有一天我悄悄问杜聿明：“我们就这样干一辈子吗？周总理不是要我们搞文史工作，我还有很多的东

西没有写呢。”杜聿明听了不假思索地说：“这种现象，非你我能了解，我认为能成为一个自食其力的劳动者，文的、武的、粗的、细的工作都一个样，是要人去做的。今天不要去想这些，想也无益，让我们做什么就做什么，不让做就不做，一切听安排。”由于这种思想的支配，所以他在十年浩劫中能这样毫无怨言地过去了。

杜聿明虽然从不偷懒、也从不找借口请假，总是无论天晴、下雨、下雪，都是一早起来吃完早饭便乘电车去政协，但他毕竟是生过几次大病的人，有几次曹秀清告诉我，他晚上常常睡不好，喊这里疼那里疼，但又不愿请假休息。当时连星期天红卫兵都不准这些人休息。我曾劝过他，要他把医院的证明书拿出来请假，他看了我一眼，把头摇摇，什么话也不说。这些地方，都可看出他是一个能吃苦的硬汉子。

1976 年 1 月 8 日，一个使人感到极大震惊的噩耗传出，我们敬爱的周总理逝世了！杜聿明和所有特赦人员，无不悲痛万分。早在一个月前，有人告诉我们周总理病重，我们都十分担心，无不在暗中默默作出各种各样的祈求，愿总理早日

周恩来总理接见黄埔军校毕业的杜聿明、王耀武、周振强、杨伯涛等人（1960 年 10 月 19 日）

痊愈。虽然我们这些人都是无神无鬼论者，却都急时抱佛脚，宁愿相信天上有神，有上帝，能够听到我们的恳求，我们自己愿意失去一切，只求能让周总理恢复健康。我想如果真能剖股而疗亲，我会毫不犹豫地把股上的肉割下来去为周总理治病，我为此曾写下一首诗送给杜聿明去看："剖股疗亲效若何？愿输肝脑起沉疴；更捐十岁添公寿，好为人民造福多。"杜看过后也表示，他也愿捐献自己十年、二十年的寿命与周总理，让他老人家多活几十年把中国治理好。

尽管我们和全国人民一样都有这种望总理早日恢复健康的愿望，但结果却使我们失望了，总理终于与世长辞。

"四人帮"的折磨，杜聿明没有叫一声苦，周总理不幸逝世的消息刚一传出，他却失声痛哭起来。虽然由于"四人帮"种种限制，不准许各单位举行追悼会，而文史专员们却还是举行了一次"哭谈会"。一开始是杜聿明坐在办公室沙发上哭泣，溥杰走进来还没落座，就哇的一声哭出声来，大家便一齐放声痛哭。由于心情悲痛，那次照例举行的"学习座谈会"，就在一片哭声中开始到一片哭声中结束。那天轮到我担任记录，我问主持小组学习的宋希濂："今天怎么记？"宋还没有开口，杜聿明便插一句："今天学习的人没有到齐，改为阅读文件不就行了。"所以那天的学习座谈会的记录上只记上了一句话："阅读文件。"那时的文件真是看了令人气愤，谁也不去读它，为了消磨时间，因为还差几十分钟，如果走早了，机关红卫兵和机关职工的小孩都会来干涉。杜聿明便开始谈周总理对我们的种种关怀，对总理在 1973 年还组织宋希濂、郑洞国等到广州参观黄埔军校旧址，行前召见他们的那次讲话，至今犹在耳边回荡。在场的人几乎每人都谈了一下对总理的深切怀念。

我们为了怀念我们最敬爱的周总理，还在每天流着热泪时，又一位为全国人民爱戴的党和军队的卓越领导人朱德委员长与世长辞，使我们心头又添上一层悲痛。更不幸的是中国各族人民的伟大领袖毛主席又在同年 9 月 9 日逝世，我们对这位新中国的缔造者，对我们这些人制定了宽大与特赦政策的大恩人，也和对周总理一样，有着最深最诚的崇敬。他老人家的去世，真是使我们悲上加悲、痛中添痛，我们全体特赦人员这次都被安排去人民大会堂参加毛主席遗体告别典礼，

瞻仰遗容，不像总理逝世只在北京医院那间小的房间内，举行遗体告别时，仅让杜聿明、宋希濂等几个人参加。我们过去多次得到总理接见过，而瞻仰遗容却不让我们去。这次毛主席逝世后，杜聿明和宋希濂、黄维还被安排参加为毛主席守灵。有一天杜聿明参加守灵回家，我去看他，问他累不累？他说一去看到毛主席的遗容就泪流不止，站的时间不长就换下来，想多站一会都不行，哪还会累呢。他说因为安排守灵的人都是提前去接班，没法多留。

1976 年 10 月 7 日以后，各种小道消息不断飞向四面八方："四人帮已被一网打尽了。"但在未经正式公布之前，我和杜聿明等见面时都只互问一句："听到了没有？"当彼此相互微笑点头时，便说明都已听到了，但谁也不敢深谈，因为周总理逝世后，有人说总理有遗嘱，便到处追查：是谁说出的？凡说过这话的都被一再盘查，有的还挨批挨斗，所以这一特大喜讯只能暗中庆幸，谁也不敢用言语来表达。不过只要你走在大街上，便到处可以看到人们在交头接耳时是那么喜笑颜开，这就证实了这一消息不是假的。明眼人不用问，一看每天的报纸便猜出了八九分，平日最爱在报上出头露面的"四人帮"几个头头和他们的爪牙，从 10 月 7 日以后一个也没有看到了。

我们等着等着，政协机关终于在 10 月 21 日上午，在政协礼堂东厅正式公布中央十六号文件，"四人帮"被彻底粉碎了，接着便是去天安门前长安街上游行，我们也被允许去参加，十多年不用的政协大旗也高高举出来了。

1977 年春初开始，政协机关也逐渐恢复了正常工作，文史办公室又归还给了我们。原来挤在一起的人大机关、民盟中央、职教社等单位被"四人帮"占去的房屋也逐渐退还他们，都陆续搬回去，我们又上班了。大家对这次劫后余生，无不倍加珍惜，杜聿明一再对我说："我们活过来真不容易。王陵基、廖耀湘、溥仪、王耀武、康泽都没有等到'四人帮'被粉碎这一特大的喜讯到来就先我们而去了，我们活下来的人就要加倍努力工作，才对得起党和人民。"

同年国庆前三天，杜聿明、宋希濂和我一共七位专员，都突然接到了参加国庆前夕国宴和国庆游园的请柬，我们看到这印有国徽的请柬，无不激动异常。在人民大会堂宴会厅里，我和周振强、罗历戎等人的座位与杜聿明靠近，彼此不停举杯，以表达内心无限愉快。第二天我和老伴及小外孙去颐和园游园时，正好碰到杜聿明夫妇和溥杰夫妇，在昆明湖边，我们拍下了一张张珍贵的纪念照。

1978年，全国政协不但把杜聿明安排为常务委员，更使他感到无比光荣的是全国人民代表大会选举第五届人大代表时，上海选区选出他为全国人大代表。我和几位老朋友都去向他祝贺，他十分激动地说："真太出人意料了，祖国和人民会给我这么崇高的荣誉，我一定要尽下半生余年对祖国和人民做一些有益的事来报答这种深恩厚德。"

从那以后，政协机关不再让我们去机关时弄花木等劳动而雇了几名花木工人，但杜聿明每天上班时，还要到花坛旁边去看看。有时看到花工不是老把式，他还挽起袖子给他们示范一下，当那些新来的花木工一听这人便是杜聿明，无不大吃一惊，都不免喃喃自语地说上一声："真看不出，这便是大名鼎鼎的杜聿明!"

"四人帮"被粉碎后，杜聿明不仅在政治上得到了崇高的荣誉，使他更为激动的是美国两位总统——尼克松和福特来我国访问时，他和宋希濂、黄维三人都被邀去在人民大会堂的国宴招待会上作为陪客。他很高兴地谈到他和美国总统见面的情况，他说，过去国民党什么都得听美国的，美国却从不重视；也从没有哪一位美国总统来过。华莱士副总统抗战时来过一次，便认为是件大事了。今天，美国总统接踵而来，仅仅这一点也会使人感到做一个中国人的自豪了。

杜聿明在参加招待美国总统的国宴上与美国总统碰杯时，两位总统都知道他是杨振宁博士的岳父，对他十分敬重。两位总统都曾约他去美国看看，他都是这样回答说："美国我一定会去的，那里不但有我的亲人，还有我的许多好朋友，不过现在不想去，我准备两岸统一之后，先去台湾，再由台湾的儿女陪我一道去。"

每次杨振宁博士回来，周总理总是邀杜聿明夫妇去作陪。周总理常对人说，如果不是杜聿明的关系，杨振宁是不可能回来的，更不用说经常回来了。有一次杜聿明夫妇去陪杨振宁吃饭后回来对我说，过去他和蒋介石在一起吃饭很拘束，现在和周总理在一起感到十分轻松，就如同和自己长辈在一起一样。

多年来，杜聿明在对台工作上可以说真正做到竭心尽力。

从1960年起，他几乎每年（"文革"期间停止）都要在逢年过节时对台湾进

行广播或写文章到香港去发表，总是以摆事实讲道理的态度劝告在台的亲友和旧日同僚。在与归国参观的港澳同胞和海外华侨举行座谈时，也总是现身说法，以理服人，为党的统一政策作宣传。因为在港澳和海外一些中年以上的人，无不知道这位国民党的名将，所以他说话很能使人信服。也有人感到很惊奇，怎么这样一位大人物也会由过去那么坚决反共一变而如此信仰共产党了。他也很坦白说过："我被俘后，人民既已宣布我为头等战犯，此生已完，一切言行便总是和党对抗，但却从未受过侮辱，反而以礼相待，供给各种书报，让我去学习，并不断到处参观，所见所闻与过去作比较，不能不使我心悦诚服。"1980 年纪念台湾"二二八"起义 32 周年，杜聿明写的《寄语台友》一文，文情并茂，曾受到不少搞对台工作者的高度评价。

1980 年底，我和女儿美娟得到政协领导的同意，去香港探亲访友。因为在"文革"期间，台湾和海外造了不少谣言，说我在这场浩劫中，被红卫兵打得遍体鳞伤，最后是被吊在树上七天七夜，活活吊死了。谣言越造越玄，好像有人亲眼看到我在挨打和被吊一样。当然，我在台湾和海外的八十多位亲人以及大批旧友旧同事与学生，都很关怀我，光是凭写信打电话，还不足以使他们释念。因为他们认为即使没有死，也是被打得瘫痪在床，仅仅手还能写。如果我能亲自去一趟香港，让他们亲眼看到我还是活生生的，这不比什么都有力？所以我决定偕女儿去一趟。要求一提出，马上得到政协领导的大力支持，很快就被批准领到了两张"港澳通行证"。临走之前，我专门去看了杜聿明夫妇，杜大哥紧紧握着我的手，语重心长地说："我们当中你是第一个外出探亲访友的，我相信接着还会有人要去，你应当做出一个好的榜样。我们的一举一动都要体现党的政策，不要忘记，我们常常说的要保持晚节……"我向他保证，我是第一个去海外探亲访友的特赦人员，我一定不会辜负党对我多年教育，也不会辜负他对我的期望，我决不会做出任何对不起人民的事，更不会在我身上做出有半点损害党的威信的事来。他在和我告别时，叮嘱我，见到过去的熟人，代他问好，只说我们在国内过得很好，虽然物质生活可能不如他们，但我们的精神生活是他们无法可比的。

1981 年 1 月底，我偕女儿从香港探亲访友归来，我急于想见的便是杜聿明。

郑洞国（左）前往北京协和医院看望杜聿明

当我从火车上一下来，便问在车站迎接我的政协的朱处长：“杜聿明近来身体怎样?”因为我知道他身体一直不太好，总是尽力支撑着在工作。当我听到他已因病重住进首都医院时，心头十分难过，恨不得马上就去看望他。

第二天我就赶去医院，护士说他刚动过手术，不让见客。隔了两天再去又没见到他，正遇上他夫人曹秀清也去医院，她告诉我，还得过几天才能见客，不过这次手术进行得很顺利，要我不用担心，等能见客时，再打电话给我。她说，杜致礼从美国带回的“人功肾”透析用药，很有效，要我放心。

我焦急地等待了一个星期，才得到曹大姐打来的电话，说医生已允许杜聿明见客了，但不宜多谈。我急忙赶到医院时，看到杜聿明正一人坐在床上想下床。他一见我走过去，便一下把我抱住，很高兴地说：“我从2月3日的《参考消息》上看到了你去港探亲后回京的消息，知道你会来看我，但医生一直到今天才准见客。你是第一个来看我的，我们好好谈谈你在香港的情况吧!”当我告诉他，医生关照过不能多谈时，他说：“不用管他们，我们尽情谈我们的!”当我谈到在港见到台湾的老同事等，留我在港和邀我去台遭我拒绝而提前回来时，他把我的手紧紧握住，很激动地说：“应当这样，否则我们怎么对得起人民！物质生活我们都享受过了，老了，应当在保持晚节上狠下功夫，才不会走上歧途。如贪图金钱，就会再度失足，永无挽救了……”我看到他还在病中，不希望他太激动，便告诉他，香港新闻界许多老友如费彝民、陆铿、胡菊人等都要我向您问好，他很高兴地说，我过去认识不少新闻界的人是因为同乡于右任爱和这些人打交道，他也认识不少。当他听到一些还在台湾拿薪金、长期住香港的老友们也很关心他的时候，他说：“我们之间没有半点私人恩怨，老朋友总还是老朋友嘛!”

最后，他提出让我代他写一篇文章拿到香港去发表，我连忙说：“你让我这个‘快工出粗活’的人代你这位‘慢工出细活’的人写东西，我不敢应命。因为我写的东西，准会使你不满意。”他听了又习惯地在我背上拍了一掌：“快工快久了，就会熟能生巧，也就能又快又好了。”这是多年来我们在一起常开玩笑的话。因为他写东西一向字斟句酌，坐下一写就半天，写好后又删、又加、又改，所以一天写不了三两千字。我却与他恰恰相反，总是先考虑成熟后再写，懒得打底稿，也很少增删，所以一天能写上七八千字。他常笑我是“快工出粗活”，因为他经常能从我写的东西中找出不少错别字和丢三落四的地方。而他写的东西，即使“鸡蛋里挑骨头”一样去挑，也很少挑出什么毛病来，所以我们都说他是“慢工出细活”。

我看到他刚动过手术就想写东西，即使是口头说，也得费力，便除了和他开玩笑说不能替他写外，还很诚恳地劝他，先把身体养好点再写。出我意外，他竟很严肃地对我说：“我急于要写的是有关祖国统一的问题，你不能代我写，还想劝我不写吗?”我被他这几句话感动得眼泪都快流出来了。他这种热爱祖国、忠于祖国的满腔热忱，我有什么理由不接受他的委托呢？当我表示同意代他写之后，他忽然昂首看着窗外，几滴老泪从他眼眶中滚了出来。我当时大吃一惊，以为他犯病了，急忙问他是什么事？他含着热泪很有感慨地说：“老弟，祖国的分裂，数以千万人的死亡，直到现在海峡两岸许多人骨肉分离不能团聚……这一切我们都要负责任，我想告诉台湾一些老长官老同事和旧部，要共同努力，要在我们这一代人手中完成祖国统一大业，否则历史将要谴责我们，后人也不会原谅我们。要立即动手，再拖下去，就更对不起人民了！”听了他这一番话，谁又会不激动异常！我忙问他：“用什么题目?”他说：“就用‘祖国统一大业，一定要在我们这一代人手中完成’，你看怎样?”我认为这题目很醒目也发人深思，便同意代他马上动手写。

没有想到，我回家之后，由于在香港应酬太多，那里的人都是睡得晚起得迟，午睡也不睡，完全打破了我多年有秩序的早起早睡的生活规律，“文革”中我得的心脏病又发作起来、服用一种外国治疗心脏病的药之后，肝区又受到影响，整天心律不齐而被送入医院住院，二十来天才回家，仍得卧床休息，无法执笔。有一天曹大姐由政协一位干部陪同到我家看我，她见我仍在床上不能起来，便叫我好好休息，等病好了再去看杜大哥，说他有话要和我说。我心里明白，一定是杜聿明让大姐来催我写那篇东西，因见我有病不能起来，所以希望我早点好了再去见他，好抓紧时间把他让我代写的东西写出来。

又过了好久，我才能起床活动，便让我老伴陪着去医院看望杜聿明，没想到他的病加重了，连说话都很吃力，我只好请他多注意，等他好点再去和他谈写东西的事。临走，他抓着我的手很认真地对我说，等他好点，一定要帮他把那篇东西写出来，哪怕是他口述我整理都行。同时，他也希望我今后写东西，一定要多考虑，不要贪图快。他这样帮助我已经不止一次了，记得1962年我在《文史资料选辑》二十二辑上发表了一篇十多万字的《我所知道的戴笠》，不久，群众出版社又出版了此文的单行本。当时不少人认为写得还不错，只有他当面对我提出，写得不够，写得不好，说我顾虑多，私心重，没有把戴笠从白手起家发展到几万特务、几十万特务武装的过程写出来，只着重写了他的罪行和私生活等，这是随着一些人只从一个角度写，不敢全面写，怕人指责宣扬什么坏人还有长处，为了尊重历史就应不怕批评，实事求是地写。他曾质问我："你跟戴笠那么多年，而且死心塌地为他拼命卖力，难道就只看中他会杀人，而使你五体投地的佩服，就没有认为他还有其他长处吗?"说实在的，我当时听了他的批评，真是惶愧而汗流浃背，很久不能平静。我认为这才是推心置腹、肝胆相照的知己，所以我一直把他看成是亦师亦友，经常去向他求教。这次他在病危时关照的几句话，我是终生不会忘记的。

没过几天，我又因心脏病发作再度住院。等我出院休息了几天，去政协汽车队要车准备去看杜聿明时，谁知一个晴天霹雳，政协一位工作人员也正在要车，他告诉我，杜聿明已于凌晨逝世。我听了立刻感到头晕目眩，刚说出一句："我跟你们一道去……"便一头栽了下去，幸好旁边站的人多，把我扶住才没倒下。他们看我那个样子，哪敢再让我去，马上把我扶回办公室休息。

杜聿明是1981年5月7日凌晨7时去世的。因为要等他在台湾的儿女和美国的女婿，所以拖到5月23日才举行遗体告别。他的大女儿于5月4日得到"杜病

危”的长途电话，刚好从美国赶回，算是看了一眼，而在美国的杨振宁也于5月21日赶到北京。地球那边的亲人都赶来了，而一水之隔的台湾，虽经曹秀清向蒋经国和许多军政界的旧友去电请求，却一个也没有回来。5月23日举行遗体告别时，我是由老伴、女儿一边一个搀扶着去的。看到他经过整饰后的遗容，犹如尚在安睡一样，但一想到将从此永诀，我禁不住痛哭失声，几经妻女劝阻，才未扑到他遗体上去。

5月25日下午3点，我再次由家人扶着去政协礼堂门口大厅，参加他的追悼会。当时的全国政协主席邓小平以及邓颖超、方毅、季方等党和国家领导人与全国人大代表、全国政协委员共500多人参加，由中央统战部部长乌兰夫主持，全国政协副主席萧克致辞，称杜聿明为我国著名的爱国人士。这一称谓，杜大哥是当之无愧的。悼词末尾说明了：“杜聿明虽走过曲折的道路，但他有着光荣的后半生，为人民的革命事业做出了贡献，人民将永远怀念他！”这一最后的评价，是很难得的。我也深深地感到党对我们真正是做到了既往不咎，只要有所贡献，做了点对人民有益的事情，党都不会忘记。从杜聿明之死，我们所有被特赦的人员都感动异常。这最后的结论，正是我们这些旧军政人员后半生所全心全意在追求的。

追悼大会结束后，我是最后离开的几个人中的一个，我肃立在杜大哥的骨灰盒和遗像前，默默地在诉说，我一定听他的话，在祖国统一大业上，竭心尽力完成他生前的遗愿，等到祖国统一之日，我一定会把这一特大喜讯去到他的灵前告诉他。

末代皇帝的晚年

沈醉回忆录

一、"真命天子"的学习和生活

这位3岁就登基当皇帝的人，过去出门都有七八十人前呼后拥，一切生活上的事都被安排得妥妥当当。现在却要自己料理生活，许多连几岁小孩都会做的事，他做起来却相当吃力，闹出的笑话更是数不胜数。

在古今中外的历史上，改造皇帝的事，可能还没有过。而中国共产党却把中国末代皇帝改造成为新中国的公民，使他在思想上有了180度的转变，由仇恨、害怕共产党变成热爱共产党，不能不说是一个空前绝后的大奇迹。我的这篇写的是溥仪被特赦后我所直接了解到的一部分情况。写溥仪后半生的文章很多，而我写的则限于与他往来中一些亲身经历及亲见亲闻的方面，不是全面写，只是记下一笔不完整的流水账，加上我文字拙劣，读起来很乏味，但我聊感自慰的，是多少保留了一点真实的东西。

我能和溥仪、溥杰兄弟在一起工作、生活这么些年，这是过去连想也不会去想的。因为抗日战争接近尾声时，国民党军事委员会调查统计局（简称"军统"）奉蒋介石之命，由军统头子戴笠主持沦陷地区接收之后的（包括南方、北方及东北地区）所有逮捕汉奸工作，我当时是军统局总务处长，常出席军统局召开的局务会议。军统接到蒋介石命令后，在几次局务会议上，都提到过除南京汪伪组织和华北伪组织中重要成员应如何逮捕处理外，还着重提到如何逮捕处理伪满洲国自伪皇帝、亲王大臣到重要成员的问题。后来由于苏联出兵东北，把溥仪和溥杰等逮捕送去西伯利亚囚禁，国民党政府曾几次准备向苏联要回他们。由于蒋介石决心发动内战，害怕苏联支持中国共产党领导的红军，

溥仪认罪改造后，于1959年12月4日被特赦。

溥仪在抚顺战犯管理所学习时的情景

溥杰（右）与润麒（左）去日本学习习前与溥仪（中）合影

一再考虑利害得失，才没有提出这一问题。如果要了回来，国民党为了收买东北民心，是决定把溥仪送到东北去公审后就地处决。所以我过去根本不会想到，我会和溥仪、溥杰兄弟成为好朋友、好同事，相处多年。

1960 年 11 月 28 日，我在北京获得了第二批特赦。从战犯改造所出来，就被送到了北京市崇文门崇内旅馆。第二天，溥杰也从抚顺战犯改造所获特赦送到北京，与我们第二批在京特赦战犯住在一起。当时中共北京市委统战部部长廖沫沙和市民政局领导，便在崇内旅馆内为第一、二批特赦战犯举行了一次联谊会，我才和溥仪、溥杰见了面。溥仪是 1959 年 12 月 9 日第一批特赦的。

在那次联谊会之前，由红星公社先到崇内旅馆的杜聿明、宋希濂、王耀武、郑庭笈等，便先向我们谈到了溥仪这位末代皇帝的一些情况。我开始还有些成见，认为与伪满洲国康德皇帝在一起，不知应如何对待才好，经杜聿明等一番介绍，才知这位 3 岁便登基当了清朝末代皇帝的“真命天子”，不但和普通平民百姓没有什么区别，甚至还比一般人显得笨头笨脑，可是待人却很诚恳。如果不知道他底细的人见到他，怎么也不会想到这便是中国的末代皇帝。

初见溥杰的印象，使人感到正如京戏里的一句道白“礼多人不怪”。他见到任何人都是那样彬彬有礼。谈话时，也可看出他是一位非常谦虚谨慎的人。

根据周总理的指示，战犯特赦之后要到农村参加一年的劳动，以适应新社会的生活环境。建立一定程度的对劳动人民的感情，也了解一下衣和食的来之不易。所以第一批特赦后，留在北京的，除溥仪一个人是被安排到香山植物园参加劳动外，其余的都是安排在北京市的大兴县红星人民公社劳动。

第二批特赦战犯先在北京参观和学习一段时间，等第一批的特赦战犯劳动满一年回来，听候另行安排工作期间，第二批便接替第一批去红星公社劳动。溥杰则不是接替溥仪去香山植物园，而是被安排到北海公园与景山公园去劳动，他的住所也被安排在北海公园内。

1961 年 2 月 28 日，中央统战部召集一、二两批特赦人员到统战部一间大会议室里开会，由部长李维汉宣布：周恩来总理已亲自作出决定，将第一批留在北京的溥仪、杜聿明等六人，安排到全国政协文史资料研究委员会任文史专员。工资由原来每月 60 元改为 100 元。溥仪听了后非常激动。他当即表示：这一安排和待遇，实在出乎他意料之外，他太感激了。杜聿明、宋希濂等也都表达对这一安排的感激心情。中央统战部副部长徐冰听了溥仪等人的表示后说：你们这些人过去都是享受惯了的，今天当然不应该也不可能让你们再过和从前一样的生活。但也不能让你们过一般人的生活，而是让你们过上目前国内中等水平的生活。如果谁有特殊困难和需要，还可以提出来，我们也可以考虑给一点临时性补贴。

当时我们几乎都是每人每月 100 元工资，在当时物价还很低廉的情况下，可以说是能够过上比较好的日子了。因为虽在三年自然灾害期间，一般人每月几十元的收入还要养家糊口，而 100 元的标准比国家十七级干部还要多一点点。我们住在崇内旅馆，一天 1 元钱的伙食费，就可以吃上两小荤、两素、一汤，有时偷偷去附近新侨饭店改善一下生活，也才 5 元一餐。

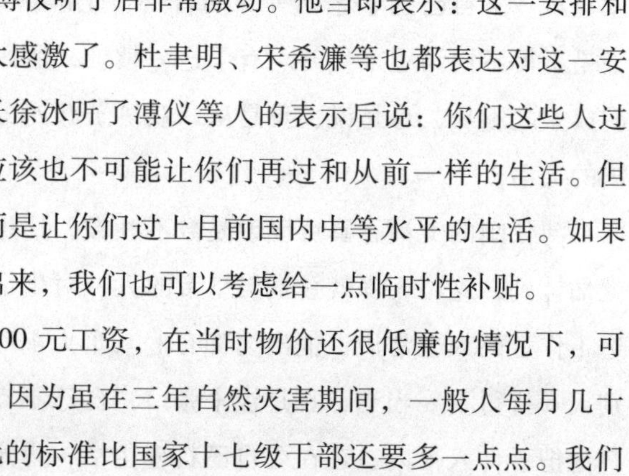

溥仪的专员证

3 月 1 日上午，全国政协秘书长徐冰（兼统战部副部长）通知溥仪、杜聿明等六人到政协后院靠西边一间大办公室去报到。他先介绍了副秘书

长申伯纯与大家见面，说申副秘书长就是文史委员会副主任委员，负责你们的工作和学习，并把政协有关负责人也向专员们作了介绍。从那天起，溥仪、杜聿明等便是以文史专员的身份去政协上班，每人都领到一枚文史专员的工作证，按杜聿明的话说："从今以后，我们也是国家干部了。"由于文史专员这一职称是周总理亲自安排的，所以大家都非常珍惜，都愿把这一职称作为自己下半生光荣的职称。后来我们当中大都当上了全国政协委员，还有的当上了人大代表，溥杰还当了人大常委，但本职仍是文史专员。

特赦战犯被安排到政协后，在料理个人生活方面，都闹出了不少笑话，连什么都懂得一点、一贯走南闯北、被人们称为"百事通"的桂聿明，在没有老婆、副官、厨师、勤杂兵的情况下，在靠自己一人独自生活时，一开始也曾闹过笑话。那一次，他把一切安排好，饭菜也做好，特地请了几位好朋友去共进午餐，以显示一下自己的手艺，等一切皆备，正准备举杯畅饮时，才发现没有买筷子，于是不得不用汤匙来代替。有了这一教训，所以我们后来置办厨房用具时，为说明成家之不易，总是说：我是从一双筷子开始的。来源就是杜聿明忘记买筷子闹出的笑话。

溥仪闹的笑话，真可以说是数不胜数，这里只简单举几件，政协的领导人早就估计到，这位 3 岁就登基当皇帝的人，对生活上的事肯定一窍不通。他过去身边工作过的人也常说：他出门都有七八十人前呼后拥，一切生活上的事，都是由别人安排得妥妥当当，真是饭来张口，自己不动手也有人喂；衣来不伸手也有人替他把手伸入袖内。现在要自己料理生活，肯定大成问题，所以特赦人员只有他一人是安排在政协机关宿舍内，并专门指定老工友赵华堂夫妇顺便照料他一下，他们就住在溥仪的隔壁。据徐冰秘书长后来告诉我，当时对怎样让溥仪一个人生活，曾研究过一番，如专门派一个人照料他，群众会有意见，最后才决定让他自己慢慢熟悉、逐步锻炼，同时指定政协一位老实忠厚又善于侍候人的工友赵华堂顺便照料他。溥仪为了表示自己已放下了皇帝架子，总想什么事都自己来干，可是许多连几岁小孩都会做的事，他做起来就感到很不容易。如到厨房去灌热水瓶，他去灌时要么灌得太满，差点连手脚都烫坏了；要么灌好后没有把水瓶塞子盖上就走了。他自己不会做饭，当然没有买炊事用具，还是赵家送一个饭碗一双筷子给他。头几天是在赵家吃的，后来他一看杜聿明等中午都去政协食堂买饭菜吃，他便向赵老头提出自己也去食堂买饭吃。赵便给他兑换了食堂内部用的粮票、钱票，并仔细告诉他如何用这些买吃的饭和菜。第一次他走进食堂，大家都用好奇的眼光看着他，不少人是想看他出洋相，杜聿明等便告诉他先把筷子放在桌上找好一个座位，再分别到买饭和买菜的窗口去买东西。他常常先把主食买好，放到桌上。因为桌子多，又没编号码，等他把副食买好，便记不得主食是放在哪个桌上，总得别人喊他，他才找得到。有时没有人注意喊他，他找不到主食，往往又去买上一份。等大家吃完饭，炊事员收拾食堂时，发现一份没有动过的主食，都知道是溥仪的。因为在三年自然灾害中，主食比副食珍贵得多，炊事员便代他保存起来，当他下次来买主食时再热一下给他，他总是怪不好意思地去接。更有趣的是他一直弄不清那些票证，又不分开，一起塞在口袋内，等到去买主、副食时，便从口袋中抓出一大把放在窗口，请炊事人员自己取，他的这些动作，开始大家感到有趣、可笑，日子长了，也就见怪不怪了。不过到政协来做客的人，总希望能亲眼看看这位末代皇帝出的洋相，所以他自己常常说："皇帝是最没有用的人！"这句话往往是他自我解嘲的口头语。

溥杰与嵯峨浩结婚时合影

溥杰在这些方面比溥仪强得多。他虽然小时也是一样有一批人为他服务，也是什么都给他安排好，但他在日本士官学校学习过，还常常出去旅游，所以在照料自己的生活方面积累了一些经验，出洋相的事不是没有，但比起溥仪来就少得多了。加上溥杰特赦不久，与他在日本的夫人嵯峨浩

取得联系后，她就毅然决然不顾日本亲友的劝阻，从东京来到了北京。这是一位十分懂得照料丈夫的标准日本型女人，虽然她出生天皇家族系统，在日本人心目中还是很受尊敬的，在日本和中国都有相当名气。因为溥杰被关押期间，她写过一本自传体的小说：《流浪的王妃》，后被拍成了电影。她还能写一手秀丽的毛笔字，所以这一对夫妇配合得非常默契，而两人间的感情真可称得上如胶似漆，她回到北京后，深受周总理的重视。她不但和溥杰享受一样待遇，还由政协出资为他们家雇一保姆。清朝末年，溥仪和溥杰的父亲醇亲王（宣统时代的摄政王）在护国寺购置有一小四合院，经政府查明也发还给了溥杰。所以在生活方面，溥杰是我们特赦人员中最为舒适的一个。不过溥杰始终保持着勤俭朴素的作风，从来不在生活上追求享受。

二、“皇帝”游故宫触景生情

我跑去买了门票，然后拿一张给他。他吃惊地说：“到这里来，我还得买门票？”看来，他还把故宫当成是自己的家了。

我在1960年11月28日获得第二批特赦后，也和杜聿明等第一批特赦人员一样去红星公社旧宫大队果木队劳动一年，于1962年春被安排到政协任文史专员，我一个人住在西黄城根政协宿舍。我买了一辆自行车，骑着它到处去跑，不到两个月工夫，北京城的几条大街我都跑熟了。文史会的几位专员们都比我年龄大，非常羡慕我能到处去跑，便戏称我为“飞毛腿”。溥仪没有结婚前，文史会负责人申伯纯多次叮嘱我，有空陪溥仪出去玩玩，当时在专员室的几位专员，都希望邀溥仪去故宫博物院游览，因为他从小生活在那里多年。据他自己说，闭着眼走都会知道是到了什么地方。有次杜聿明、周振强和我等好几个人邀他去游故宫，他开始表示不想去那里的样子。我说是不是怕触景伤情？他苦笑了一下，说去就去吧！下车后，我先跑去买了门票回来，分了一张给他，他真感到既诧异又感叹，无意中竟说了一句："到这里来，我还得买门票!?"我们一听，就理解了，他还把故宫当成自己的家一样，我想中国这么多亿人中，除了他是不会有第二个人会说出那样一句话来的。杜聿明怕爱捅直话的周振强顺口批他这句话，马上接着说："现在故宫是对外开放，所以来的人都得买门票，用这笔收入做维修和管理费用。"大家也跟着说明了几句，才没有因他那句话"我还得买门票?"找他的毛病。我看他边走边沉思，一定体会出那一句话暴露了他的思想。我们先参观三大殿，他便向我们介绍什么殿什么时候作什么用，有人问他，坐在金銮殿的大龙椅上舒服不舒服？他笑笑说：我那时还是小孩，哪会懂得这些。在故宫那么大的地方，他的确能随便指出，从东边走过去是什么地方，西边走过去又是什么地方，并能随口说出：在什么地方、什么时候发生过什么重大历史事件。特别是走到养心殿，他更滔滔不绝说了不少历史事件和他与溥杰在那里读书等情况。我们对这些都提不出任何不同的意见，我们谁也不会像他一样知道得那么多。在慈宁宫前两侧看到一对大铜鹤时，他向我们介绍，这是铜制的仙鹤，又名一品鸟。他指着一只铜鹤身上有一块凹进去的地方说，这只铜鹤是乾隆下江南时，它飞去江南保驾。正好遇上乾隆行猎，以为是一只普通野鹤，便一箭射去，虽未被射死，却带着伤痕自讨没趣飞了回来，一直没有能治好。我立刻反驳这不会是真实的，他也马上表示：怎么会不是真的？宫里的人都是这么说的。我说：一是乾隆时有没有这对大铜鹤还得考证一下，因故宫经过多次修葺，才成今日这个样子；二是乾隆一向自命是文治武功能手，这么大一只白鹤都一箭射不倒，箭法也未免太蹩脚

溥仪在皇宫御花园，左起第一人为珍妃的姐姐瑾妃

了！溥仪很不服气，说乾隆连老虎也曾射死过一只呢。我说过去历代皇帝射死什么虎豹等猛兽，都是先敲牙去爪，驯养惯了后才放出去让皇帝去射死的。他不相信，说那只铜仙鹤身上的伤痕又是怎样来的呢？我说很可能是太监宫女们在搬东西或移动仙鹤时，不小心撞了一下，为了怕受处罚，才编出这一神话来讨好和掩饰过失。他还是一个劲地说，这是千真万确的事。我本想再和他辩论一下，但转念一想，他为什么相信铜仙鹤会飞去保驾，甚至挨了一箭仍飞回殿前保驾等一类鬼话呢？这可能是他认为：像乾隆那样的“真命天子”是会受到神仙的保护的。

那次去故宫，只有溥仪一人是边走边停，默默无语。触景必伤情，据他自己说，居住过 15 年的地方，经过一次天翻地覆的变化后，旧地重游，怎会不勾引起万千心事。所以我们一看到他低头沉思，都不便多去问他，反正这个地方我们过去来过不止一次。当我们走进御花园时，溥仪说这是他小时候常去的地方，我们本来准备坐下来边喝茶边听他讲，结果一批又一批游客，慢慢觉得我们这一群人不像一般人，因谈吐之间，都是别人不大注意的事，也许还有人发觉了溥仪，便慢慢地围过来，我怕群众好奇地包围他问长问短，便提议早点回去，大家一看情况也同意了。在回来的路上，大家都认为，让溥仪兼任故宫总讲解员，每周只要去一两次指点指点，故宫的门票肯定会成百倍地增加，因为住在北京的人，大家去过一次就不常去，只有外地来京的客人才非去故宫游览不可。如果能听到溥仪讲解故宫的情况，即使是不愿去的老北京，也得会挤进去看看这位在故宫中长大的“小皇帝”了。

从那次之后，我们没有好意思再邀他去游故宫，但我很有幸能陪他去故宫北面的景山公园看过一次。记不得那回我们是去什么地方，打从景山公园门前经过，我问他愿不愿去里面看看，他同意了。他告诉我：“那里原来叫煤山，是多年来故宫倾倒煤渣的地方。”我陪他走了不远，便走到了明朝末代皇帝崇祯（朱由检）上吊的那棵歪脖子树下面。我告诉他，这是一棵不寻常的老树，曾在这上面吊死过一位末代皇帝。他说：“我过去听人说过，明朝思宗皇帝死在煤山，有人说是吊死在一棵树上，也有人说是自缢在一间小土屋内。”我说：“大多数人说是吊死在这棵树上。”他便停下步来，仔仔细细看了又看，围着那棵树转了好几分钟，才在附近找了个地方坐下来，我也靠着他坐着。那天并不热，他却把帽子摘下来当扇子一样扇着，不知为什么他头上竟冒出了汗珠。停了好久，他才说，过去他住在故宫时，是不会让他到这里来的，因为是吊死过末代皇帝的地方，今天总算亲自看到这地方，心里的感想真是有千千万万。我便趁机追问他一句："有什么感想可不可以说说？"他又把帽子扇了几下，并狠狠地吸上一口烟，才慢条斯理地说："中国历史上的末代皇帝，下场大都是很悲惨的，所以明思宗在自杀前，还亲手用宝剑去砍杀自己的儿女，要他们生生世世不再投生到帝王家，看起来是很残忍。我想他当时的心情是不易为人们所能理解的。"又停了一会儿，他说，当年他才十多岁，便匆匆被人赶出了故宫，逃到天津几年也常感到不安稳，又被日本人装入木箱吊到日本船上才离开天津去东北，当了满洲国皇帝，抗日战争胜利后，又被苏军俘虏送到西伯利亚囚禁，后又胆战心惊地被送回中国。在这几次巨大变迁中，他也悔恨自己不该投生到帝王家，还不如做一个普通百姓好得多。我说有些末代皇帝也有好下场的，他摇头表示不同意我的说法。又停了一会儿，他又主动提到南唐李后主被俘后，只因为他填的一首《虞美人》词，其中有"小楼昨夜又东风，故国不堪回首月明中"便惹来杀身之祸，因为他很明显地还怀念故国。如果他只是一个词人，真不知道会填写出多少绝妙好词留传给后人，可惜他不幸投入到了帝王家。我说李后主是不识时务的典型，春花秋月多少良辰美景可写，偏偏要去写怀念故国，不是自己去找死！溥仪听了我的话，一下把正要当扇子的帽子向头上一戴，气愤愤地反驳我说："蜀后主刘阿斗，那样会讨好，被俘后不但不说半句怀念故国的话，还厚着脸皮说假话求宠，说什么：'此间乐，不思蜀！'不一样到头来还是被害死了。"接着他又滔滔不绝地说到了秦、汉、隋等朝代的末代皇帝没有一个有好下场之后，还冲着我补上一句："你没有当过皇帝，不会去注意研究这些问题。"我也顶了他一句："我要是当了皇帝，会一天到晚研究如何保卫江山，绝不会搞别的。"他把头一摇站了起来，摸了摸自己的头，才高高兴兴地笑着对我说："我这个末代皇帝能得到这样一个好下场，真是值得庆幸啊！"后来，他在专员组的学习会上曾说过他当天看到崇祯上吊的树时的一些感想。他认为自己能去到一个末代皇帝上吊的地方，是历史上

从来没有过的，也是十分有意义的。可惜那时我们都没有买上相机，要是能让溥仪站在崇祯上吊的歪脖子树下照一张相片，那就太有历史意义了。不过那天很好，游客不多，只有几个小学生经过那里，一看是两个老头在聊天，也没认真听；要是年纪大一点的人听到我们的谈话，保准不会离开的。

三、生活中的趣事

每天上班前，他便去附近一家小吃店吃早点。店员们知道了他就是“皇帝”，便给他每天留一个座位。慢慢地消息传开了，许多人便一窝蜂似的拥向这家不起眼的小店……

溥仪与新婚夫人李淑贤在自己的家门前

老北京人称呼溥仪，都习惯而亲切地叫他为“小皇帝”。虽然他特赦出来到北京已50多岁了。与他同龄的人不少已当了祖父，为什么还是称他“小皇帝”呢？我为此曾问过几位“老北京”，他们几乎都是那样说：因为溥仪登基当中国末代皇帝时才3岁，打从他当皇帝那天起，北京人便这样亲切地称呼他。虽然他以后在伪满时期当康德皇帝时已是成人了，但一般人都不承认，而还是按中国正统历史来叫他是清末的宣统小皇帝。他住在全国政协后院宿舍时，凡来政协联系工作的人，都想看看这位小皇帝。后来他结婚一年多后，政协才给他离政协不太远的白塔寺东街（现改名赵登禹路，以纪念抗战时牺牲的国民党陆军一三二师师长赵登禹）东冠英胡同22号（原名东观音胡同）找到一座西洋式平房，除有宽敞的会客室、书房、寝室、卫生间、厨房和佣人住房外，还有宽敞的走廊与一个种有松柏树的院子，大门口另有一排门房。像这种独门独院的房屋，当时能配给一个特赦战犯，这完全是考虑到他过去的历史地位而对他实行的照顾。来采访的中外记者和外宾很多，所以经中央统战部与全国政协领导报告周总理批准，才能让他去住的。当时国民党几位名将如杜聿明、宋希濂、王耀武、范汉杰等都只分配到两居室一套的房子。政协知道溥仪不能独立生活，他新结婚的妻子李淑贤是朝阳区关厢门诊部的外科护士，每天还得去上班，便特地让原在政协照顾过他的赵华堂一家搬住在他大门口左边的门房内。过去他压根儿不知道照顾别人，特赦后，才慢慢把他过去不会使用的几个字学会使用。如“请”，这是我们日常生活中经常用到的，他却不习惯用，因为过去总是别人请他这样那样，他是不会请别人的；还有“谢谢”，这两个字更在他脑中没有生根，过去总是别人向他“谢主隆恩”，哪里有皇上谢别人呢；最不习惯说的是“对不起”，皇帝怎么还会有对不起别人的时候，总是“臣该万死”！

在不太长时间内，溥仪不但学会使用这些客气字眼，而且还因为照顾别人而得到过表扬。有次我们正在开小组学习会，文史会负责人申伯纯走进来，刚一落座，就十分高兴地说：“今天我特地来表扬一位做了好事而自己不愿说的人。”大家谁也猜不到是什么人的时候，申伯纯便正式宣布：要表扬的是溥仪，原来前几天夜晚下大雨，住在他院内门房的赵家房屋漏雨，全家都忙着把东西搬到大门口走廊，风很大，全家人裹着棉衣被坐在那里无法入睡。溥仪和李淑贤听到后，连忙披衣起身去看望，见到赵老头一家坐在大风口，马上要他们搬到他家的会客室去住，直到房屋修好才搬回去。这种事，如果一般人做了并不足为奇，但出自一个过去从来不懂得照顾别人的溥仪身上，就很难得了。所以赵华堂把这一经过向政协领导汇报后，政协领导认为溥仪这一表现很好，便把申老找去，要他好好表扬溥仪一下。我们便问溥仪，为什么做了好事也不在小组里提一提？他笑了笑：“这不算做好事，只是给人方便一下。”

溥仪自搬到东冠英胡同后，每天上班前便去附近一家小吃店吃早点，吃完顺道去政协上班。开始那家小店完全不知道这位衣着普通、戴一副深度近视眼镜的人便是溥仪，时间长一点，就被人发觉了，那家小吃店的店员们，也感到很高兴，认为"小皇帝"愿来光顾是难得的事，看他几乎天天早上去，便给他留一个座位，慢慢地消息传开了，许多人都想去看看他，便一窝蜂似的拥向这家不起眼的小吃店，有不少人绕很远的路，在上班前赶来看他一眼。附近许多老头老太太们，过去从不去那儿吃早点的，也凑热闹赶了去，当时北京的饭店都是国营的，生意做多做少，甚至一个客人也不上门，他们也照样拿工资，一开始对这突然增加好几倍的顾客还感兴趣，久了，越传越远，到这里来看小皇帝的也越来越多，店员也越来越忙不过来，他们开始讨厌溥仪了，再也不给他留座位，等到溥仪走进去，几张桌子早已坐得满满的，只好站着吃。有几次还是别人把座位让给他，目的是想多看他几眼，他以为别人吃完了，也不客气就坐了下去。据溥仪告诉我，他吃早点很简单，一般总爱喝一碗豆汁。这种豆汁与豆浆味道不同，略带点酸味，不放糖，而是就咸菜吃，北京人爱喝，南方人就吃不惯。有时小店没有豆汁，他就喝碗豆浆，再加两个油饼或两个包子一类的东西，总是二两主食就够了。每当别人争着代他付钱时，他总是严词拒绝，从来不肯接受。由于想看他的人越来越多，小店的店员就更不希望溥仪再去给他们添麻烦，便采用对他不客气的方法拒绝他去，有几次他走进去找座位，小店的服务员很不客气地叫他到外面去排队等候，不能先进去。忠厚老实不懂人情世故的溥大哥，完全没有体会到这是人家在拒绝他去那里吃东西，还规规矩矩真去外面排长队，后来有位好心人告诉他，小店因为他去吃早点，想看他的人越来越多，增加小店的麻烦，所以发展到讨厌他去了。他听到后才如梦初醒，最初他还以为小店的东西好吃，才有那么多人去。他在我们小组说到这件事的时候，大家都感到他太老实，一点也觉察不到这件事的变化。从那以后，他便在家中吃，有时也到政协食堂吃，那家小店也恢复到过去一样只有寥寥无几的顾客了。

在我们十多位文史专员中，年龄最大的是在锦州被俘的国民党东北剿总副总司令兼锦州守备司令范汉杰。1961 年 2 月 25 日周总理在中南海西花厅接见我们

全国政协常委侯镜如（右）、杜聿明（中）与全国政协委员李仙洲在一起（1980年秋）

第二批特赦人员时，范汉杰称他为“周老师”。周总理是黄埔初期的政治部主任兼政治教官，那次周总理不但能叫出范汉杰、李仙洲两人的名字，连他俩的年龄比他大都能记得，所以范汉杰叫他周老师，他很高兴地爽朗地笑了起来，他说在国共第一次合作期间，他在黄埔军官学校教书时，年纪很轻，许多学生都比他年龄大，他一边说一边掰着手指头，范汉杰、李仙洲、曾扩情……都比他大。所以后来政协许多工作人员都尊称范汉杰为“范老”，是从这一次总理说他比自己大而来的。不久，杜聿明、溥仪等许多老人以及有些干部们也在他们姓后加一老字，如杜老、溥老，甚至渐渐发展到罗历戎、康泽、郑庭笈等也被称为罗老、康老、郑老……可就没有人称我为“沈老”，反而是倒过去叫我“老沈”。因我当时才50岁出头，但我却爱自封为老，接电话时别人问我是谁？我就答复“沈老”，别人有事找到我时，我也不说名字而说“沈老”。当时杜聿明、康泽、董益三最反对我自称老，因他们都比我大整整10岁。不过他们有事找我帮帮忙或跑跑腿时，也会让我高兴而开玩笑似的叫我一声“沈老”。

有天下午，溥仪匆匆忙忙、满脸愁容地走到专员办公室，一把将正坐在沙发上看报的我拉了起来，并上气不接下气地叫了我一声“沈老”。我估计准有什么事找我了，便要他先坐下来慢慢说，原来是有次我骑自行车去他家看他后，他送我出门，见我骑车，很想试试，我不答应，说这玩意儿骑不好会摔伤自己或撞伤别人，我负不起责任。他看我有点瞧不起他的样子，便说：“我骑这玩意儿的时候，你还在穿开裆裤呢！”我一听很不服气，问：“你什么时候骑过？”他才说出，

原来他十多岁时，在故宫买过一辆自行车。为了骑车穿行方便，曾叫人把宫内的高大门槛都去掉，好让他骑着车到处去转。我虽然相信他不会说谎，但我认为他多年不骑，还是容易出事，便说一声“拜拜”！跨上车就走了，他对此很不服气。这天他一个亲戚也是骑车去看他，他便借了车在门口骑，骑上还不算，还想把过去玩过的花样也露一手。毕竟丢了几十年，当他正玩得高兴时，前面走来一位老大妈，他想躲过去，结果反而朝那位老大妈身上撞过去，他赶紧捏了几下刹车把，也没马上停住。说时迟那时快，一下冲到老大妈身边，把她撞了个仰面朝天，他和那位借车给他骑的亲戚赶忙把她扶了起来，吓得一个劲地问：“摔伤了没有？”并不停地赔礼，说自己多年不骑车，想练习练习，不想撞了人。他家的人都跑出来向那位老大妈认错，要送她去医院检查，并愿负担一切医药费用。那位老大妈起来一看，原来撞她的竟是住在附近的“小皇帝”，又看到他那挺着急的样子，便拍拍身上的灰，连声说“没有事，没有事！不用上医院。”因为溥仪已捏了几下刹车把，只是一点向前冲的惯力撞了她一下，所以撞得并不重。附近的居民几乎都认识他，特别是一些年老的人，都希望找机会接触他，当他提出请那位老大妈去他家休息一会儿时，她自然是求之不得的，马上和他一道进去坐了一会儿，问了溥仪特赦后的生活、工作、身体等情况，才高高兴兴地回去了。溥仪在午睡时一想，万一老大妈的儿孙不答应来找他麻烦怎么办？所以他便急匆匆来找我想个办法，以免有人借这事来纠缠。我一听便告诉他，遇到这种事，最妥当的办法是先向政协领导反映，看他们说应如何处理？他同意了我的意见，我们两人一道去找到政协负责我们日常生活方面的一位干部，他说只要没有撞伤，老大妈自己不提出什么要求，就不会有大问题，他要我马上乘机关小车去找到那条街道的办事处负责人，向他们说明经过情况，有什么事可以找政协的人，不要去找溥仪的麻烦。我找到了那条街的街道办事处主任，没想到也是一位老大妈，她上午就知道这件事了，因被撞的那位老大妈是街道办事处的治安保卫组的一位成员，她们不但没有打算去找溥仪的麻烦，还认为能有机会和溥仪打上交道，能去他家中而感到高兴。这件事，在那里正作为街道新闻而互相流传。她要我转告溥仪放心好了。我回来把经过告诉政协有关负责人，又安慰了溥仪。他还是过意不去，又和我一道上街买了一大盒点心送到被撞的那位老大妈家中，那位老太妈抓着我们的手，高兴得不得了。后来有人告诉我，那位老大妈是清朝末年出生的，溥仪登基时，她全家都向皇帝万岁牌位磕过头，她脑子里还没忘记这位3岁就当了皇帝的“真命天子”。而在她老年有幸被皇上撞一下，并由皇上亲自扶到他家中休息，和她聊天，又送她点心，怎么会不高兴异常。她十分珍惜那盒点心，特地请了一些至亲好友去她家共同品尝“皇上”亲自送上门的食品，据说几位也曾和她一样，向皇帝万岁牌位磕过头的老人，都郑重其事地认为每人吃了一块点心十分荣幸，只有他们那些上小学的孙儿们吃了以后才说：“这有什么稀奇，还不是和爷爷奶奶买回来的是一个样的味道。”

我和溥仪相处的几年中，我常常爱问他一些在那本《我的前半生》一书中还没写过的或写得不够的事。他有时高兴也能补充一些，有时他问到我过去的许多特务活动时，我也反问他一些。有次我问他：“当皇帝一天到晚称孤道寡，究竟有什么味道?”他略一思索：“过去自己也不觉得，总认为自己最大、最了不起，什么人都得向自己行礼或下跪才感到舒服。”说到这里，他又举了一个这样的例子。他在当伪满康德皇帝时，虽是日本人的傀儡，但在中国人面前，甚至是自己的亲戚面前，也还爱摆摆皇帝的架子。他叔叔载涛，从北平到了长春去见他。有天他正在御花园散步，载涛也在那里打太极拳，远远看到他走过来，赶忙躲开，以免在花园泥地上向他下跪叩头弄脏衣服。他看到竟有人躲他，便大叫一声：“那是什么人？怎不下跪!”他身边陪伴的人当中有他一个侄儿，便悄悄地提醒他：那人是他的叔叔。他为了要在人前维护皇帝的尊严，便又大吼一声：“家法何在!”载涛一听吓

溥仪兄弟在叔父载涛家

得赶忙跑出来向他下跪叩头。从此，载涛便不愿再见他而跑回关内，再也不去找他了。而溥仪从抚顺特赦回到北京时，载涛因未附过逆，早已当上了全国政协委员，却很亲热地去旅馆把他接去家中做客，他这才亲切地叫了他一声“叔叔”。以后载涛很关心他的生活和学习，他也常去看望载涛，才有了真正的叔侄关系。

被日本军官严密控制的伪禁卫队中的溥杰和润麒（前排左二、三，其他都是日本人）

溥仪认为一生中最使得他感动而流泪的，是他和胞弟溥杰初次见面的那场情景。虽然他和溥杰在苏联和抚顺也常见面，但还是格格不入，彼此不够了解，更谈不上亲切了。在伪满时期，他看到日本主子关东军把溥杰弄到日本去受教育，还把日本皇族嵯峨浩子嫁给溥杰，加上溥杰日语很流畅，和日本人打交道比他方便得多，而且日本授意伪满“立宪院”炮制了一个“帝位继承法”，即“皇帝驾崩，无子孙继承时可以由弟继承”。这已很明显说明，日本人什么时候不要他便会弄死他而由溥杰继他当皇帝。所以在伪满时期，溥杰按满清皇族世袭应当是亲王，但他却只给溥杰当一名宫内上校侍从武官，连将军级的少将官衔也不愿给他，而且一直是有职无权。这是他在时时防止日本人培养溥杰夺他的皇帝宝座。1960 年底溥杰获得第二批特赦从抚顺来到北京，他被民政局从香山植物园接回来，安排他与溥杰见面时，北京市委统战部两方面先都说好，怕他们仍不能谅解。没料到一见面，溥杰迎上去大叫一声“大哥”！他便激动得抱着从小一道读书、长大又互相猜忌的弟弟，也回喊一声“二弟”！两人同时哭出声来。站在旁边看到这一场面的亲友无不为之感动。他说过去当皇帝是六亲不认，只有自己，现在才领略到了天伦之乐、手足之情。这是过去称孤道寡时做梦也想不到的乐趣。

溥杰夫妇对这位大哥是非常孝敬的，自从1962年浩子回到北京定居后，我是他家的常客。有次我看到浩子在他们家小院中种东西，溥杰帮助浇水。我问是种什么？溥杰告诉我是在种紫苏，我说紫苏是南方人爱吃的东西，你们种它做什么？浩子便说：这是他们大哥最爱吃的。我最初还以为是和湖南人一样，把紫苏和酸梅一同制成梅苏吃。有天星期六，溥杰在下班时，告诉我第二天如有空去他家吃午饭。我去得较早，正看到浩子在小院中把紫苏叶子一片片摘下来。我说用紫苏制梅苏，连梗子也可以吃。我这自作聪明的话，浩子听了摇摇头："你等会儿就会知道我们是怎样吃的了。"等到快吃午饭时，溥仪和他爱人李淑贤也来了，等到大家坐好，浩子便从厨房端出一盘刚炸好的紫苏叶子放在溥仪面前，溥仪先深深地嗅了一下，拿起筷子就吃起来。他一口气吃下四五片，才想起让我们吃。浩子向我说明：这是用鸡蛋面粉裹在紫苏叶上去炸一下，香脆可口。紫苏梗子不摘掉，再让它长叶子出来。我第一次看到紫苏叶还可以这样吃。

四、与"皇帝"一起工作

文史专员的主要工作是自己写回忆录，凡是过去亲身经历的、亲眼看到的、亲耳听到的，都要写出来。但个人亲身经历的重大事件，能够列入《中国历史大事年表》的却不多。只有溥仪一生经历的许多历史大事，几乎都可以列入大事年表。

全国政协历届领导人都是十分重视学习的。第一批特赦战犯溥仪、杜聿明、宋希濂等六人，被周总理安排为全国政协文史专员后，便被编到政协领导的直属学习组。与政协常委王克俊、于树德、梁漱溟等政协委员一同学习。一般是一星期学一次，每两周参加一次"双周座谈"。这是请一些专家和著名学者，做学术方面的报告或讲演，是在京政协委员和文史专员都可参加的。按周总理指示，文

史专员可以参加在京委员的一切活动，如春游、秋游、在京视察、夏日避暑以及列席政协大会等。

第二批特赦战犯由周总理也安排到政协当文史专员后，专员已由原来的六人，加上新增加的六人，共 12 人，可以成立一个学习小组，不再参加政协委员的直属组学习了。

文史专员学习组由申伯纯领导，以宋希濂、王耀武两人轮流掌握会场，由溥杰、沈醉、董益三轮流担任记录。又隔一年，第三批特赦的廖耀湘、杜建时、康泽等也编入专员组学习。这时组内有两个姓杜的和两个姓溥的。为了便于称呼，一般人叫杜聿明为大杜，杜建时为二杜；溥仪为大溥，溥杰为二溥。因为我年龄最小，所以称杜大哥、杜二哥和溥大哥、溥二哥。一般干部则均在他们姓后面加一老字，如杜老、溥老，以示尊敬。

文史专员组的学习，经常受到申伯纯的表扬。因为没有冷场的时候，几乎是争着发言，而且爱争论，在讨论政协发下的文件时，往往各有各的见解，争得面红耳赤，并且肯暴露思想，联系实际。有时一星期一个半天不够，还得加上一个半天。如果得不出结论，下周又继续一个或两个半天。一遇到学习，总是那样热闹得很。

在学习讨论一般文件时，大溥二溥发言谨慎，两人都是先写好提纲，有重要问题甚至写上全部发言，在会上照着读一遍。别人则顶多写个提纲或几个要点，有些人什么都不写，敞开嘴巴就说。反正都是在一起相处多年的人，性情都相互了解，所以谈起来没有什么顾虑。我担任记录时，遇到两溥发言最高兴，因不用留神细听，等他们发完言，借过他们发言稿摘几句就行了。别人发言可得留心听，记清楚他们发言的要点，特别是有争论问题的重点与不同论点等都得记清楚，否则记录整理出来后，还得再补充上去。有争论的观点，半点也不能含糊。

溥仪过去在政协直属组与一些政协委员在一起学习时，也和那些委员一样，很少发言，许多问题只表表态，“同意”“赞成”等话说几句就行了。文史专员组的学习则完全不同，发生争吵几乎是家常便饭。

我们在和溥仪一起学习时，最爱听他和二溥读报，他们读起来，是比较标准的北京话。原天津市长杜建时是天津人，读起来是北京夹天津口音也很好听。我们中文化比较低的是黄埔一期毕业，担任过孙中山的卫士和蒋介石警卫大队长，解放前任浙江师管区中将司令的周振强。他的勇气是很可嘉的，有时文件或报纸上应读的很多，他也争取读，他读时，大家很赞成，因为可以从他读错别字时轻松一下。如他一直记不清史和吏，有时把“贪官污吏”读成“贪官污史”，马上会有人和他开玩笑：我们是“文史”不是“污史”。他经常读错的是把“如火如荼”读成“如火如茶”。也有人问他：“什么茶?”他回答得也顶有趣：“龙井茶!”因他是浙江人，所以对龙井茶最熟悉。听惯了，大家只是笑笑，而且还希望他继续读下去。

专员组学习时的争论，几乎是一种风气，大事争，小事也爱争，因为每个人都有自己的一套见解。这些过去是说话就得让别人执行的人，今天还多少保留着一些残余渣滓，不爱听不同意见。如讨论像我们这样出身的人，应向什么人学习才对？在这个问题上便发生过一场相当激烈的争论。有人提出，民主党派中某老是资产阶级左派的旗帜，他一贯表现很不错，我们只有向这样的人学习，才能为人民做一点好事。提出这一意见的人还列举了某老在什么报纸上常写文章，歌颂社会主义，歌颂党和毛主席，又在某大学讲演时，详述他解放前如何与国民党斗争、如何希望全中国早日解放等等。听完他们的发言，我第一个提出不同的意见，我认为我们今天只有向无产阶级学习，才能逐步改变过去的观点立场，而最值得我们学习的，是响应毛主席号召，向雷锋学习。因为向资产阶级左派去学习，就是等于：“取法乎中，得乎其下。”而向雷锋这样的人去学习，就是：“取法乎上，得乎其中。”马上有人认为我把目标悬得太高，我们怎么有资格向无产阶级学习呢？一向不先开口发言的溥仪，竟首先表示同意我的看法。现在我从那天我记的日记中抄下他这几句话：“我认为，学雷锋并不是高不可攀，完全不能学习的。雷锋只是在一些很平凡的事情上先人后己，并尽力去帮助别人不求报答，甚至不肯留姓名，有些事我们大家都可以和雷锋一样去做……”溥仪这番话正是我准备补充的，他却比我说得更加深入、合理。我当时的确产生了一种对他“另眼相看”的感觉。因为我在此之前，总认为溥仪是爱和稀泥，不愿赞成一面、

反对一面的人。他这番话一说出来，我又滔滔不绝地补充了一大段。主要是说报上介绍雷锋的许多事，几乎大人小孩都可以学。如有决心学可多学一点，没有下定决心，就什么也学不到。溥仪又补充说，像上下车帮人提提行李、照顾一下老弱病残，这些事也许我们在日常生活中做了也不觉得，不过像雷锋一样饿着肚子和冒着大雨送病人回家等，我们体力就不行了，不是不肯去学，而是心有余而力不足的问题了。坚持反对意见的，还是认为我们不是无产阶级而是资产阶级出身，只能向资产阶级左派学习，能够做到“取法乎中，得乎其下”就很不错了。我不知怎的，一下急糊涂了，我说：“我们今天不都是无产阶级吗？”此语一出，连珠炮立即朝我打来：“你怎么到今天还弄不清，冒充无产阶级？”我居然“理直气壮”地大声回答：“我今天汽车、洋房，甚至老婆孩子都统统没有了，靠拿工资维持生活，还不能是无产阶级吗？”郑庭笈花了半小时给我分析，说我这是抵触思想，无产阶级不是有没有财产的问题等开导一番，直到我承认说错了才收场。而一场向什么人学习的问题，也没有统一的结论。最后是各人自己找一个目标去学习就行了。

会不会有第三次世界大战？这是20世纪60年代一般人经常爱谈的热门话题，也是专员们最感兴趣的一个问题。有些人认为这是不可避免，一定会发生的事，只能在早打和晚打的问题上去考虑了。我们为此前后说过多次，主要的一些发言不妨简述一下。原国民党第七兵团司令廖耀湘是在法国学过军事的，他分析这个问题时，认为中国地大人多，第三次世界大战如果打起来，中国在毛主席和共产党领导下，肯定比前两次世界大战在国民党领导下要有利得多，也肯定比八年抗日战争要激烈得多。但无论怎样说，时间是有利于我们的。

有几次专门抽时间来领导我们学习的申伯纯，发言都是肯定地说：“第三次世界大战不可避免总是要打一场，问题要说明是早打的好，还是晚打的好？”我记得溥仪曾对此举手要发言，那次他好像并没有和平日学文件一样先写好发言提纲，而是临时想讲话。那天他是用严肃的口吻说的：“我认为最好是不打，要万一不可避免，也是晚打，这样我们有充分的准备，早打会对我们不利。”在抗日战争中曾三次负过伤、并参加中国远征军打到缅甸援助英国军队的原国民党四十九军军长郑庭笈则认为：早打对我们有利，因为中国人民解放军和民兵真是一片

溥仪和当年的国民党军政要人在政协座谈会上。右起：溥仪、王耀武、×××、宋希濂、范汉杰、李觉、邵力子、张治中、杜聿明。

汪洋大海，任何侵略者敢来入侵，必将全军覆没。过去统率过几十万大军的杜聿明、宋希濂两位国民党将领都认为这种提法不对，因为我们不会去发动战争，早打晚打的主动权不握在我们手中，没有必要在早打或晚打的问题上去费时间讨论，我们只能是采取积极防御，敌人要不来，你怎么能早打，敌人只要入侵，就不存在早打或晚打的问题，只能说敌人什么时候来我们就什么时候打了。大家认为这些意见很有道理，这个问题，就算有了结论，以后再没有谈过了。

由于周总理曾指示过政协几位领导人，对溥仪在学习发言上如有不妥或错误的地方要大家耐心帮助他，切不可随便去批评指责，要启发他多发言，并要注意经常帮助他如何待人接物。申伯纯每当溥仪和溥杰不在场的时候，总是叮嘱我们多帮助他们。

在当时，一些外国元首和重要人员访华时，听说共产党把中国末代皇帝、国民党近百万大军的统帅以及杀人不眨眼的特务头子都改造好了时，都希望能亲自见见他们。特别是溥仪，要求见他的人最多。有时他是和另外几位专员一同去接见，我们发觉溥仪在回答问题时使翻译很为难，外国人也不容易听得懂。如总理或政协领导人向客人介绍："这位就是中国末代皇帝溥仪。"溥仪这时总是站了起来，很严肃认真地回答："过去的溥仪已经死了，今天是新生的溥仪！"这句话中国人听了还可以理解他是忏悔的表示，但外国人经过翻译，特别是不高明的翻译译出之后，就使人听不明白是怎么一回事。既说已经死了，怎么又能新生呢？我们在学习时的闲谈中，便认为这样回答很不合适，既要表现谦虚，又要能让人听懂，溥仪对这一意见认真考虑过之后，才琢磨出一句比较合适的话来。有次周总

理向一位外宾介绍："这位便是过去中国的宣统皇帝！"溥仪马上站了起来大声回答："今日是光荣的中华人民共和国公民溥仪！"总理和在场的许多人都为之鼓掌，认为他这一回答很恰当，既谦虚又有感激与满足之情。从此以后，他就用这句话来代替过去那句死了又新生的回答了。不少外国贵宾常爱进一步追问他为什么愿意接受改造等问题时，他也慢慢琢磨出一套较为合适的回答内容，有时他也在小组内提出来，征求别人的意见，大家也爱在这方面替他考虑出主意，所以后来一直受到周总理和见过他的一些外国元首和贵宾对他的赞扬。有一件事，是所有的专员都不如溥仪的。那时，我们都要常去中央广播电台对台湾和海外亲友播音，当时广播录音是要去电台一间密封的恒温室内进行，不像现在这样方便，可以到家里来录音。在那里说话不能停顿间断，要一气呵成。我们都是自己起的稿，去广播前还先读过一两遍，等到去录音室录音时，往往会感到某一句话欠妥或用别的词汇可以更好地表达内心的感情时，便会无意中停顿一下，这样便得重复前面一段话再一气说下去。一般总要这样重复两次甚至三次，才能完成一篇讲话。连过去经常在电台讲话的杜建时，也常得再来一两次。只有溥仪总是一次完成，他讲话从来不停顿，所以没有再来过。杜聿明便笑着说：大溥常常自谦，要向我们学习，这一点，我们真要向你学习才行。一向性格很直爽的溥仪，听到后，便放声大笑，接着慢慢地说："我这一点，你们不必学，也肯定学不到，我是从小就养成了这个本领，别人写好什么叫我念，我就从不考虑对不对，更从不考虑如何修改一下更好些，任何文件我拿起就照念不误，念完为止，一字不差，绝不会念错。"我们听了之后都连连点头，等溥仪一转身，就有两人同时轻轻地说："这一套当傀儡的本领，我们这一辈子的确没有办法能学到。"

文史专员的主要工作是自己写回忆录，凡是过去亲身经历的、亲眼看到的、亲自听到的，即"亲历""亲见""亲闻"的重大事件的资料都要写出来。但各人亲身经历的重大事件，能够有条件列入《中国历史大事年表》的却不多。如杜聿明一生中可列入大事年表的只有"昆仑关战役""淮海战役""远征军赴缅参战"，范汉杰只有"锦州战役"，王耀武只有"莱芜战役"，廖耀湘只有"东北战役"，而溥仪一生经历的许多历史大事，几乎都可以列入历史大事年表。从他3

岁登基起，到他被俘、特赦，其中“三亲”资料，真可以说俯拾皆是。但我们在一起时，没有见到过他埋头写过长篇东西。《文史资料选辑》上发表的《张勋复辟前后》《我怎样当上伪满“执政”》《我第三次做皇帝》等三篇，都是由别人写的，他署一个名。我们都以为他有顾虑，不敢写东西，他才告诉我们：他过去在抚顺战犯改造所时的零零星星交代罪行材料和别人代为整理的东西，都交由北京群众出版社李文达同志重新改写，准备编在《我的前半生》那本书上，当时负责文史工作的申伯纯副主任还特地告诉过我们，溥仪准备出一本书，他的资料一般不在《选辑》上发表，都是提请李文达同志全权去取舍，并由溥仪作点口头补充，所以他只等李文达把书写出来就可以了。不久，一部震惊全球的巨著《我的前半生》由北京群众出版社出版了。中国末代皇帝一部自传性的创作，立即引起了全国人民的重视，外国人也感到惊诧，外文出版社也译成多国文字向全世界发行，中外文版都是一版再版，周总理等党和国家领导人看后无一不赞好。当时专员室的专员每人都得到了一本，不少人拿着书去请溥仪签名。他不管是政协领导还是一般工作人员，甚至连专员室的专员，他都一概婉谢，不肯签名。他总是很谦虚而又带悔罪的口吻说：“我这个臭名不愿意再留下来，请原谅!”别人看到他写的毛笔字很秀丽，向他求字的人也很多，他都是那样拒绝了。我曾劝过他，不应这样拒人于千里之外，他也是摇摇头：“我认为这不是光彩的事。”不过我在溥杰家中见到他写的一张小条幅，是一句格言，溥杰连装裱也没装裱便贴在会客室中，他看了要溥杰马上收藏起来，怕别人见了又让他写，就不便再推辞了。

我当时在文史专员室是和康泽、杜建时分配在政治组，组长和副组长是中国国民党革命委员会中央委员焦石斋和许宝骙，他们是应申伯纯之邀，尽义务兼的职。溥仪和溥杰、董益三是分配到北洋组，组长是政协常委阎宝航。还有一个军事组，这组人最多，因专员中大部分是国民党的高级将领，所以写的战争史也多。有一段时期人们戏称这不是《文史选辑》而是《武史选辑》，说“文史专员”应当是“武史专员”，杜聿明写的一篇《淮海战役亲历记》，连周总理、陈毅副总理看后都连连称赞写得好。

我们当时的工作除了自己写以外，还有一项重要任务是审阅别人写的史料。

周总理接见已成为全国政协文史专员的溥仪和夫人李淑贤（1963 年 11 月）

溥仪所在的北洋组便是审阅北洋和清末史料。写史料的人如有乱写或写错，在审稿时便可以指出来。一篇稿件有无价值是要经过审阅、评议才能定出稿酬和能不能够条件刊入《选辑》或留存参考。每天上班都是相当忙的，因为来稿很多，都得及时处理。我们有资料可写的人，大都要利用星期日或晚上在家写。那时无电视可看，晚上是写东西的最好时间。

1963 年 11 月 10 日，周总理和陈毅副总理在人民大会堂接见并设宴招待在京特赦的第一、二、三批人员，并连同他们的妻子。请了傅作义、张治中夫妇作陪。随同参加接见和赴宴会的还有中央统战部长徐冰、副部长兼政协秘书长张执一，副部长童小鹏，北京市统战部长廖沫沙，以及鲁迅先生的夫人许广平等，共四十多人。宴会前后，周总理和陈毅副总理向特赦人员及家属讲了话，还问了一下这些人的身体、生活、工作、学习等情况，并一再说，大家如果有困难，可以随时写信给他们两人。吃完饭后，周总理宣布：等明年春暖花开时，所有在京特赦人员可以带家眷先去东南、后去西北参观游览一次，看看祖国大好山河的崭新面貌。大家听了都高兴异常。能有机会带家眷去旅游，这比一些政协委员出去视察参观不能带家眷更加优待，这是我们过去想都没有想过的事。最后，总理还要和大家照一张相，并让溥仪和溥杰夫妇都站在前排，这一历史珍贵照片，多年来我一直珍藏着。

五、“帝、王、将、相”参观团

他刚把一件上衣穿上，就很诧异地问我：“怎么洗过温泉就会胖起来？难怪杨贵妃是胖子，原来是洗了温泉。”我一看，原来他错穿了别人的衣服，所以觉得小了。

1964年3月7日，全国政协秘书长张执一又集合我们去政协礼堂开会并设宴招待，并宣布：3月10日，我们由北京乘京沪特快车先去南京，有妻子的带妻子，没有妻子而需要人照顾的可以带一名子侄陪去，并且每人发200元作为零用。政协除派民革陈此生为领队外，还派有工作人员多名及人民医院医护人员各一名随行照料。

我们未出发之前，政协便先行与各参观地的领导和地方政协联系好，除安排我们参观项目外，还请地方加派医护人员协助。这些都是由周总理亲自关照的。还一再提到，一定要保证来去安全，伙食要清淡，乘软卧要睡下铺等都一一交代清楚。我们知道后，无不感动异常。

参观团的名义是“全国政协文史专员参观团”，但不少人，就连政协一些干部都戏称它是“帝、王、将、相”参观团。因为其中有末代皇帝溥仪、末代亲王溥杰，有指挥过淮海战役的统帅、国民党名将杜聿明，以及宋希濂、范汉杰、廖耀湘、王耀武等将领。文的有天津市直辖市长杜建时，伪满洲国大臣王子衡，还有特务头子康泽等十多人，连家眷二十多人。家眷中也有几个一向为人们注目的。如日本天皇皇族嵯峨胜侯爵女儿、溥杰的夫人嵯峨浩子，世界有名的大科学家杨振宁博士的岳母大人、杜聿明夫人曹秀清，以及杜建时新婚夫人、名画家李念淑等。所以这个参观团所到之处，当地许多好奇的人都争着想看看这些传奇人物究竟是什么样子。不过听说一些人看过之后，都感到很失望，原来这些在他们心目中的传奇人物，也和普通人一个模样。

3月10日，我们从北京出发时，北海公园的许多偏僻角落里的残雪尚未全

消，而我们一觉醒来，已是一片江南春色了。那次是包了两节软卧车厢，有家眷的两人一房，我和范汉杰、康泽、廖耀湘四条老光棍住在一房，自然是我和廖耀湘两人睡上铺。到南京时，江苏省政协的领导已到车站迎接，把我们安排在新街口一个专门招待外宾的旅馆。第三天是孙中山先生逝世39周年纪念日，我们都去中山陵参加谒陵仪式。

溥仪和溥杰夫妇是第一次到江南。溥仪看到什么都感到新奇，遇事都要问一个仔细，所以我们给他取了一个临时绰号叫“每事问”。同时，他也能恰当地联系一下自己的思想，当他看到明朝开国皇帝朱洪武的陵墓那么大，而明朝末代皇帝朱由检的墓，在北京十三陵中是最小，他竟不自觉地感慨起来：“还是开国创业的君王的气魄大，到了后代就一代不如一代了……”我们想听听他有什么想法，他只把头一摇，不再往下说了：因为有他这样感想的人，全国人民中只有他一个人。

在参观梅花山时，陪同我们的江苏省政协的一位干部指着一堆荒土告诉我们，那里曾是汪精卫的埋葬处，抗日战争胜利后，国民党政府在“还都”南京之前，便先派一个工兵营把这座墓炸毁了，我们都知道这件事，听了并不感到新奇，而溥仪却追着问：“好好的一座坟为什么要炸掉?”不知是有意还是无意，那位介绍情况的干部竟冲口而出：“因为汪精卫是投靠日本帝国主义当了汉奸的卖国贼，是伪政府主席，不配埋在中山先生的陵墓附近，所以派人把它先炸掉。”这句话别人绝对不会有溥仪那样的感触，他一听马上把头低了下去，因为我们平日学习时，他常自我检讨，说不应该投靠日本帝国主义去当伪满皇帝，申伯纯则常说：“投靠日本帝国主义不光彩，投靠美帝国主义也一样不是光彩的事（指国民党投靠美帝）。”不过今天摆在他面前的这一段历史，不能不引起他满腔心事来，所以他把头低着时，聪明的溥杰立即接过话来，以便打开这一尴尬局面：“炸坟时，不是把汪精卫的尸体也炸成粉末了?”介绍人告诉他，只把坟炸开，棺木还是好好的。溥杰才接着问：“打开棺木看了没有?”“打开看了，汪的尸体已腐烂，穿的是长袍马褂。”溥仪又问：发现了什么陪葬物?答复是：只在汪精卫穿的马褂上面小口袋中，找到汪精卫妻子陈璧君写的一张字条“魂兮归来”四个字，别的什么也没有。溥仪又提出一连串问题：以后怎样处理汪的尸骨，那张字条有没有保存下来等。在场几位介绍人都只能简单回答一下，因为那些年轻人都是解放后才工作的，怎么能知道当时的详细情况。

我们在中山陵停留比较久，因国民党这些将领，过去都是经常来谒陵的，每年的3月12日中山先生逝世和11月12日中山先生生辰两个纪念日都得去一次，对陵墓的建筑等都十分熟悉。大家看到过去国民党一些要人，连蒋介石在内的题词，都保留完好，无不感到共产党人的心胸是何等宽广。

从中山陵下来，我们去游灵谷寺，是安排去看灵谷寺宝塔与曾任国民党行政院长的谭延闿墓。我借口脚有点痛不想去，而是想利用那次机会，去看一下军统特务头子戴笠的坟墓，是否也如汪精卫一样被炸掉了？溥仪倒真是走得有点累，不想再去爬山，也坐在车内休息。我看他们都走远了，便问溥仪，愿不愿到附近看看志公殿？他问："是不是志公说法、顽石点头的那个志公？"我说正是这个人，他马上表示同意。他边走边说："我们这些顽石，虽然没有听到过志公说法，却听到了马列主义和毛泽东思想，也同样点头了，这个志公还是值得去看看的。"这志公殿比起灵谷寺来真小得太可怜了，几间破旧的小房子，解放后虽修葺了一下，也还是那么小。当我把他带到附近，他正看得出神，慢慢地数着殿外排列的石头时，我便快步走到了戴笠的坟前。因我对这一带非常熟悉，戴笠死后未下葬前，曾在志公殿内停放了很久，我是经常去的，抄近路，离志公殿更近，溥仪站到志公殿前正想问我时，回头一看我已站在不远的地方端详，便也赶了过来。我看到坟仍保留得和过去一样完整，只是坟后

吴稚晖书写碑文的戴笠墓碑，现已无存。

面立的那块由吴稚晖写的墓碑不见了。他看我站在那样一个矮小而奇特的墓前正在出神，便问我：这是谁的墓？当我告诉他，这里面埋的是戴笠时，他便马上拉着我，叫我赶快走。我问他为什么这么惊慌，他说：你今天还敢来看戴笠的坟，被人发觉了，不狠狠地挨一顿批斗才怪呢。我告诉他：完全不用怕，共产党都能把它保留下来，我怎么不能来看呢？我说我看到后，还要写文章给台湾旧同事和亲友，把我今天看到的情况告诉他们。这次参观后回去可能还会搞对台湾及海外广播，我都会公开说我来看过的情况。因为这是充分说明共产党不念旧恶，不搞封建那一套，对死了的仇人、敌人不掘出鞭尸消恨（“文革”期间，坟才被毁）。溥仪听了才理解过来，也随我在坟前绕了一圈才走。回到车上，到灵谷寺去的人还没回来，我和他坐在车上又说了一下戴笠乘飞机摔死在江阴县戴山的一些情况。他问我，为什么要把戴笠埋在这样一个不起眼的地方？我便告诉他：这块地还是蒋介石亲自在附近一带山上找了两次才选定的。他还想问，游灵谷寺的人陆续回来，他就不便再问下去了。

在南京我们还去凭吊了雨花台烈士公墓和烈士祠，这里是过去国民党屠杀革命人士的刑场，成百上千的共产党人与革命先烈在这里遇害。除了溥仪溥杰联系不到自己的罪行外，其余的专员可说绝大多数都与这些罪行有关，所以都是怀着沉重与沉痛和后悔的心情，来向先烈们认罪的。溥仪仍是不停地问这问那，他看到烈士祠内供奉那么多烈士灵牌，还走到我身边来问我：哪些烈士是军统杀害的？我顺手一指丁行、谢士炎等许多烈士灵牌说：“多得很！”他还想问，看我正用手帕在揩拭脸上挂着的悔恨热泪，才没好意思再问下去。

在南京汽车制造厂参观时，厂长告诉我们这里原来是日本人留下的一个小修配厂，国民党接收后，也是搞点修理工作，解放后才逐渐扩大，现在能成批生产载重汽车。杜聿明在抗日战争中任国民党的机械化部队第五军军长时，对该军所有的机动车辆无一不会驾驶和简单修理。所以他特赦后在红星公社劳动时，是自己请求去汽车修理所工作的。他一看到国产的汽车，十分感兴趣，该厂厂长也知道他和去的许多专员都会驾驶汽车，便要我们试试看。杜聿明自告奋勇，高兴地跳上一辆停在身边的汽车驾驶台，溥仪也很有兴趣地跟着上去，坐在杜聿明身边。杜聿明启动后慢慢向前稳稳当当地行驶时，在旁边的人无不称赞这是驾车老手。在工厂内兜了一圈下来后，杜聿明连声称赞车辆性能好。大家都很高兴，溥仪更补上一句：我今天总算坐了国产的汽车了。

我们在南京参观的五天过程中，最使溥仪感兴趣的是去参观国民党的“总统府”。这里原是国民党国民政府主席府，蒋介石被选为总统后改为总统府的。他仍是边看边问。杜聿明、宋希濂、王耀武、范汉杰等最怕说往事，他偏偏爱问，你们到这里来见过蒋介石多少次？说过些什么重大问题？弄得大家一看他走近便设法避开，因为这些败兵之将，都不愿说过去。他完全不懂这些人的心理，还是一个劲地问蒋介石在这里办公、会客等情况，幸好陪同参观的地方干部和管理处的工作人员，对这方面能够作出回答，满足了他的愿望。

南京玄武湖是我们过去常游的地方，溥仪、溥杰夫妇没去过。他们三人最感兴趣。因为这比北京北海公园的水面大得多，自然风景也好得多。我告诉他们，我过去常在这里钓鱼和打野鸭，他们认为城市附近有这样一个好去处，的确使人精神为之一振。

3 月 16 日，我们离开南京到了无锡，当天就游览了惠山公园。溥仪和溥杰夫妇、宋希濂夫人易吟先等对惠山泥娃娃很感兴趣，都争着想买一些带回去。陪同的全国政协工作人员告诉他们，这种东西不好带，回到北京都打碎了，最好不要买，我们要去的地方还很多。江苏省政协的一位领导听到后忙说：不用你们自己带，谁看中了什么，只要登记一下，等你们回到北京时，这些泥娃娃便由江苏省政协工作人员送到了。他这么一说，一些本来不打算买的人也都登记付钱。等我们参观回来，泥娃娃也由专人送到了北京。

17 日，我们游梅园，这里原是荣家的私人花园，解放后对外开放。当我们走到一处似楼非楼、似亭非亭的建筑物前，走在前面的周振强便大声念道：“念够楼。”溥仪走过去仔细一看便笑着说：“你又念错字了！”周不服气：“这三个字我都不认识！”溥仪耐心地向他解释：这是劬字，不读够，念劬楼是借用《诗经》“小雅·蓼莪”篇中“哀哀父母，生我劬劳”，是怀念父母养育之恩的意思。周振强听他说得有根有据而且是引经据典，便笑着说：我过去没有念过什么《诗经》“正经”，哪里知道什么哀哀哭哭的。

我们在无锡还游览了鼋头渚、太湖、蠡园。在蠡园，我们都大谈范蠡与西施的故事，溥仪和溥杰对中国历史比我们熟悉。当陪同讲解人员说范蠡辅佐越王勾践灭吴后，便携带西施泛舟太湖等地……溥仪没等他讲完就提出，这种传说是后人爱西施而给她安排的一个这样好的下场。按情理，范蠡可以离开越王，但不可能带走西施。他说史书上明明说：范蠡认为勾践这人只能共患难而不能共安乐，所以辅佐灭吴后就逃往齐国，改名鸱夷子皮，后又到了陶，称朱公，经商致富，十几年中一再把赚得的钱分散与贫穷朋友。史书上没有提到西施的下落。而后人爱西施为国做出了贡献，便越传越玄。别的事，溥仪爱问我们，涉及中国历史时，我们又反过去问他。有时，溥仪又去问溥杰，他说溥二弟读书比他用功得多，知道的也多，而溥杰则不问到他的时候，他从不卖弄聪明，争着先说。

18 日我们从无锡到了苏州，苏州几处园林，我们花两天时间，大致上看了一下。溥仪对苏州园林的精巧布置，认为是天下少见，他说毋怪乾隆皇帝要三下江南，原来有这么好的风景。在留园水边有一只白鹤，我一看到便和溥仪开玩笑："这只白鹤也是飞来保驾的。"他一听显出很不高兴："老沈，你以后不能开这种玩笑，这对我是侮辱！"我看他那么认真，以后再也不愿和他开这种玩笑了。

溥仪对苏州园林中布置的太湖石倍感兴趣，他说过去读史书，北宋等朝的皇帝和贵族，都要派人到江南采湖石。故宫虽有，但却不如在这里看到的可爱。讲解员便告诉我们：太湖石的精品要具备四个条件才算上等。溥仪听了兴趣特别浓，他要讲解员慢慢地、一个字一个字说清楚。他把四个字不但记在笔记本上，还不停地背诵：太湖石精品，要皱、瘦、秀、透。以后每遇一石，便用这四个字去衡量，是否够标准。

在苏州，溥仪除十分欣赏园林景色外，对苏州的双面绣也感到十分惊异，他说故宫有不少刺绣品，但从没有看到两面都绣成一个样的。刺绣厂负责人告诉他：双面绣是近年来才发展的新品种，故宫的古绣，也是一些名艺人的珍品，才能送到故宫，现在的人还不一定能绣得出呢。在展品中有一帧双面绣的小猫，十分逗人欢喜，溥仪正准备用手去摸，马上被人挡住了，并告诉他：这种东西只能看，不能摸，一摸就会起毛，不好看了。他赶紧把手缩回，背在身后，怕看得高兴又动手去摸。

刺绣厂的负责人介绍一位曾出国表演过的女刺绣工人和我们见面，说她在英、法等国表演双面绣时，许多外国妇女都抢着去抚摸她那双手，溥仪一听也情不自禁地把那位女工的手握着抚摸起来，弄得她怪不好意思，而溥仪却一点也不觉得。

苏州的风光，的确使溥仪和溥杰夫妇着迷了。溥杰夫人浩子对陪同的一位苏州市政协领导人说：不管是中国人还是日本人，都常说一句话："上有天堂，下有苏杭。"这次亲眼看到苏州的美景，真是一点没有说错。那位同志回答说：这两天你们只看了几处过去的私家花园，苏州的自然风景你们今天下午才会领略到呢。溥仪急着问："下午看什么好地方？"陪同人员把日程表指给他看，才知道下午是要去游虎丘。午饭后稍许休息一下，便乘汽车出发，很远便看到一座雄峙的宝塔，陪同人员告诉我们，这便是著名的虎丘塔，建于隋代，后被毁坏，宋初又重建。下车后看到一座大庙，陪同的人向我们介绍：从这里看去，塔比树高得多，而一座小山则包围在寺庙的围墙内，可以称为："塔从林外出，山向寺中藏。"溥仪和我都把这两句形容得很巧妙的话记了下来。

虎丘不但风景美，更有许多名胜古迹。如剑池、试剑石、吴王屠杀500名俘虏处等等，真使人流连忘返。

19日，我们恋恋不舍地离开了苏州而到达上海。市政府领导特意把我们安排在黄浦江边的上海大厦。市政府领导来向我们介绍上海解放后巨大变化的情况时，还着重提到我们居住的大厦下边的外滩公园，就是过去帝国主义统治下的租界，那个小小的公园门口，曾是挂过丧权辱国的"狗与华人，不准入内"牌子的地方，今天人们可以随便去那里散步了。一听到这些话，不就是对我们这些来自反动阵容、干过丧权辱国的特赦战犯，在进行一次很现实的爱国主义教育吗？这是十分生动的历史事实，谁也不能否认的。所以第二天一大早，我们都不约而同地去那个小公园走了一圈，溥仪和溥杰知道我抗战前在上海工作多年，在公园中散步时，都追着问我：那块"狗与华人，不准入内"的牌子我看到过没有？我告诉他们，过去有相当长一段时期，这个公园的确挂有那样一个侮辱中国人的牌子，能进去的中国人只有打扫清洁和整修树木花草的工人，一般中国人是不准进

去的。北伐战争胜利后，这块牌子被中国人砸烂了。当时没有想到要保存，如能留下来放在博物馆中，教育意义就更大了。溥仪补充一句，我认为很有意义，他说："那块牌子虽没有保留，但这件事却永远印在人们的心上，比看到那块牌子，更能激发人们的爱国思想。"这几句话，出自一位被特赦的皇帝口中，我感到很有意义，一定要把它写出来。

文史专员参观团的成员，都是旧中国的统治阶级，有些青年们对这些人过去完全不了解，而一些年纪大一点的，态度却又有不同，饱尝过旧社会苦痛的老人，十分仇恨这些旧的统治者。我们这次旅行中，我因年龄较轻，常帮助做些事务性工作，有些人也把我看成政协的工作人员。我亲耳听到不少人咒骂这些反动派的头头们，背地里咬牙切齿，如果不是周总理这位有威望的国家领导人亲自安排我们出来参观受教育，我相信绝不会受到这么好的照顾。但也有少数人对我们不太反感，知道我们是经过党的改造教育回到了人民行列的人，他们相信党，拥护党的政策，对我们比较热情。另外极个别的老厨师，知道这些人过去是吃惯好东西的人，便想在这些人面前露一手，总是把最拿手的好菜做出来让我们品尝。有些厨师还把做好的菜亲自端到桌上来，请我们提意见，也是借此机会见见这些过去只闻其名而未见其人的"怪物"。一些人对得到溥仪的赞扬，更特别感兴趣。

上海大厦的厨师，发明了一种烹调鲥鱼的方法。过去一般是清蒸鲥鱼不去鳞片，而他们是采用中西结合方法制作烤鲥鱼，确比传统做法更加可口。溥仪在吃这道菜时，最感兴趣，他狼吞虎咽之后，感到喉头不适，随同我们去的医生与上海市派的医生们费了很大的劲，才从他口腔中取出一根鱼刺来，溥仪很风趣地说："今天我总算体会到'如鲠在喉，一吐为快'这句话，原来是从吃鱼鲠了刺之后体验出来的。确是最好的譬喻。真令人叹服。"

上海市委和市政府的负责人，听说溥仪爱吃烤鲥鱼，又单独请他夫妇和溥杰夫妇去吃了一顿，让溥仪再品尝一次这道佳肴。

我们在上海参观了八天，除了游览了附近的新建卫星城，还去老城等处参观了一下。溥仪对半淞园内的一块横匾"渐入佳境"十分欣赏。他把头低着让人看，说像不像上面写的那"人"字，引得大家都笑了起来。

溥仪夫妇和周振强夫妇在杭州（1964 年）

溥仪对我过去在上海的许多罪恶活动爱追根问底，因我抗战前在上海搞特务活动达六年之久，许多地方都有我危害革命的罪行，我自己都在忏悔不已，哪有心情像过五关斩六将那样去大谈特谈，幸好他夫人李淑贤对过去上海旧社会的情形知道一些，加上陪同我们参观的一些干部，每到一处，总要作一番新旧对比，对我们进行现实教育。不过这些人在背地里也爱找我闲聊，他们年轻，对过去许多事只听人说过而不像我又亲自看过和亲自干过那样深刻。所以我不得不如实告诉他们一些昔日军统在上海的活动情况。溥仪遇到这种机会从不放过，总要边听边向我提出很多问题。

3 月 27 日，我们从上海乘车到了杭州。杭州风光之美，使溥仪和溥杰夫妇倍感兴趣。在西湖泛舟，溥仪与我同乘一条船，他一定要我写一首诗，我说那我写一首你也得和一首，他点了头。我便即景写下一首七绝：“轻云如带束峰腰，风送欢歌遍六桥。万顷碧波迎旭日，江山如画更多娇。”写完他看了一下说很不错，但他答应和我的诗，却一直没有给我。

在花港观鱼，我们和溥仪夫妇、溥杰夫妇都照了不少的相，我们中不少人过去是这里的常客，也感到解放后变化很大。解放前，花港观鱼只有两亩多水面，现在扩充到两百多亩。还有许多地方，变化得也令人惊奇。周振强夫人楼亚弟曾在杭州教过书，她给溥仪、溥杰介绍西湖风景时，比陪同我们的几位当地干部都说得清楚，因她当年在杭州教书时，常带学生出游，要向学生们讲名胜古迹的来龙去脉，所以非常熟悉。

溥仪对龙井茶很感兴趣，浙江省领导便特意安排我们去专门生产龙井茶的西湖人民公社梅家坞大队参观，一是品尝他们生产的最好的龙井茶，同时看看双手采茶表演。在梅家坞大队的小会议室里挤满了人，刚生产出来的雨前茶，更特别

可口。我过去虽喝过不少上等龙井茶，但都不如这现采现制的新茶有味。所以大家喝了一碗又一碗。茶过三巡，便被邀去看双手采茶表演。一群小姑娘，操着清脆柔软的杭州话，在矮矮的茶树前边采边聊天，溥仪听不懂她们的话，他夫人为他翻译。我们站在旁边观看时，只见采茶姑娘的双手像蝴蝶一样，在茶树尖尖上飞来飞去，一片片鲜嫩的茶叶，纷纷落入她们身上挂的竹篓中，杜聿明和我也想学她们双手采，学了一会儿，不用说双手采不好，就是一只手也采不快，引得溥仪等看了大笑。

在杭州，我们是住在新建的杭州饭店，离岳飞庙很近。有次我们去岳庙参观，看到庙中香烟缭绕，许多香客向岳飞塑像很虔诚地膜拜，而对跪在两旁的秦桧夫妇及万俟卨、张俊的铸像都投以憎恨的眼光。若不是在这些铸像上挂了一块禁止往铸像上吐痰的牌子，我相信许多人都会要对这些卖国贼吐上一口唾沫的。看到这种情景，说明人民心目中对忠、奸的态度是如此鲜明。我们这些过去和秦桧一样犯下过同样罪行的战争罪犯，杀害过比岳飞更忠于祖国和人民的革命先烈，所以到这里来，我们都不讲话，只是默默地站在那里看，默默地站在那里想，而内心却感慨万分。

在"柳浪闻莺"公园散步时，溥仪和溥杰看到公园中有一块保护完好的石碑，"柳浪闻莺"四个字是乾隆御笔题写的，他两兄弟那样激动的表情是我很少看到的。这是他们祖先的遗墨，所以他们摸了又摸，如不是同去的人多，我相信他们会去亲吻一下的。我想来此游览的人，不知有过多少，而有这种感情的恐怕只有他兄弟俩了。当陪同我们去的人告诉我们，解放前，这里已是柳枯莺散，解放后才重新植柳放莺，才使这一风景得到恢复。那天正是风和日丽，垂柳轻飏，莺声阵阵，溥仪认为用这四个字来形容这儿的风光，是再恰当不过的了。

大家对京戏《白蛇传》是再熟悉不过的了，所以一看到"雷峰塔"便大谈特谈起来，一种同情白娘子的莫名其妙的感情，竟在这群旧日统治者中间轻轻地传播了一会儿。

照例，我们每到一处参观，先是听地方领导的介绍；参观后，临走之前，得来一次座谈，主要是谈参观后的感想。地方领导总是客气地说"请提意见"。实际上是想了解一下我们是否有不满的地方，最好能在座谈会上提出来，不要回去向周总理等中央领导去汇报。他们也知道这些过去拿枪杆子的人，现在也学会写文章，能为本地作宣传更好，至少不要在北京写东西批评他们。所以我们也认真地谈了见到的优缺点，因为这些人没有什么顾虑，下次也不一定再来，谈话一向是比较直率的。在杭州那次座谈，溥仪的发言，受到了政协领队和杭州地方领导的表扬。他说："过去我只听人说'上有天堂，下有苏杭'。如果自己不来看看，还以为只是一句形容词，现在看过后，苏杭至少比过去皇帝住的故宫要好上几十倍。难怪乾隆（杜聿明插一句嘴："要说'先祖'更妥帖。"溥仪笑了一笑才继续说）要三次下江南，他要身体好，还可能会一来再来，但不管来多少次，肯定没有我们这次玩得开心、玩得痛快！"除了两位溥专员谁又能和先祖乾隆联系得上呢？其受表扬者，自然只此一家而已！

在杭州尽兴游览后，我们又乘两辆大客车，沿美丽的富春江西侧，去参观新建的新安江水电站。这里有一座很高大的水坝，经介绍，这个庞大的水力发电厂全套机器设备，都是我国自己设计制造和安装的，电钮一按，大量的电力便可送到上海、杭州、南京等大城市。溥仪十分欣赏这一伟大工程，要求在大坝前照一张相留念。晚上，我们从招待所平台上看新安江一带千万盏灯火齐明，我在当天的日记上记下了溥仪一句形容得很好的话："西湖是祖国一颗明珠，新安江则是祖国的一颗夜明珠。"

按照参观的预定日程，我们在新安江停留了四天，便于 4 月 2 日乘车抵达举世闻名的黄山风景区。人们常说："五岳归来不看山，黄山归来不看岳。"黄山是以它"山高而险，松古而奇，石多而怪，云厚而变"等特点驰名中外。第二天，虽然天气阴沉沉地下起一点小雨，我们游兴仍浓。大家穿上雨衣带上雨具出发，向导要我们每人拄上一根竹手杖，他说爬起山来，可以当半条腿用。当我们经慈光寺，过立马桥到松鼓岗休息时，大风突起，雨越下越大，一小部分人便不想再往上爬，下山去了。溥仪还想和我们一道往上爬，随行医生一再劝告，他才勉强答应下山去，溥杰夫妇则随我们继续爬，到中午才爬到半山寺。庙里老和尚早得到通知，十分殷勤招待我们，为我们炒花生，烹眉峰茶。这茶，叶绿、清香、味

醇，浩子非常赞赏，说可以与上好龙井茶媲美。

在半山寺休息一会儿后，再往上爬，好不容易过了天门坝而到达文殊院。同去的医生和安徽地方几位陪同人员，都劝我们住一宿便回去，下雨路滑，不宜再往上去，怕滑倒出问题。他们说：有句俗话：“不到文殊院，黄山未见面。”你们已到了文殊院，已是看到黄山了，不必再上去。我们几位身体好的和几位工作人员、记者等都坚持到最高峰北海去看看，政协领队看劝不住我们，便请随行医生检查后再作决定。经过量血压、听心脏等一系列检查后，杜聿明、溥杰夫妇、范汉杰、宋希濂等人被淘汰不能再上山，只有我和李以劻夫妇、杨伯涛夫妇等五人完全够格，可以继续登山，随同的工作人员与记者、护士比我们还多两人，共12人于第二天到达北海宾馆，早上登清凉台，中午到西海群峰与排云亭前，看到许多想象不到的奇观妙景。当我们兴高采烈地从后山回到黄山温泉宾馆时，溥仪、溥杰夫妇听到我们的介绍，都后悔没能去看看。溥仪一再表示，下一次有机会再来，不管怎么困难也得爬上去看个痛快，不过他认为这次虽没上山，却下了水，因为在温泉游泳池，他们都很高兴地游了几次。

安徽省政协副主席、曾任过国民党上海淞沪警备司令的戴戟，听到我们到了黄山，专程从安庆带了安徽最好的厨师和美味佳肴，赶到黄山和我们见面，硬要我们多住一两天，以便叙旧，由于盛情难却，我们便留下来。我们当中绝大多数人和他过去都有过往来，见面时便无话不谈，从彼此分别后的不同遭遇，到这次出来旅游。开始他与溥仪、溥杰兄弟接触时还有点拘谨，一经交谈后，立即和老朋友一样谈得很痛快了。这是一位非常正派而又有骨气的人，他最后不满蒋介石的倒行逆施而投向人民，得到党和政府的信任。在谈话中，他对我们的鼓励，对我们很有启发。随戴戟来的人有十来个人，我问他：为什么带这么多人来？他笑笑说，如不是路程太远一点，争着要来的人还不止这些，可能有好几倍，他们都对你们是闻名已久，很希望找机会见见。今天你们送上门来，怎么不争着要来啊！

临行前，几位随戴戟来的工作人员请我们签名留念。有一位女同志告诉我，说戴戟曾告诉他们，说我们这些人，过去一瞪眼，一拍桌子，就要人头落地，今天竟都变得这么随和，不知道的，还以为是一般平民百姓呢。我说：我们本来都是平民百姓，是旧社会的环境使我们变成那样；新社会的教育改造，又使我们恢复了本来面目。否则我们怎么能得到党和政府给我们“确已改恶从善”六个字的考评，给予特赦呢！她听了十分激动，一再表示希望到北京也能见到我们。

离开黄山转乘浙赣铁路火车，于4月8日抵达南昌，住在八一大道新建的九层高的江西宾馆，我们在南昌停留两天，主要参观“八一”起义纪念馆等处，当我们听到，仅江西一个省，为了中国革命而牺牲的烈士，已查到姓名和事迹的便有近万人，大家的心情都异常沉重。

4月10日，我们乘大客车专程去井冈山瞻仰革命圣地，由于要坐长途汽车，溥仪的夫人和另外两位专员的夫人都怕坐长途车晕车，便留在江西宾馆继续在南昌参观。政协领队找我说，溥仪要去井冈山，他夫人不能陪去，就请你照顾他，我答应了。他又告诉我：你们这次出来参观的专员，每一位都是保护的重点，而溥仪更是重点中的重点，因为全世界才有一个这样经过改造当公民的皇帝，要我一定要多费点心。我便告诉他，溥仪没有结婚前，我也是受到文史领导的指示，要我照顾他，常陪他出去，彼此感情都不错，现在出外参观，他夫人不在身边，我一定尽心尽力照顾他。本来从南昌出发，如果起早贪黑，一天便可赶到，但政协领队和江西领导人都怕赶路太急，不但汽车容易出差错，这些老头老太太也受不了，便决定在吉安住一晚，第二天便很从容了。

吉安新建的招待所房间很大，卫生间也和房间一样大，所有的职工、厨师一听说要接待的是这样一批客人，都很兴奋。一位服务员私下和我谈话透露，他们每年接待不少长征老革命干部与党和国家领导人去井冈山。第一次接待这些贵宾都很紧张，反而常常闹出岔子，久了也觉得他们那些首长和普通人一样。这次接待我们，认为这些是特殊人物，不料一经接触，也和老革命干部一样和善可亲。所以他提出一个要求，希望能和我与同住的溥仪照一张相，我说和我照相随时都行，要和溥仪照相我得问问他。当我把那位服务员的要求告诉溥仪时，他说到房内来照是可以的，但不能到外面照，因怕别人看到都要求照就无法推辞。结果那位服务员的相机没有闪光灯，房内光线太暗而没有照成，只和我在外面平台上照了一张。

招待所的厨师专为我们宰了一条狗，做了一道他们最为拿手的红烧狗肉，请我们品尝。因为是连皮带骨，许多人都以为是小猪肉。吉安地方负责人又找来吉安有名的冬酒款待我们。溥仪的食量一向是相当大，加上坐了一天车，中午是匆匆忙忙吃了一顿，所以一到晚上就更能吃了，一大盘狗肉，他几乎吃去一小半。溥杰和浩子也觉得味道不错吃了不少。最后大师傅端着另一盘菜走到桌前，问我们他烧的狗肉味道如何？大家一致赞扬烧得好。都说如果他不说明，我们完全吃不出是狗肉。溥仪更称赞他几句，说他过去吃过不少好东西，可从来没有吃过狗肉。范汉杰便和他开玩笑，说过去谁敢把狗肉拿给皇帝去吃，不是自找杀头之罪。溥仪马上纠正他：《三字经》上不是明明白白写有“马牛羊，鸡犬豕”，犬还在猪的前面，历史上虽没有皇帝爱吃狗肉的记载，但过去狗肉总是一种很普通的肉食是无疑的。不过他回到房内却对我说，早知那是狗肉怎么也吃不下去的，我说习惯了就好了。当我们从井冈山回来，再住招待所，厨师照样做了一盘狗肉端上来，溥仪却连筷子都不伸一下。大家问他为什么这次又一点都不吃？他说上次不知道是狗肉，吃起来很香，现在知道了，一想到狗什么都吃就吃不下去了。服务员马上向他解释：做菜用的狗，是和喂猪一样喂着的，不是像看家的狗到处跑，什么都吃，但溥仪还是不伸筷子，一大盘狗肉还是被我们吃得精光。

从吉安乘汽车去井冈山，只要半天便到达。当汽车刚一进入井冈山区，溥仪看到许多高楼大厦的宾馆和招待所，便仿佛如有所悟地大声说：真是百闻不如一见，过去我不太理解毛主席为什么别的地方不去，而偏偏选择井冈山做革命根据地？原来这里有这么多的房子可以供红军使用。陪同我们去的地方领导马上向他解释，这些高楼大厦是解放后才修建起来，供中外宾客来参观时用的。过去这里只有几座平房，现在还完整地保留，明天你去看看就知道了。这一回答，使他还是有点糊涂，总认为红军和党中央都走了，纵有人来参观，也不需要建这么多房屋。地方领导同志也承认，当初修建时考虑不周到，房屋是建得多一点，很少能住满，因为交通还不便，乘汽车来总不是很多，而且在此参观的时间不太长，少建一点也可以周转过来，这一回答，十分得体。我们住到井冈山宾馆后，一问服务员，大部分房屋一年很少能用上几次。

参观团成员大部分是国民党的将领，一上了井冈山，被热情迎到舒适的宾馆后，很多人都感慨万千地说，过去我们带了那么多装备精良的军队打都没有能打上来，今天却是坐了汽车上山而且还受到这么热情的接待，真不知该怎样说才好。溥杰听了马上说："这不正是说明共产党人的心胸伟大，不念旧恶的崇高表现吗?"溥仪也连连说："杰二弟说得很对！杰二弟说得很对！"

在井冈山烈士墓前，大家去行礼时，不少人是热泪盈眶，因为他们过去带兵攻打井冈山革命根据地时，多少红军烈士和无辜人民牺牲在他们的手中啊！

毛主席的茨坪故居前有一块大石头，介绍人说：过去毛主席常常一个人坐在这石头上考虑问题。溥仪听了马上跑过去抚摸起来，我们劝他也不妨去坐一下。他连连摇头：毛主席坐过的地方，只能瞻仰珍爱，怎敢和毛主席一样坐了上去呢！据介绍人说：到这里参观的人都要上去坐一坐，因为是石头，坐也不会坐坏的，但溥仪还是没有去坐。

我们在参观纪念馆时，看到一条扁担，说明是朱总司令当年用来挑粮食的。溥仪抱着怀疑口吻问了一声："这真是朱老总挑东西的扁担吗?"答复是：一点没错，这是当年朱总司令常用来挑米的。溥仪竟天真地说了一声"我在北京怎么没有看到和听到朱总司令挑米呢?"宋希濂等马上向他解释：朱老总挑米是红军在井冈山与反动派斗争期间，生活很苦，山上产的粮食不够吃，要到外面去挑回来，朱老总是与士兵同甘苦惯了的，所以亲自参加挑米。解放后朱老总要管理国家大事，哪有时间再去挑米呢？溥仪听了还要问时，介绍人又指着旁边几个长形米袋说：当年朱老总有气力挑，毛主席等气力小的，也参加运米，是把米袋系在腰间驮回来，现在都在北京管全国大事，不需要再运米了。经过这些说明，溥仪完全明白，没有再问了。

在井冈山举行座谈时，国民党这些将军们都是联系当年如何围攻井冈山所犯下的种种罪行，一向不爱说话，即算是发言，也只有简单讲几句的康泽，可能是受良心谴责，他居然作了一次相当长的发言，检讨他当年任国民党军事委员会别动总队长时，他的几个别动队队员（便衣特务）被红军抓去镇压了，他后来抓到几位红军，便下令把这些烈士的胸口割开取出心脏来祭奠他那几个被镇压的别动

队队员，使许多在场的人听了都毛骨悚然。政协领队一面表扬他联系实际联系到过去罪行说得很生动，同时也指出他对这一滔天罪行认识还不够深刻。溥仪一等散会，便追着问康泽，他是如何开膛破肚杀害红军的？康泽又恢复到和过去一样，不再作声。

从井冈山返回吉安，仍在吉安过夜，因为到得很早，还有时间去附近农村人民公社参观一下。杜聿明一向对机械有兴趣，看到吉安农民使用水稻插秧机，这玩意儿当时北京还没有。杜聿明便站到田边，等插秧机驶过来好拍一张照片带回北京去，当他快门一按，只听见“啪嗒”一声，一团稀泥从插秧机轮子下直朝杜聿明头上飞去，因他正在低头看照相机镜头，没有注意，稀泥恰好打在他头上。溥杰和浩子也正在准备照相，看到杜聿明那副狼狈样子都笑得直不起腰来。我在旁边说了一句风凉话：“照相机一声‘咔嚓’，引来插秧机一声‘啪嗒’，非常合拍。”溥仪一听，用力把我一推：“你还开心看人家的笑话……”我一退，一只脚从田埂上踏到后面水田里，满腿满裤都是泥。杜聿明擦去头上的稀泥，朝着我说：“报应！报应！”引得大家大笑一场。

我们从南昌乘火车去长沙，湖南省政协派人从半路上便上车来迎接我们，还到每一车厢和我们打招呼，问我们在长沙或外县有什么亲友想见见，先登记一下，好早点通知来长沙相见，这种细致、周到、热情，是别处还没有过的。我便在餐车进餐时，故意说：“瞧瞧咱们湖南人的热情，真是百里外远道相迎，够可以的了！”杜聿明一向爱和我开玩笑，说你在北京那么多年，按五年以上可以落籍，你早就不是湖南人了。溥仪也插嘴说：咱们都应算是北京人，不过老沈可以说老家是湖南。广东佬范汉杰忍不住插上一句：“我们都是中国人嘛，还分什么北京、湖南。”在一片欢笑声中，火车徐徐驶入了长沙新火车站。

湖南是我多年来做梦都想回来的地方，过去我总以为今生能回来的机会太少了，而今天终于回来了，青山依旧，面目全新。抗日战争期间，长沙被一把火烧得精光。胜利后，我回来时，站在任何地方都可以看到对河的岳麓山，那一幅凄凉情景，记忆犹新。回想起来真令人不寒而栗，如今高楼林立、车水马龙，好一派繁荣景象。

在长沙，我们住的宾馆是原湖南省统治者何键的公馆改建的，具有地方风格，一看就打心眼里感到高兴，因为这是我童年时期生活过的地方啊！

到了湖南，大家最大的心愿是去瞻仰毛主席的故居和刘少奇主席故居。4月19日，天气晴和，是湖南春末夏初难得的好天气，平日这时候总是细雨纷纷，“黄梅时节家家雨”，好像只描写湖南气候一样。我们精神振奋地乘上两辆大客车先去宁乡花明楼看了一下刘少奇主席的故居，后转赴韶山，这条公路过去是泥石沙子铺的，现在全铺上了沥青。一转眼工夫，便到了韶山招待所。湖南省政协的领导原来安排我们到韶山先吃午饭，休息后再去参观。溥仪等刚刚喝了几口茶，就站起身来说：“我们先去瞻仰主席故居再回来吃饭。”这一提议，立即得到大家的响应，都拍拍身上灰尘，站起来就往外走，这种迫不及待的焦急心情，使陪去的湖南政协领导都很惊异，也理解大家对伟大领袖的崇敬心情，便也同意先参观后吃饭，在主席故居参观时，毛主席诞生的那张木床，是用绳子拦着，不让人靠近，可是溥仪向陪同的干部提出，想去抚摸一下，以示对毛主席他老人家的一片敬意。故居管理人员同意了这一请求，刚把绳子移开，我们每个人都情不自禁地走上前去，在那张床上抚摸了一遍又一遍，久久不舍得离开。大家一想到这张床上当年诞生了中国人民的救星，就对它感到无比的亲切。后来看到毛主席当年用过的一些农具、家具，也都抚摸又抚摸。有人甚至用嘴去亲吻，这种对伟大领袖的崇敬与热爱行为，使在场看到的人都为之感动。

蔡锷

20日上午，天气有点阴沉，但我们还是去了对河岳麓山游览，这是我童年常去的地方。我出生在湘潭，但却在长沙读书，所以这里我很熟悉。不过，我是第一次听介绍，毛主席青年时期常去爱晚亭，并和许多同学在附近草坪上过夜，溥仪等不少人也去草坪睡了一下，有人笑着说，毛主席过去睡过的地方有灵

气，今天再去睡一下，也可以沾一点灵气。

嵯峨浩子带了一本毛主席诗词，在爱晚亭畔、橘子洲头，她一再念诵毛主席当年写下的诗词，因而引起大家很高的兴趣。

在岳麓山上，我们拍照最多的地方是蔡锷先生的墓前。因为蔡先生的长公子蔡瑞是全国政协文史会的编辑，和我们是同事，大家轮流在墓前去拍照，准备回北京后可以送给他作纪念。此行的湖南人不少，所以对这位湖南杰出人物倍感尊敬。廖耀湘走到溥仪面前，大谈蔡锷在辛亥革命中的一些活动，溥仪立即补充说，蔡先生后来要推翻的不是我，而是想当皇帝的袁世凯。廖耀湘还想说下去，我便告诉溥仪，廖是湖南邵阳人，和蔡先生是小同乡，他自称邵阳先后出了两个英雄，一位是蔡锷，另一位是他自己，但谁也不承认……廖急了，正想和我争辩，溥仪笑笑说：今天我们廖老满头银发，也够英雄样子。又是在一阵笑声中结束了。

我们住在长沙宾馆时，由于我是湖南人，点菜便挑湖南的特产名菜，想让外省人尝尝湖南风味，又因宾馆里的人比较熟悉，有天吃早饭时，不知谁把一张一毛钱的钞票掉在地上，爱开玩笑的范汉杰，便把它拾起来放在溥仪的座位面前，看到服务员走过来，还故意朝溥仪说："你还给服务员拿什么小费？"一位青年女服务员一听，马上厉声斥责：说这是侮辱服务员的人格，溥仪便一个劲地说不是他放的，而是别人从地上捡起来，放在他面前的。那个服务员却不听这些，还是唠叨不止。溥仪便从另一桌上把我拉过去说情。他认为我是湖南人，又常与宾馆负责人往来，可以解释解释，免得她再那样吵吵闹闹。我便走过去向她说明，请她不要生气，她还是满脸不高兴，我只好去找了餐厅经理来，才把她制止住。吃午饭时，溥仪紧紧靠着我坐，生怕那个服务员再来找他的麻烦，如果不是自己亲自所见，谁会相信这位末代皇帝竟是这么胆小怕事呢！

在吃晚饭时，有不少熟人来看我。我的直系亲属虽没有一个在湖南，但过去一些熟人还有一些。我为了表达我重返故乡的一点感触，写了一首七绝："半生作恶为封侯，今日归来愧更羞。堪慰家乡诸父老，当年逆子已回头。"我写好交给身边的杜聿明看，请他替我改一下。他说写得不错，我们都可以在返回故乡时用得上。杜建时接过去一看，说谁都用得上不对！溥仪就用不上，他半生作恶是为封王称帝嘛。说到这里，菜饭都端上来，我就收起来没有让他们说下去。

溥仪夫妇同杜聿明在武汉参观人民公社

4月22日，我们从长沙乘火车，美美地睡了一觉便到了武汉。第二天游东湖，在屈原的塑像和行吟阁前，拍照不少。大家对屈原都非常敬爱，因为他是一位伟大的爱国诗人。不知为什么，一提到屈原的爱国，我们都会把自己联系上去，互相谈论中，每人都有决心要在下半生成为一个爱国主义者。

24日我们参观长江大桥，当时，这是在长江上我国建立的第一座大桥。负责人作完介绍后，还每人送一枚有大桥模型的纪念章。溥仪和许多人都想马上挂在身上。由于纪念章不大，后面的别针又小，怎么也挂不好，很多人都是请人挂上的，好像挂上后便有一种自豪感。在祖国第一条大江上有自己建筑起来的大铁桥，这是我们过去想都不敢想的事。

湖北省和武汉市一些负责人介绍武汉三镇解放后的巨大变化时，还特别提到距武汉市不远的黄陂县滠口人民公社办得很好，准备让我们去参观一次。26日上午我们乘车前往。公社负责人很热情地欢迎我们，听完情况介绍便去地头参观。那里的庄稼的确长势喜人，满眼一派丰收在即的景象。当地干部和群众对溥仪兄弟倍感兴趣，走到哪里都有不少人追上来问长问短并请求和他合影。在公社午餐时，溥仪和杜聿明等都认为公社能做出那样好的饭菜来，说明群众的生活的确是提高了。临走前，我和省里陪去的一位干部在聊天，听到当地一位干部来向他发牢骚，说招待这样一群人还特地从武汉市去请名厨来做菜给他们吃，这种做法，群众的意见是很多的。省里那位干部耐心地向他解释，请他告诉群众，这些人出来是周总理关照过要好好招待的。因为他们愿意接受改造，愿跟共产党走是很不容易的。这些人将来对台工作都能起到相当大的作用，那位干部才没有再说什么。回到武汉，我把公社干部的牢骚话悄悄告诉了杜聿明。他说，我们这次出来

玩，如果不是周总理亲自安排，别人哪会这样热情接待我们。现在一般人的生活水平都不高，过多把钱花在我们这些人身上，群众肯定有意见。他叫我多留心听听别人对我们有什么意见，我们知道后只有好处没有坏处，否则容易翘尾巴会忘乎所以，就会无形中犯错误还不知道。我当时年纪比较轻，穿得又朴素，又爱参加一些事务方面的工作，所以许多人都把我看成是政协的工作人员，甚至有人问我：“哪人是溥仪？哪人是杜聿明？哪人是《红岩》中的大特务严醉？”（因《红岩》小说中写的一个特务严醉，有人说就是指我）我对这些好奇的询问，有一套对付办法，先是报以一笑，然后反问一句：“你看他们当中谁像谁？”

4月27日，我们又登上了北上的火车，从武汉回到了北京。50多天的参观游览，正如嵯峨浩子形容这一段“神仙生活”暂告结束。不但每人体重增加，而且行李比出发时多出了20多件，因为都带有不少土特产品，有的是按出产价或批发价买的，有些是地方政协送的，所以都比出发时多了些行李。溥杰夫妇更增加得多一些，因为浩子看到什么都感到新奇，当时我们都没有多少积蓄，但也拣便宜的买了不少。

回到北京，正和我们初到江南一样，正是桃红柳绿的时节。伟大的祖国是多么可爱啊！每年的“五一”盛会，又等待着我们去参加了。

周总理听到我们参观回来了，并且都平平安安，没有发生任何大小意外事件，非常高兴，又指示：让大家休息一下，再去西北参观。

我回来后的一个任务，是为中国新闻社写一篇“江南行”，小标题是——旅行日记，记述我们这些人去江南几省的旅游活动情况，然后分别在香港和国外几家华文报纸上刊登。因此，我比他们又多了一份不小的稿费收入。

7月31日，全国政协又通知我们上次去江南参观的全体文史专员，8月2日到全国政协集合。张执一秘书长告诉我们，还是和上次一样，有家眷的带家眷，没家眷的带子侄。这次主要是去延安参观，顺道到西安、洛阳、郑州看看。不过政协的领队改由吴群敢担任，工作人员和医护人员都换了几位，我们则还是原班人马。

8月4日，我们从北京乘软卧先去西安，住在西安当时最大的人民大厦。陕西省的负责人和我们见面介绍情况时，着重说明，中央这次让我们到西北参观，主要是到延安革命圣地看看当年毛主席和党中央在延安的艰苦斗争以及工作和生活情况，希望我们随时向陪同的人员去了解，并希望我们对陕西各个方面不足的地方，包括这次接待不周的地方多提意见。

第二天早餐，几乎所有的人都闹了一个笑话。人民大厦为我们准备的早餐是羊肉汤泡馍，懂得吃这种早点的人，只有杜聿明和他夫人曹秀清。他俩是陕北米脂人，是吃惯了这种点心的，以为我们也会吃。等他看到我们把馍掰得很大一块就去泡羊肉汤时，已来不及纠正我们了。原来他们是把馍掰得碎碎的才用汤去泡，我们掰的都大，泡不透，很多人只吃几块就吃不下去。溥仪食量大，吃完了第一碗掰大块的，再学杜聿明掰得碎碎的又吃了一碗。中午他便吃不下饭，晚上也不想吃东西，一顿泡馍，把他撑饱了一天。

在西安停了一天，去碑林参观，当领队宣布去参观碑林，许多家眷一听是去看石碑，都不感兴趣，只有浩子愿意同我们一道去，其余家眷都去逛市场，不去那个枯燥无味的地方。

碑林是历代名书法家和帝王写的字，刻成碑立在那里和树林一样多，所以称为碑林。参观者是采用分散方式，自己寻找爱看什么看什么。到规定的时间便出来集合回去，溥杰夫妇是同进同出，溥仪一个人进去后，到集合时间没有见他出来，估计他可能找不到出来的路了，因里面弯弯曲曲，他又一向不认路的，所以陕西政协的工作人员便分途去找。总算在一个不惹人注意的地方见他正聚精会神地在抄一块碑文上的字，直到把全文抄完才肯出来。因为平日参观时，肚子一饿，就会觉得要回去吃饭，那天羊肉泡馍吃得太饱了不觉得饿，他也忘记了要准时集合回去。

8 月 6 日，我们从西安乘汽车去延安。那时公路不好走，尘土飞扬，过一条小河，没有桥梁，汽车得从河中间冲过去。稍一不慎走偏了陷在河中，汽车排气管一进水就抛锚，还得用别的汽车拖，不像现在这样方便。走到半路上休息，地方上一些负责人是热情极了，他们招待我们喝茶吃点小点心。许多人把茶杯端起来喝了一口，便连忙放下不敢再喝，原来他们在茶里放的糖太多，甜得使人喝不

下去。杜聿明连忙解释，这是用招待贵客的方式来招待我们，茶里一定得放糖，才表示恭敬。我们却真的喝不下去，弄得主人怪不好意思，赶快叫人把原来泡的茶倒掉，再泡一碗不放糖的。但还是把一大罐糖摆在桌上，随自己的意思去放。溥仪悄悄问我：南方人不是爱说“吃不消”，这句话用到这里，再现实不过了。

汽车一路很颠簸，大家不停地问陪同的人还有多远？他说：看到一座宝塔就快到了。可是我们看到宝塔后，又转几个弯，有时又看不到宝塔，好不容易总算到了延安。大家都感到有点疲乏。那时延安的招待所还是在半山坡上，住招待所还得爬一个小山坡，才能进房间而且很分散，大家都急于休息，直到吃晚饭才走出房来。

当时去延安的交通虽然那么不方便，但去的人还是络绎不绝。全国及外国友人都想去看看这块革命圣地。据说去的客人，有时比城内的居民还多，所以延安人对外来的人渐渐不感兴趣，不论是什么国王、总统一类贵宾也好，白皮肤、黑皮肤、红皮肤也好，他们统统都见到过。据陪同的人告诉我，我们这个参观团，却引起他们很大兴趣和注意，主要是他们听说有末代皇帝和亲王，还有陕北老乡杜聿明夫妇，以及原在胡宗南部的高级将领范汉杰、罗历戎，也是延安人民所熟知的，外加一个“严醉”，使延安群众破例来争着看这一群传奇式的人物。

当我们第二天先去参观延安革命圣地最突出标志延安宝塔山的宝塔时，不少本地人和从外地去延安参观的人发现了我们，慢慢围了过来。“每事问”的溥仪，看到宝塔门楣上“俯仰红尘”的匾额时，感到很诧异，他便问陪同我们去的向导，毛主席和党中央在延安七八年，为什么像这一类带封建迷信的东西还没有把它换掉？向导告诉他这是保存古迹，所以没有人去动过它，他还告诉溥仪，延安还保存了两座寺庙，到今天

溥杰夫妇参观延安枣园

还有老太太老头儿们烧香磕头，因为是信仰自由，不能硬性去规定不让群众信佛。

我们在延安正式活动是去杨家岭和枣园瞻仰毛主席、任弼时等居住过的地方，党中央办公厅旧址、礼堂。当地群众争着为我们介绍当年毛主席自己开荒种地、周总理亲自纺纱等，以打破国民党的封锁包围，实行自力更生。不知是有意安排还是巧合，有位老大爷正在干家务活，听说我们在参观，他马上放下手中的活，用极其气愤的声音控诉当年八路军在外面打日本鬼子，而国民党则派军队包围攻打八路军后方根据地。这种做法，比日本鬼子更可恨！这些原国民党将领们听到这些，无不面红耳赤，特别是曾在胡宗南部的范汉杰与罗历戎，更是坐立不安。只有溥仪还一个劲地向那位老大爷问长问短。直到陪同去的向导宣布换地方，那位可敬的老大爷才把袖子挽起重新去干他的活。那次我们在延安的确受了一次深刻、现实的教育，所以在边参观边举行座谈会时，除了范汉杰、罗历戎联系了不少当年进犯边区的具体罪行外，其余的人也都从当时国民党既抗日又反共的政策谈到自己的许多思想问题。我最后发言，第一句话就使大家感到惊异，我说我这是第二次到延安。马上就有人追问我：是什么时候还来过？我说那是1947年，国民党派胡宗南率大军进犯延安后，我从南京到了延安，军统局派我的一个叫崔毓斌的学生，到延安担任稽查处长。毛人凤要我到延安，叫我当面指示崔毓斌，一定要好好配合胡宗南，设法把毛主席和党中央在延安附近的活动情况与所在地弄清楚，企图从根本上消灭共产党。因为胡宗南进犯延安之前，军统特务已侦察到毛主席和党中央都还在延安，估计胡部进犯延安后，毛主席等都走不多远，还是在延安附近地区，而且身边的部队不多，所以只要弄清确实地点，就可动用大量飞机，进行陆空配合夹攻……我的话还没说完，溥仪就急着问："侦察到毛主席的下落没有?"我说根本查不到，要找到那就麻烦了。我曾带着崔毓斌和两位熟悉延安附近地形的特务，坐在一架直升飞机上在附近侦察很久，也没有发现什么目标。崔在延安几个月中，也只抓到一些无法撤走的老弱病残人员，费了好大劲抓到一位劳动模范，他除见过毛主席外，别的什么都不知道。有位延安地区的领导同志便告诉我们，1947年3月间，国民党是陆空并进向延安进犯，国民党飞机对杨家岭等毛主席住过的地方猛烈轰炸、扫射。有一次，一颗重磅炸弹

就落在毛主席办公的地方，把办公室的门窗都震坏了，毛主席还在从容不迫地看着地图。一位战士捡了一块炸弹片送给毛主席看，毛主席习惯地爽朗笑了几声。接过炸弹片在手中掂了一下："这很好，可以打两把菜刀。"大家一听都禁不住笑了起来，一场紧张的座谈会，就在这样的笑声中宣布结束。

散会出来，一位当地干部问我一声："想不到您也来过肤施！"这一句话又引起了溥仪的好奇心，他忙追问：延安为什么还有一个这样的怪名称？这位干部只好从头说起：很久以前，有一位很有道行的苦修僧，在山顶打坐，看到一只饿得快死的小鸟，他便把身上的皮肤撕下来喂它，结果鸟是活下来了，可他身上的皮肤却撕光了。后人为了纪念这位高僧，所以曾一度把延安改为肤施。溥仪听后更追问不停：这位高僧叫什么法号？他是坐在哪个山上？用什么办法能把皮肤撕下来？喂的是什么鸟……弄得那位干部也无法回答上来，只说这是传说，没有看到文字记载，溥仪还想问，领队大喊："吃饭喽！"才算解了这个围。

当时由于去延安的人越来越多，延安原来的招待所虽一再扩充也不够用，所以只好按当时接待办法，规定一个简单原则："先外后内"，"先贵宾后一般"。就是好房间先让给外宾和级别高的干部住，我们虽然级别不高，因为是总理亲自安排，加上过去地位也够高的，所以要站在统一战线角度，把我们也列为"贵宾"。招待所当时还只有几套有卫生设备的好房间，全部腾出也不够分配，所以有些人就得住在窑洞里。政协领导原来是把溥仪、溥杰、杜聿明三对夫妇安排在有卫生设备的几套平房内，溥仪看到有些人住了窑洞，而且听说毛主席过去也爱住窑洞，便要求到窑洞去住，招待所为了满足他的要求，挑了一个设备好的窑洞让他住了。我去看他时，问他住窑洞有什么感觉？他的话匣子便打开了：他说过去听京戏，有不少是提到窑洞的：如平贵回窑、仁贵别窑……特别是说王宝钏苦守寒窑十八载等，他认为编这戏的人没有亲自住过窑洞、也没有认真研究过，而是想当然地以为窑一定是冬天很寒冷，所以称之为寒窑。今天我才知道，窑洞是冬暖夏凉，西北不少人是住窑洞，没亲自见过和住过窑洞的人，以为住窑洞是没有钱盖房子，或穷得盖不起房子才住……我们当中对京戏素有研究的杜建时，早在门口听到了这一议论，便走进来对溥仪加以反驳，他说京戏里说王宝钏是贫寒而不是指窑洞寒冷，溥仪仍坚持他的看法，认为窑不能与寒连在一起，说王宝钏贫穷就可以了，为什么要硬和窑扯在一起呢？西北有钱的人也住窑，为什么许多戏里不把他们住的窑称为富窑呢？他们两人为这个事争论不休。我对京戏研究不多，没有听到最后的结论便溜走了。

我们在参观延安革命烈士纪念堂时，见到那里安葬的先烈中有叶挺将军，陪同的陕西政协一位领导同志问我："叶挺将军被囚禁在军统时见到过没有？"我说不但见过而且有过多次往来。杜聿明一听，马上要我介绍叶挺将军的情况，溥仪更希望我讲详细一点。我说这里不便多说，回招待所一定讲。参观刚回去，溥仪连脸都没有洗便走到我房中要我讲，我便把叶挺将军如何被国民党军队包围而被俘，先囚禁在江西上饶，后来到广西桂林，是由我二哥沈默看守，他当时是国民党军委会桂林分会情报处的特务队长，最后才由我二哥送叶挺将军到重庆交由军统拘禁的。我曾到飞机场去接过叶挺将军，他胡子很长，说不获自由便不剃须。他手中还提了一盏在桂林囚禁时山洞中用的植物油灯。他开始受优待，住在军统局特务团长住的房子，因国民党六战区司令长官陈诚去见他时，想请他出任六战区副司令长官，被叶将军严词拒绝，说他率领的新四军是抗日部队，为什么要袭击他、俘虏他。他什么大官都不做，只要恢复他的新四军军长，让他仍率部抗日。陈诚一气之下便要戴笠把他改到白公馆囚禁。我当时是军统总务处长，为一些生活上的事我多次去见他，问他有什么要求？他从来不向我提出要什么。有次我好奇地问他："军长将来出去要做的第一件事是什么？"没有想到，他毫不犹豫答复我的一句话是："我将来出去第一件要办的事，就是请求党中央恢复我的党籍。"他的语气是那样坚定有力，我不敢再深入问下去，只说："那很好！那很好！"因我问过不少的人，出狱后要做的第一件事是什么？一般回答大都与家人见面和拍张照片做纪念，也有的说出去好好吃一顿饭等。而像叶将军这样回答还是第一次听到。从他回答中，我才知道他虽是率领由共产党组成的新四军，而他这个军长却是失掉党组织关系的人。我记得我把叶将军这句话去告诉戴笠时，他听了半晌说不出话来，好久才很懊丧地说："共产党的可怕就在这些地方，他们的党性是那样强，我们怎能比得上。"我的话音刚落，溥仪就急着问：叶将军得到自由后是不是第一件事就是要求恢复党籍？我说是这样的，当时的《新华日报》曾刊登出他在出狱后向延安党中央请求恢复党籍与党中央批准他请求的报道。我很注意地读到过这一消息。溥仪连连说：真不愧是一位伟大的共产党员。

延安的夏天比北京凉爽得多，大家恍然大悟，为什么周总理要安排我们夏天来西北而春天去江南，真想得太周到了。

我们离开延安前两天，忽然下起雨来。公路上那条小河涨了水，要等水落才能过汽车，政协领队用电话向北京报告后，中央立即决定派一架小飞机到延安，分两次把我们送到西安，因延安河边的机场只能降小型飞机。所以我们就没有再坐汽车了。

西安这座历史名城，古迹名胜很多。我们上次经过时只参观过一次碑林，这次决定多停留几天，先在城内游览了兴庆公园，这是在唐代兴庆王府的旧址上改建的。当地人告诉我们，说这个公园具有江南景色。我们这些不久刚从江南游览过的人，都不同意这个说法。溥仪心直口快，说这个公园顶多只能是略见一点点江南风味。

第二天，我们便去临潼，到这里来主要是洗温泉浴。大家都想去杨贵妃洗过澡的“贵妃池”洗洗，好像那里还可以闻到一点贵妃的余香。其实当年杨贵妃洗澡的地方在哪里，至今也没有能确定下来。因为从唐明皇修建在骊山山麓的宫殿模拟图上可看出范围相当大，经过这么多年，现在被称为贵妃池的那个浴池，是否就是杨贵妃洗浴处，真是只有天知道！但不管是真是假，这个

康泽（左一）、范汉杰（左二）、宋希濂（左三）、宋夫人（左四）、杨伯涛（左六）、杨夫人（左五）在西安参观时合影（1964年）

名称总是能够使人产生种种美好的想象。别的池较小，一次只能容两人洗，而贵妃池则一次可容五六人。溥仪争着要去贵妃池，领队的便叫我照顾他，因他摘下近视眼镜便看不清楚。这位仁兄的动作真可说是笨头笨脑，平日真亏了他夫人李淑贤的照料，否则真可随时出问题。我和他与杜聿明、廖耀湘等进浴池后，我已站到水中，他还在脱衣服，当他准备下浴池时，袜子还穿在脚上，我问他是不是习惯了洗澡要穿袜子，他才又走回去脱掉袜子。他急急忙忙走下浴池，便没站稳，差一点滑倒在水里。洗了一阵，他很风趣地说："洗了这么久，也没闻出什么香味来。"杜聿明听了便笑起来，杨贵妃离我们有1000多年，她留下的香气再浓，现在也没法能闻到。他正想再回答，一不留神，又滑了一跤，差一点撞到池边的大理石上。我真急了，不停地叫他留心，免得摔伤，他不怪自己笨，却埋怨温泉的水太滑了。我笑着说："温泉水自古以来就是这么滑的。白居易早在1000多年前就警告过我们，只怪你自己善忘。"他听了后居然很认真地问我："白居易是怎样警告过我们，我怎么不知道呢?"我说：他在有名的《长恨歌》中不是明明白白写过"春寒赐浴华清池，温泉水滑洗凝脂"？华清池的水可见一直是这样的，所以你滑了两次。他听了也笑了起来，便小心翼翼地爬上去穿衣服。他刚把一件上衣穿上，就很诧异地问我："怎么洗过温泉就会胖起来？难怪杨贵妃是胖子，原来是洗了温泉。赵飞燕那么瘦小，肯定是没有洗过温泉，所以不会肥。"我一看，原来他错穿了别人的衣服，所以觉得小了。换回后，他才抚摸了一下刚才撞的地方，自言自语地说："杨贵妃的余香一点也没有闻到，却差点摔伤了。"

在临潼参观后，我们又去半坡村，看原始人的生活，看到一些房屋遗址和陶罐，溥仪问个不停，几千年前的事，谁又能那样弄得一清二楚呢？

回到西安，去七贤庄八路军办事处参观时，那里的工作人员知道我去了，便提出许多他们还不够了解的过去特务迫害那里工作人员的情况。因他们只从一些材料中整理出一些东西，而没有直接的亲身经验，向参观的人作讲解时，对一些具体情况答不上来。我当时虽不主管西北的工作，但去过西安，也去七贤庄附近看过，当时负责那里指挥监视工作的特务，也曾向我汇报过一些情况，我有些还记得一点，便告诉几位讲解员，仅仅军统一个单位，派在附近的专职特务就有30

多人。他们每人运用的“细胞”“眼线”就不知道有多少了。他们不是一天到晚站在那里，而是有的化装成小贩或摆摊设点，或化装成拉洋车的，或与电力公司联系常常借口查电表等去里面看看……总之，手腕要绝，诡计用尽。他们长期以来，一直认为失败之处，就是没有办法打入并拉拢办事处的人。有几个漂亮女特务常在附近施展“美人计”也没有能成功。我所了解的还只是军统一个单位的特务，另外还有“中统”特务、宪兵特务、陕西地方的特务（省与市的特务组织）加起来就数以千计了。溥仪等听到后说：“老沈来这里当讲解员是比较合适的了。”

杜聿明在参观完八路军办事处后回到宾馆时，向我提出一个问题：“国民党为什么要杀害派在西安工作的黄埔一期同学宣侠父？”溥仪一听又兴趣倍增，要我一定详细讲，我便告诉他们，宣侠父因为是共产党员，从延安派到西安搞统战工作。他利用黄埔一期的身份，和国民党军政界一些头面人物常有来往，特别是杨虎城将军的旧部与他关系密切。他曾组织不少爱国人士和热血青年去延安，还以八路军高级参谋身份向国民党有关当局去争取军械和给养的补充，因抗战开始，国共合作抗日时本规定要给八路军补充军械军需，但国民党不遵守协议，只在初期补充少许，以后不但不补充，还包围边区，封锁运往边区的物资。宣侠父为此事曾多次向当时西安行营主任蒋鼎文力争，不但无结果，蒋鼎文还与军统西北区长张毅夫勾结，将宣侠父同志秘密绑架到西安西南角用绳索勒死后投入一枯井内。惨案发生后，中共方面当然不答应，向蒋鼎文要人。因那天是蒋鼎文出面请宣烈士谈话，骗去后，即由军统绑架杀害的。最后是由蒋介石出面说宣侠父是他的学生，背叛了他，是由他下令杀害的。中共为了维护统一抗日，没有为此事与国民党闹翻，溥仪听完后，便气愤愤地说：“搞抗日运动的人要杀害，这究竟是站在什么人的立场，世界上还有什么公理可言！”

从西安回来，是先去洛阳。洛阳可看的地方还很多，我们只选择了龙门石窟、白马寺、关林等看了一下。在龙门石窟看到一尊很大的石佛，他有一条腿非常光亮，溥仪十分奇怪，便问陪同的人，为什么会这样？他介绍说：中国有句俗话：“闲时不烧香，急时抱佛脚。”就是指这只佛脚的。过去许多人平日并不来求神拜佛，遇有紧急事，走投无路时，便来此抱了这只佛脚苦苦哀求，请菩萨保佑。溥仪听后，十分关心地说："这条常被人抱的腿和脚，比那边那只显得细小，如果再这样抱下去，总有一天会被磨得没有了。"讲解员笑着说："不用担心，那是解放前的事，现在人们有困难可以找各级党组织解决，不再到这里抱佛脚了。"

参观白马寺时，方丈引我们到一间十分清静幽雅的会客室休息，大家感到很舒服。范汉杰开玩笑地说：有这样幽雅的地方可住，所以才会有许多人宁愿不要老婆孩子也要来出家当和尚。陪同我们的人悄悄告诉我们，和尚的生活非常清苦，除了日夜念经做功课外，还得砍柴挑水种菜……比一般人生活苦得多。所以现在庙里的和尚越来越少，愿意出家的人没有了。溥杰和夫人浩子，对洛阳桥附近的白居易墓很感兴趣，拍了不少照片。可能是白居易的诗做得太好，使人对他敬爱的关系吧！而杜聿明却对关林中关公庙和关羽墓十分注意。这里安葬的是关云长被杀后的头，身子是埋在湖北。杜聿明这位国民党的大将军，对汉代大将军身首异处，很感关切。他轻轻地拔掉长在墓上的几根野草，不用问，这也是一种崇敬死者的表现。

离开洛阳到郑州，住在原来招待苏联专家的豪华招待所，里面有游泳池、网球场，最为突出的是这里不少厨师都是高手。他们听说我们住在那里，十分高兴，仅一顿早点，就做出十多道不同味道的东西。有位厨师告诉我，说我们这些人，过去都是吃遍天下口味，他们卖一份力，我们会领一份情，不像过去替俄国人做菜，再好也不懂得，只知道吃饱，因为我们来，他们才愿把拿手菜都做出来，请我们品尝。的确，几天中，我们没有吃过重样的菜和点心。他们真够卖力的了，所以临行前我特地到厨房去看望了他们，并邀请几位厨师到餐厅，由溥仪、溥杰、杜聿明、宋希濂四位向他们敬上一杯酒，以示感谢。等我再去厨房告别时，有两位厨师握着我的手，十分激动地说：我们做了半辈子菜，但

溥仪夫妇在洛阳参观拖拉机厂（1964 年）

像你们这样把我们当成朋友一样看待，向我们敬酒致谢，我们还是第一次遇到。尤其你们这些人过去地位那么高，既有皇帝、亲王还有大将军，我们做梦也没有想到过啊！我劝他们不要再向别人谈这些，现在的领导人也一样尊重你们的劳动，不过不一定要向你们敬酒。他们只是点了点头。在“文革”中，我曾多次听到从河南来的人告诉我，说这里的几位厨师因给战犯做菜特别卖力，曾接受过帝、王、将、相敬的酒，而遭受批斗。求求上帝：但愿这只是传闻而不是事实！

在郑州参观连在一起的双塔时，郑州地方领导特地请了一位曾参加过“二七”大罢工的老人，向我们讲当年闹罢工，遭到北洋军阀吴佩孚的残酷镇压，屠杀了50多个工人，打伤300多人的惨案经过。我们听了都联系到过去镇压工人运动的罪行。临别，那位可敬的老人请求站在溥仪身边，和我们一道拍了一张照片。

从郑州乘火车返回北京后不久，我们又参加了国庆十五周年的庆祝活动。自1962年开始，溥仪、杜聿明、宋希濂、范汉杰、王耀武等人，每逢“五一”“十一”都参加了头天晚上的国宴，其余的专员则轮流参加，而他们几位是固定的，但这两天的游行观礼，则是全体专员都被邀请参加，我们站的地方是天安门下、金水桥南边一条长的水泥观礼台上。

1964年11月下旬，有天，我们正在专员室埋头干各人的工作，申伯纯轻轻地走进来，叫溥仪、杜聿明、宋希濂、范汉杰、王耀武、廖耀湘六人跟他一道出去。约半小时后，他们回来了，个个都是满面春风。急性子周振强忙问：“找你们有什么好事?”溥仪只是笑而不答，杜聿明则说：“以后就会知道，现在还不便说。”过了约一个多月，1965年1月间，报上便公布了溥仪等六人被特邀为全国政协第五届政协委员。我们便向他们六人道贺。溥仪很激动地说：“真没想到党竟这样厚待我们。”廖耀湘更高兴得情不自禁地说：“从今以后，我们也能参政议政了，我一定好好地尽心尽力干，才对得起

毛泽东与溥仪在一起（1962年）

党。”杜聿明等也都表示，党如此重用我们，我们也要尽力报答党的深恩厚德。

1965 年 1 月起溥仪等六人的工资由 100 元增加为 200 元。

溥仪当上全国政协委员后，毛主席曾单独接见了他，招待他吃过一顿饭，并和他一道照了一张相。溥仪很珍惜这张六寸黑白照片，特制了一个相框，把它悬挂在客厅里。1963 年周总理、陈毅副总理等接见我们的那张照片，也挂在毛主席照片旁边。

我们去他家时，一般不在会客室休息，总爱到他家靠近会客室的书房去聊天。他在一张大的写字桌上，摆了不少别人送他的小古董玩器。当时不但一些旧军政要人、知名人士爱与他往来，就是新一代头面人物也常设法和他接近，郭沫若先生和他在政协礼堂照了相以后，逢人便说：“这个人可以做一个很好的朋友，从他身上再也看不出半点皇帝味，和他相处在一起，会使人感到轻松。”周总理更是多次接见他两兄弟和他们在京的家属，他叔叔载涛在接见时都作陪。由于这些原因，政协一些工作人员对专员们也逐渐另眼相看了。

溥仪在担任了全国政协委员后的一年多时间中，是他特赦后最好的一段时间。

六、“皇帝”最后的一段日子

见我走过去，他便拉着我的手，泪水不断流出来。我强忍着心头的悲痛，劝他不要难过。我还想和他讲几句，一只冰凉的手，伸进了我的后衣领内……

一场史无前例的大灾难的序幕徐徐拉开，是由 1965 年夏天《海瑞罢官》开始的。最初，我们还认为这是一场认识问题，还没有提到阶级斗争上，但越批越深入，我们也把自己的看法说了出来。专员们学习一些文件之后，对“清官”“贪官”的看法有过一些争论。我的日记中有过这样一段，我在讨论时说过：“我过去一直认为清官比贪官好。老百姓少吃一些苦。现在认为清官与贪官一样，都

不是好东西。”其实这是违心之言，因批海瑞这个清官，不能不说清官贪官一样坏。溥仪听了我的话，他没有按照他写的发言稿发言，而是深入一层说：“清官是帮反动统治者的忙，使反动统治不被人民推倒，延长了反动统治，实际上清官比贪官更坏。”廖耀湘则认为历史上并没有真正的清官，一些所谓清官者，是他们的学生或亲友捧出来的，以一件小事为例而把他们抬到清官的位置上。那次领导我们学习的是刚派到政协文史会任副主任不久的沈德纯，他听了我和溥仪的发言后，认为我们认识都不够，他同意廖耀湘说的没有真正的清官。过去一些所谓清官者，都是皇帝封赐的。我们正在扯清官贪官的时候，一场疾风暴雨的前奏曲开始了。政协发给我们的文件是要批判反党反社会主义的《三家村》。我们这些自认平日敢暴露思想比溥仪会联系实际的人，则一反常态，跟着文件上的话说一顿，只有溥仪一人毫不顾忌，真可谓大胆直言。当大家昧着良心和文件上一样说廖沫沙是如何如何反党时，溥仪竟大声说：“不能批判廖沫沙，他是个好人！”因为第一、二批特赦人员留在北京的，都是由廖沫沙领导我们学习，当时他是中共北京市委统战部部长。他和我们接触时，总是鼓励我们在后半生中，要尽心尽力多做对党对人民有利的事，所以溥仪认为像这样忠于党和人民事业的人，怎么可能是反党反社会主义的黑帮头子呢？

我们当时虽也感到批判廖沫沙很不应该，也不理解为什么会把他和北京市副市长吴晗与邓拓连在一道去批？仅仅写了几篇文章就指为黑帮头子，我们都写过不少文章，是否也会有天要挨批挨斗呢？这些久闯江湖的战犯们，是懂得察言观色、见风使舵、不愿吃眼前亏的。明知文件上那些东西是牵强附会有意将罪名硬加在廖沫沙的头上的，但也只得言不由衷地说几句。溥仪却总是气冲冲地在一旁板着脸孔，用轻蔑的眼光看这些人发言，虽然我们照着文件上的话都说过了，但政协有位“左”得太不可爱、不大又不小的一位领导，有天特地跑到专员室，双手叉腰趾高气扬地指着我们：“你们这些人都是廖沫沙手下的残兵败将，你们跟随廖沫沙这个反党反社会主义的黑帮头子那么些年，你们这次一定要同他划清思想界限，明天起，由你们来揭露廖沫沙的罪行，今天回去好好准备一下，明天我要亲自来听你们的发言，搜集你们的揭发材料，这是你们立功的好机会。”这真是有点令人丈二和尚摸不着头脑，我们特赦后，廖沫沙是以统战部长身份指导我们学习，而且也只在学习时讲几句话就走了，以后由民政局派殷兆玉领导我们，连他住在什么地方、在什么地方办公我们都不知道，怎么能揭露他反党反社会主义罪行和什么秘密活动呢？不过这些老于世故的“残兵败将”，也还是有一套对付的办法。第二天，那位“左棒”（这是我们背后送给他们的绰号“左棒子”）还没有到来之前，溥仪便急不可待地问我们：“你们能揭发廖沫沙什么罪行，可不能乱编瞎说诬陷好人，到头来是会害人又害己。”大家只是笑一笑说：“你放心吧！我们不会搞罪上加罪的！”其实我们当晚便碰头商量了一下，如何来对付这种人。

9点整，这位“左棒”按时到场，一分不差，以表示他是如何遵守时间。我记不清我们中是推谁发言。他一落座，便向四周横扫一眼，再咳一声壮了壮胆。他可能估计过，在这些人面前不要要威风是压不住场面的，所以他讲话几乎是一字一句，生怕说错，我们这些脑子不简单的人，会反过来抓他的尾巴。“你们反省出廖沫沙有多少反党反社会主义罪行？他曾指示过你们干了哪些罪恶活动？要全部无保留老老实实交代出来，党的政策你们是知道的，坦白从宽，抗拒从严，不交代同罪！”大家听了都暗地里几乎笑出声来，心想，你这一套吓得住我们吗？到今天，我还打心眼里佩服带头发言的两位真正可爱的专员，他们也是轻轻先咳一声，清一清喉咙，还用极为严肃的口吻说：“我们揭发廖沫沙反党反社会主义罪行，这些是文件上还没有能提到的罪恶事实。”于是圈子绕了一圈又一圈，帽子扣了一顶又一顶，连这位紧握圆珠笔准备亲自记录下来、好去立大功的朋友，都听得不耐烦了，便把手一摆，发言的人才言归正传：“在全国遭受三年自然灾害期间，连敬爱的周总理等党和国家领导都节衣缩食、与群众同甘共苦，廖沫沙居然利用手中职权……”这句话刚一出口，“左棒”便既高兴又紧张，忙提醒一句：“利用手中职权干了什么罪行要具体讲！”他一面站起来走到发言人面前，那种兴奋精神，就像长白山的参农在老林中发现了野山人参一样，准备大挖大掘一番。他一面打开笔记本，盯着那位可爱的专员：“廖沫沙利用手中职权，于了哪些反党活动要具体说清楚，这就是立新功。”那副急不可待的样子真太可笑了。他的话音刚落，只听到一句“他经常利用职权上饭店大吃大喝”。我都忍不住要

笑出来，他却还认为可以进一步挖挖："在吃喝时，具体谈过了什么政治活动等?""谈的都是什么菜不如过去丰富，为什么这些菜的味道不如过去等。"他听了竟大吼一声："不要说这些，要讲具体罪行!""用人民的血汗钱来招待我们这些罪大恶极的战犯，就是罪上加罪!"在一连串"不够!不够!"声中，大家都沉默下来，他真太失望了，又像狗急跳墙一样大吼大叫："要你们揭发廖沫沙反党反人民的具体罪行，谁叫你们说这些鸡毛蒜皮的事!"停了一会儿，大家还是不作声，爱抽烟的便自己拿出烟来慢慢地抽，谁也不送他一支。他四周环顾之后，一下指着记不起是范汉杰还是杜聿明，"你好好想想，补充揭发一点具体罪行!""廖沫沙还腐蚀过我们，经常请我们看京戏和电影等。"又是一阵沉默，这位"左棒"知道打也打不出什么廖沫沙具体罪行来，最后又来回扫视，不知怎的，一下看中了坐在一旁闭着眼的溥仪："你们一家子经常与廖沫沙打交道，你要好好揭发一下。"溥仪一听，马上站了起来，用手在头上乱摸，不知如何是好。"左棒"才显出了一点人情味，也许是想鼓励一下溥仪吧："你坐下好好讲。"溥仪停了好一会儿才说："廖沫沙曾一再对我说，'你可以好好研究清史，你有优越条件，别人都不如你!我认为他这一番话和伟大领袖毛主席的指示是相反的，他这是叫我搞'成名成家'不是为人民服务。"我当时真打心眼里佩服我们的溥大哥，在毫无准备的情况下，他能这样应付自如，这位"左棒"还是不满意，认为我们都没有认真揭发廖沫沙，只好站起来准备走，刚要迈步，又反转来向我们恶狠狠地、用嘶哑的声音指着我们说："你们不好好认真交代廖沫沙的罪行，有你们好受的!"我们这些经过"杀头关""坐牢关"的人，还怕什么好受不好受的，听了他的话，都一声不吭。等他走远了，溥仪似乎松了一口气："你们真会恶作剧，我也受了你们的启发才能应付过关。"杜聿明故意装出一副正经严肃的样子，"这叫'老实交代'哪是'应付过关'，以后说话要注意分寸。"他的话一出口，大家都忍不住了，在一阵轻轻的笑声中结束了这一场闹剧。

又过了一星期，有天我们正在看新发下来的揭发和批判《三家村》的一些文件。溥仪迟来一步，他一进专员室的门，就连哭带骂地说："我在路上看到廖部长被人捆绑在卡车上游行，我真想把他从车上扶下来，替他解开捆绑的东西。但车开得快，我跟不上，我只能叫几声……”他的话尚未说完，眼泪流了出来。此时此刻，我们所有专员，无不深感溥大哥为人的正直和勇气，都对他肃然起敬。这时，王耀武只好以学习小组长的身份站起来，劝他不要太激动，要相信党和政府。这次批判“三家村”一定还有很多我们不知道的重要原因，要相信文件上指出他们的罪行，不会是没有根据的，溥仪听了一个劲地说：“那两位我们不清楚，廖部长和我接触那么久，能像文件上说的那样吗？你们相信，我就是不相信。”这在当时敢说这话的恐怕全国也没有几个人啊！

1966 年夏天，中央统战部和政协一些负责人，已看出这场风暴迟早会要吹到自己身上来，不如自己先来个“洗脸洗澡”，便自动提出，每星期二上午参加一次体力劳动。这自然是一种表态，以示愿意和工农兵打成一片了。内心里究竟做怎样的准备，彼此都是心照不宣。

政协领导自动请求参加体力劳动的消息。立即传到了我们的耳中。这些老于世故的专员们，一看当时的形势，也深感有此必要，便由溥仪、杜聿明、宋希濂出面，向政协领导请求，也让全体专员们都一同去参加每星期二的半天劳动。班禅额尔德尼·确吉坚赞当时还是政协委员，听到这一消息也要求参加。当时请求办别的事是不容易得到批准的，请求参加劳动，谁也不会不同意。于是每星期二上午七点多钟，一大串老、弱、病人便集合到西安门北京低压电器厂大门外排队等候去劳动，等工厂上班的工人都进去了，电厂才派一两名领班的把我们带进工厂去。

溥仪参加劳动

我们是在临时腾出来的一个中型车间工作，只是做点轻微得不能再轻微的活。把安装在电器板上的螺丝，每一个再拧紧，拧到拧不动就行了。还有的是把螺丝和螺母一副一副配好，再加上一个垫圈，放在一个有小格的盘子里。就这种劳动，溥仪和班禅都闹出过不少的笑话。不知工厂是有意还是无意巧合，他们把

这两位安排在同一工作台上，面对面工作。先是做拧螺丝的活，这两位一个是过去皇帝，一个是大活佛，都是从小就有大批人侍候惯了的，今天能放下架子自动去参加体力劳动，这可说是从前谁也想不到的事。正因为如此，这两位干起活来的笨劲，直到现在，我一想起还要笑痛肚皮。大家坐下后，领班的一位女同志便宣布：“摆在各人面前的活，是用改锥把电器上的螺丝一个一个拧紧就行了。拧完一板检查一下，看有没有遗漏或拧得不紧的，再拧第二板，要求是每个都拧紧。”他们两人先是互相看看对方如何拧，自己再动手，两人看了一会儿，对方都不先动手，就回头去看别人如何干，自己也拿起改锥一转，只听到叮当一声，改锥和一套螺丝从溥仪手中滑到地上。杜聿明赶忙过去，告诉他们如何拿改锥怎样拧才能把螺丝拧紧。他们点了点头，表示懂得了。当天杜聿明是和我同坐一个工作台，一会儿只见溥仪匆匆走过来问杜聿明：“你告诉我拧螺丝的方向我记错了，是朝南还是朝北?”此话一出引起全车间笑成一片，连正在经过车间的一些职工听了也笑得直不起腰来。杜聿明忍住笑，又耐心告诉他：拧螺丝不是走马路，要分东西南北，要拧紧是用改锥朝自己身上这边拧，也就是顺时针方向，拧松就向外逆时针方向拧。溥仪这回算明白了，回去还告诉班禅。过一会儿班禅又来问杜聿明：“我右手有点酸痛，左手拧行不行?”杜聿明又告诉他左手拧容易弄反方向要注意。班禅刚问完，领班的那位女同志走了过来，要溥仪和班禅不要再拧螺丝而改装配螺母的工作，这比拧螺丝更简单。有时没有螺母配了，就让他们把一些纸板塞在装电器的木箱里，塞得不会动摇就行了。这些给他们干了一段时间还算干得不错了。

当时虽是在暴风骤雨的前夜，阶级划分还不像后来那么严，所以全厂职工对我们去义务劳动还很欢迎，也都是笑脸迎送。开始他们背地里叫这两个人是“宝一对”，说他们都是“特别笨”。两三个月以后，对他俩的评价是“还可以”。

正当我们以为这样符合了列宁提出每周参加一次义务劳动的精神，也符合“四人帮”刚喊出的“与工农兵相结合”，我们也自认“结合”了，谁料到在我们最后去参加劳动时，竟被一群红卫兵赶了回来。他们指责我们是“逃避阶级斗争”，企图把工厂当成“防空洞”。我们一听这腔调，知道后面还将有让我们好受的在等待我们，那也只好硬着头皮去等待。

1966年6月16日，政协一位领导人突然来到专员办公室，叫我们十多人都随他一道去政协会议室。我们刚一坐下，他就郑重其事地宣布：“所有文史专员（连同六位委员）可以和政协机关职工一起参加‘文化大革命’！”此语一出，真使我们受宠若惊，彼此都相互以眼神交流一下，以表示心头的高兴。我们居然也可以参加文化大革命。但是，不该高兴得太早了一点。他讲完这句话后，便打开他自带的装有茶水的瓶子，慢腾腾地呷了一口，润了润喉咙，又继续说：“文史领导人申伯纯，因群众对他主持下发行的《文史资料选辑》意见很多，揭露出不少很严重问题。所以申伯纯要回避，不能让他参加这场大革命。”一听这话，我们刚才那一股子高兴劲儿，都抛到半天空去了。受宠若惊立即变成诚惶诚恐。因为《文史资料选辑》如果有严重问题，那我们这些写文章在“选辑”上发表过的人，能无问题吗？我们的想法还没完，这位领导人又慢慢地呷了一口茶：“文史办公室编辑王某应停职反省，交代问题。”这句话更加重了我们的负担，连不写文章的编辑都有问题，我们这些经常提供史料文章的人能无问题吗？我们听了都不作一声，还以为他要继续指出我们写的资料中，哪一篇，某某人有问题。结果他把茶杯盖好，很得意地样儿说了一声：“以后有事再找你们，先回去吧！”

我们都耷拉着脑袋从会议室出来，慢慢地走回专员室。溥仪口渴想喝茶，正拿起热水瓶往茶杯倒开水。没想到政协机关几个工作人员跟着走了进来，平日他们来时总是先喊一声“溥老！”“杜老！”今天却一改常态，一进来面孔都那么严肃，几乎是用命令一样的口吻：“从明天起，你们不能再办公，专心学习发下的文件。”说完还怕我们听不清楚似的，又提高嗓门，加重语气问我们一声：“听清楚了没有？”我们这些见过无数大风大浪的人，什么严峻场面没有见过，虽然还不知道“文化大革命”的厉害，但都存着事已到此，怕也无用的心理，所以都满不在乎，只是似答非答从牙缝中挤出三个字：“听懂了！”接着他们便拿出已准备好的几张封条先封了几个装满档案的档案柜，又叫我们把抽斗内不管看过还是没看过的稿件全部拿出来，集中到一个较空的档案柜内封了起来。临走，又是用命令式口吻再说一声：“从此以后，不准你们再动这些东西，只准你们好好学习

文件!”

从那以后，我们还是按时去上班，学习每天发下的各种文件。7 月 6 日，又有两名机关干部走来，喊我们马上去礼堂三楼，参加批判斗争申伯纯的大会。我和溥仪、周振强先走进去，看到后排还有空位，便想坐下去。只见坐在主席台上一位小不点的女干部，阴阳怪气地叫了一声：“你们都给我坐在这边!”她边叫边用手一指，原来专为我们安排了两排座位在主席台右边，这大概是不能和他们这些“造反派”坐在一道的关系吧！文史会负责人申伯纯满头大汗，站在我们面前靠近主席台的右边。我这才弄清，这种庄严场合，位置是非常显明，左边是革命的，右边呢，就是革命的对象。所以那位主持这场批斗会的女干部，也是坐在主席台左边，右边空着也不坐中间，怕左右不分的关系吧！我们十多人到齐以后，那位女干部是用一种既无常识又十分傲慢的口吻，问站在台下的申老，每问一句，还要加上一两句讽刺话。我们见到不少党和国家的领导人，哪见过这样不伦不类的干部，她总要把申老问得回答不上来，才用一种轻蔑的口吻叫上一声：“挂起来!”再又提出新的问题，申老稍加解释，她便带头大喊：“不老实!”“不坦白!”下面便跟着她喊。她批斗申老时，指出申老的罪行，是利用过去旧社会残渣余孽，在“文史选辑”上写文章，企图推翻红色社会主义江山。把问题抬得这样高，高到不可想象的程度，叫申老如何能答复呢？她除了左一个“挂起来”，右一个“不老实”外，还要加上喊几句当时很流行的口号。我们坐在一旁一声不吭，她便把手向我们一指，恶狠狠地冲着我们：“你们怎么不喊？是同情他吗?”我们也只好跟着她喊一下，有时大家只把嘴巴张得大大的而不出声。我坐在中间，几乎听不到旁边有什么喊声，她只看到大家嘴巴动，也就满足了。

申老一共被那位平日在政协机关中很不起眼的女干部一连批斗了三天，我们也陪着斗了三天，回来还叫我们座谈，座谈我们倒不怕，反正给自己扣帽子。从写的资料中去随便找几顶就行了。有天我把我写的《我所知道的戴笠》这篇连周总理看过都称赞过的资料拿出来批。我自己承认曾借写史料宣传封建迷信，写戴笠乘飞机撞死在江宁县板桥镇的戴山，这是暗示“大将犯地名”；说戴山下面恰好有一个戴家庙，更是在有意识散布封建迷信的毒素。坐在一旁听我们发言的干部，估计他根本没有看过我写的那篇十多万字，刊在《文史资料选辑》二十二辑上的文章，只好提一个什么时候都用得上的意见："挖出了问题，但批判得不深不透!"他这一句话提醒了我，帽子戴得应当更大一点才行。因为光说宣传封建迷信，这顶帽子是太小了，我便来一个："我借写史料，表面上看是搞封建迷信宣传，真实的目的是想要推翻无产阶级专政，推翻社会主义红色江山。"他听了点点头，表示还可以，但还得更深挖才能有新的认识。我听了真是暗自好笑，如果他不在场，我真会大笑几声。我写了一个"戴山"，居然有力量能推翻"红色江山"，真扯得太没有边了。谁料这样还可以过关呢?

溥仪一看这势头，也吓了一跳，他悄悄问我，《我的前半生》中，要找什么地方来给自己扣帽子?我说你这本书不但周总理和许多党和国家领导人看过都赞扬写得好，连许多外国人都说好，如果他们不指出什么具体问题要你检讨，你就不必去自找麻烦。溥仪听了后，仍担心迟早要轮到他头上，也做好批判自己的准备。有天下午，我们还认真座谈，相互帮助找大帽子来戴的时候，几个"革命造反派"冲进（不是走进）我们办公室，公然以命令形式宣布：自即日起，解散由中华人民共和国总理、全国政协主席周恩来亲自成立的全国政协文史资料研究委员会，周总理亲自安排在文史会担任专员工作的十多人，一律免职，即日起停止学习。不管老、弱、病、残，都得从事体力劳动。周总理亲自决定的专员们的工资，委员每月200元，专员100元，都要从9月起减发30%。即委员140元，专员70元。并一再声称：这一"命令"限在三天内执行，不准延误！这群人连总理都不放在眼里，真不知是什么人在指使他们。我们听着他们说，都一声不吭。他们宣布后也没有再问一声，便匆匆走了。

由于我们在思想上早有各种最坏的准备，所以对这一"命令"既不害怕，也不感到突然，估计迟早会有我们好受的。所以在分手时，只相对苦笑一下。我怕溥仪产生反感而发牢骚，便轻轻把他拉到一旁劝他忍耐一下。他的正义感和直率都比我们强，我担心他容易出问题，所以我说："这种情况周总理肯定不知道，他老人家如晓得，绝不会准许他们这样胡来!"溥仪点点头，仍气愤愤地说："我也相信总理不知道，他们是背着总理乱来!"

8月25日一大早，我们都比平日上班还提前半小时到达政协机关大院内，等候分配我们的劳动工作。这些无法无天的“造反派”，头几天就把这座列入国家文物保护单位的顺承王府屋脊上许多陶质装饰物，作为“四旧”砸得满地都是。几个戴着红卫兵袖章的造反派，有的是什么游击队员之子，有的是红军老干部之孙，还有八路军战士之侄……总之，都是出身顶好的小干部、司机、勤杂工，平日不是坐办公室的，现在好像政协是他们在当家，所以周总理亲自决定的问题，他们根本无法从文字上去理解，只凭着出身好，就准备坐天下。平日他们和我们都挺熟，常到我们家去装卸冬天用的火炉，为我们办公室干些我们干不动的活，或开车接送我们。这一天，个个都板着脸孔，像连排长对待新兵一样，指挥我们干这干那，还让康泽去推那辆装满碎瓦砖石的手推车。康泽不用说推，连试几下拿都拿不起来，我便走过去，对平日常向我要点侨汇券的一个红卫兵说：我愿替康泽推车，让他扫扫地行不行？因他一向身体不好，又是带病来的……没想到那红卫兵把眼一瞪，好像过去不认识我：“你算老几？敢为他说情。我们昨天就决定了，要让这特务头子吃点苦头。”（康泽在国民党中，曾与军统特务头子戴笠齐名。）一听这话，才恍然大悟，原来昨天他们在宣布让我们劳动时，连什么人干什么都先研究过。我只好说：康泽一个人实在是推不动，推倒了撒得满地，还得收拾，我帮帮他一道推比较好，这才算是看在我过去给过他不少侨汇券（当时从国外汇

左起：康泽、沈醉、王耀武、王耀武之侄

钱来，都按汇款比率发给粮票、布票、油票……）才勉强同意我帮康泽推车。他们对溥仪、溥杰、杜聿明、宋希濂四人分配的劳动还算照顾，都比较轻，由于政协大院自大搞“革命”后，勤杂工都成了领导干部，早不干收拾清洁的工作，有了我们这一撮半劳力勤勤恳恳地干了几天，便打扫得干干净净，连厕所也弄得比这些自封的“领导”过去打扫时打扫得清洁。溥杰还用他那一手柳叶体的好字，给厕所写上牌子。他们一看，这些估计不会肯听他们指挥的人，居然能那样听话，便进一步要求，连政协大院及各处花草树木都归我们来管理，我们也欣然接受，从勤杂工兼任了花木工。杜聿明对这些更有兴趣，他为了想给花卉施点热肥，每天一大早便到附近马路去拾马粪。这位大将军的架子够放得下的了。当时马车运输在北京市内一早一晚还是不可少的交通工具，马路上拉的马驴粪不少。杜聿明一上班，就拎着一个粪筐，到门外马路上去拾马粪，当时政协有一位造反派的头头，算是懂得统战政策，而且有相当文化，他曾背着我们，指示监督我们劳动的红卫兵，对我们只准骂，不准打，因为怕周总理知道无法交代，所以我们少受了些皮肉之苦。有天他提早上班，看到杜聿明穿着破烂衣服在大门外马路上拾马粪，立即要杜聿明回去，并当着我们向监督我们劳动的几个红卫兵质问：“谁让杜聿明去大门外拾马粪的?”他们一看他怒容满面，都不敢回答。我想指挥我们劳动的这些“领导”，还是有人能管他们。杜聿明看他们不回答，立即自己走过去，说拾马粪积肥是他自己主动去的。这位头头才说：“你们知不知道？杜是世界有名的科学家杨振宁的岳父，杨来北京，都由毛主席、周总理接见，如果让外国记者拍下一张杜在马路上拾马粪的照片发表在外国报刊上，杨振宁见了来问毛主席、周总理，谁负得起这个责任?”自那次以后，监督我们劳动的几个红卫兵态度也变了千分之零点几，他们虽从不看报，总算知道这些人还有亲戚在国外，而国外的亲戚回来毛主席、周总理都接见，对我们整天板起的面孔也降下了几公分。最难得而至今仍令我们感激的是那位头头，还常常走出办公室到我们劳动的地方看看我们，有几次监督我们的红卫兵不在场，他走到我们身边还轻轻说一声：“注意身体！”在那种年月里，这简单的四个字，我们听了都感激异常。因为他毕竟还把我们当人来看待啊！有次，政协隔壁大院评剧院一些造反派，把评

溥仪在温室劳动

剧院一些领导干部也送到政协大院内来参加劳动。溥仪看到新凤霞也和我们一道在劈厨房用的木柴，休息时他请新凤霞为我们唱两句解解闷，新凤霞也愿哼一下。她刚唱出“巧儿我……”监工的红卫兵回来了，责问：“这是谁让你唱的？”溥仪正想挺身出来承认，新凤霞答得更快：“我看他们都累了，唱几句给他们解乏。”一声“不准唱”，溥仪算是放下了包袱。

自从评剧院几位女领导也来政协和我们一道参加劳动后，让我们长了一些常识。过去我们虽然干过农活，但对做厨房的活却毫无经验，我们劈木柴总是一手拿砍刀或小斧子，一手拿着木柴，让刀斧跟着我们的手上下去劈，几次都差点把指头都劈掉了。监工的红卫兵从不告诉我们应如何劳动，而是在一旁看我们出事才高兴呢。新凤霞她们来了后，才告诉我们一个安全劈柴法，是左手拿一根长点的木头或竹棍一类东西，按住要被劈的木柴上边，不让它倒了，右手照准木柴劈去，这样又安全又省力。我们都为得到这种劈柴法而感到有了安全感，使看我们出事故的红卫兵都失望了。他们怎么会知道，这些人的笔下，会揭露他们的丑恶面目，使之遗臭几十年啊！

可能是因为政协内部几个造反组织之间相互斗争，经常发生“夺印”、抢档案，弄得丑态百出，彼此揭发对方在工作上、生活上许多丑事的大字报贴得到处都是，怕我们看到，才决定要我们暂时停止劳动而回家去好好学习。我们才如释重负地各自回家，但去领工资还是一大苦事，我便主动替杜聿明、宋希濂、郑庭笈、董益三等人领工资，挨打挨骂只是一个人承担，当然我有一套对付他们的办法。我清楚地记着，9 月 29 日星期四，是农历中秋佳节，那天一早，我就想到，虽然破四旧不过中秋，不吃月饼，但饭还得吃。当时我们除溥杰外，都靠工资过活，所以早上 9 点左右，我便骑车去政协领工资。一进门，几个红卫兵便像庙里的四大金刚一样，横眉怒目看着我。我锁好自行车，便在地上拾起一把笤帚扫地，从大门口一直扫到西边男厕所，有几个红卫兵跟在我后面看，我进厕所又把里面打扫得干干净净，并用扫把把窗门铁纱上的灰尘用力敲打，站在门外的几个红卫兵受不了那一股股的灰尘，掩鼻走了。我又从厕所一直扫地扫到会计室门口。领工资时，他们一向不为难我，只要我提出代谁领，他们就把工资袋找出来由我签名写一个“代”字，把工资交给我。没想到那天去领工资时，真出我意料，他们说：接到上级命令（我听了真欣慰，他们居然还有“上级”能“命令”他们），你们的工资，从本月份起不再扣发，已扣发的是否补发，还在请示中。我连忙说，以后不扣就行了，扣去的不必再补发了。他们还是说等请示后再说，我领了工资先给杜聿明送去。一路上，我猜不出，今天还有人会照顾我们。到了杜家，宋希濂、郑庭笈听到都十分惊喜。我又把唐生明的送去，并告诉他，本月起我们的工资不再减发，唐不是专员，也不是特教人员，他是起义将领、政协委员，每月工资240元，没有扣他的。他听到后，便告诉我们，前几天便听人说：周总理知道这件事很生气，不但不准他们再扣，还要他们把扣的补发。大家一听，都异常激动，几十元事小，而在那个时候，有人能如此关怀我们，真太难得了。尤其是日理万机，自身的日子也不好过的周总理，还为这种小事操心，我们怎会不感动？

当我送工资给董益三后，转一个弯便到溥仪家。他夫人还没有去领工资，我便先把这一情况告诉他们。溥仪已生病躺在床上，他听到后竟激动得流出眼泪来，并紧紧地握着我的手说：“周总理对我们真是太好了！”

溥仪生病后，我常和妻子杜雪洁去看望他。我妻子和溥仪夫人都是搞医务工作的，她两人也谈得很投机。好几年前，董益三在帮助整理溥仪日记时，他摘了一段送给我，日记是1967年1月22日记的。“早上10时许，沈醉夫妇来看我，谈到我这次得病，沈老（指文史会一位新来的领导沈德纯，曾任湖北省委统战部长和董必武副主席秘书）向周总理报告，总理立即电告平杰三部长（中央统战部副部长兼全国政协秘书长）召集有名医生抢救我，谈到这里，我的眼泪夺眶而出……”

对这段日记，我得稍加说明。“文革”前，因为周总理曾经有手令规定过：全国政协文史专员的医疗，一律按高级干部待遇。所以我们看病不用去排队挂号，只要打一个电话到医院保健室，告诉他们自己的医疗证号码和姓名，要看什么病，他们就会在电话中回答你什么时候去保健室，他们到时便先把病历调出放在那里。按他们告诉的时间就可由一些医术较精的老医生诊治。看完病取药，也是在药房专设的窗口去取。如要住院，只要经过保健室的医生决定，就可住进高干病房。“文革”一开始，红卫兵就把这一规定取消。保健室也关闭了，高干病房一律改成普通病房，连中央各部部长看病也得排队，原配给许多中央首长的医护人员全部撤走，我们这些真的帝、王、将、相，则被改称为牛、鬼、蛇、神黑五类分子。如去看病，连排队挂号都挂不上，即使耐心等几次挂上了号，轮到去看病时，个别“左”字号医生一看是“黑五类”，有时随便开点药，有时连药也不开，还骂上一句：“不给药，死一个，少一个，回去等死吧！”病没看上，反受了一肚子气。一些医德高尚的医师，则只要是病人，也不分你红五类黑五类，一样从人道主义出发，认真看病给药。有时还能悄悄安慰几句，遇到这样的好医师，不服药，病也可以好几分。

1967 年 1 月 20 日，我和妻子去看望溥仪。她又和溥仪的夫人李淑贤研究，如何自己买点药给溥仪治病，免得去医院碰到那些“左”字号医生，反而受气更使病加重。她俩正在悄悄商量，我走到溥仪身边，看他躺在床上那么有气无力的样子，比上几次来看他时，更加沉重。我心里很难过，如不及早治疗会耽误成大病，就更加不好治了。我安慰了他几句，便赶到政协机关找文史负责人，没有找到。直到 21 日下午，好不容易找到了沈德纯，因为政协一些负责人的家，我从来没有去过，只能在机关找到。沈德纯一向对溥仪很不错，加上他为人正直、热情，一听我向他反映溥仪病重需及早医治的紧急情况，也十分焦急，连说：你放心，我一定向中央领导去反映让溥仪早日住上医院。当时中央统战部几位领导都在挨批斗，都是泥菩萨过河，自身难保。最后总算找到一位从批斗场上回来的平杰三，他一听也很急，马上给周总理打电话。那时周总理十分忙，电话老占线，我在旁边看平杰三副部长拨电话时很耐心，十分感动，他一遍又一遍不停地拨，一直拨了半个小时，才算拨通，总理一听到溥仪病重，马上要平杰三立即召集北京几位名医一定要设法抢救溥仪。平杰三放下电话，呆了一会儿才说：“有周总理的指示，我才好说话一点。”因为那时谁也不会听他的。

22 日，我又去看溥仪时，把昨天的经过告诉他，而我上面抄的溥仪 22 日的日记，说“沈老向周总理报告”，实际是平杰三向周总理报告，因沈德纯还不能直接与周总理通话。溥仪那天的日记记得不够详细准确。

那天，我还告诉溥仪，中央统战部几位领导和申伯纯，都被红卫兵押在卡车上游行。善良的溥大哥，听到这些竟失声痛哭。他的夫人连忙让我少说这些，我也感到不应该告诉他。

临走，溥仪还抓着我的手，边哭边问：“究竟为什么要这样干？好端端的一个国家弄成这个样子，是谁的主意啊！”一位特赦后的皇帝，自己那么病重，还这样注意国家大事，如不是亲眼所见，是不能想象到的。他在病中，一直是这样关心革命老干部，痛恨那些胡作非为的“四人帮”。他一生气，什么江青一类人都敢骂。我怕惹事，总是竭力劝慰他，养病要紧，不要管这些，他却老惦念着祖国的前途和老干部的命运。

当我把溥仪生病情况和平杰三报告周总理、总理对他的关怀又去告诉杜聿明等人时，他们也表示，一定去多看看他，劝慰他，不宜再发牢骚骂人，因为这在当时是会惹来杀身之祸的。

溥仪由于不能住进医院，而外地到北京来串联的红卫兵，便可随时找到溥仪家去看看这位末代皇帝，以满足他们的好奇心。有人告诉我，许多人认为皇帝一定有与别人不同之处，但见到他之后，见他对人那样客气，还戴一副深度近视眼镜。便和几个见过杜聿明的红卫兵编了几句顺口溜：“久闻大名，特别惊人。今日一见，普普通通。和我一样，戴副眼镜。”

有些本地红卫兵去找他时，看到他客厅里摆有那么多好沙发，说他还在过剥削阶级生活。由于平日溥仪和他夫人李淑贤两人同附近的街坊邻居都相处得很好，特别是管那条街的福绥境派出所的负责人，就常常来向红卫兵说明，因为溥仪常接待外宾，需要有沙发，而且这些沙发是政协为他布置的，但有些什么都不懂得的红卫兵，却还是认为“文化大革命”期间，不应接待外宾，沙发应当退还政协，派出所的负责人坚决不同意红卫兵的意见，红卫兵虽然天不怕、地不怕，

但对派出所还不敢太放肆，所以没有让取走沙发，后来溥仪自己害怕惹事，还是通知了政协造反派，把沙发搬走了。

有天我去看他时，见他还把毛主席和他一同照的那张照片挂在家里，估计是想以此作为挡箭牌，对付一下红卫兵，我便劝他最好收藏起来，以免被人拿走。他问："连和毛主席照的相也会拿走?"我说他们只要找个借口，说我们这些人不够格和毛主席照相，不就可拿走。他听了很以为然，马上收藏起来。

由于得不到好的治疗，溥仪的病一天天重起来，我去看他，见他睡在床上还在看一些"小字报"。那个时候，每一个"造反派"都自印一份或几份"小字报"。不是随意给一些老革命干部扣上一大堆莫须有的罪名，任意指为"叛徒""特务""汉奸"等外，就是大捧江青等"四人帮"，说上一大堆看了使人肉麻的话。我看溥仪那么爱看这些，便劝他多休息，这些不可靠的东西少看。他随手拿起一张"小字报"问我："这里说某人是军统特务，奉命打入党内的，你认识她吗?"我说她根本与军统无关，这是造谣中伤、陷害，他便建议我写篇文章去更正。我说："如果有人找我写材料，我可以证明她与军统无关；如不找我，我写的东西，谁会给我发表呢?"他听了很难过，连说："这是什么世道啊！公理在哪里?!"

最后，溥仪的病已到了非住院不可的地步了。他夫人到处去求人，谁有这本领能让医院收留他呢？有天她去政协找人，托邻居一位老大妈照顾溥仪一下。她刚出门，溥仪一口痰塞在喉头吐不出来，胀得满脸通红，那位老大妈看到他那难受的样子，毫不犹豫，立即把嘴对着他的嘴把那口痰帮他吸了出来。李淑贤回来一再向这位老大妈致谢，这位老大妈连说："这不用谢，谁见了都会这样做，你们夫妇平日待人那么好，有困难时我们能不帮一下嘛!"

自1966年8月以后，我替几位专员去政协领工资送给他们时，总要在董益三家中聊上一会儿。因董与我是军统局的旧同事，解放前就是好朋友，又同在一起改造多年，所以无话不谈。当时他家住在草厂胡同，转一个弯就到溥仪家。他的夫人宋伯兰，是一位热心助人的能干妇女，也是溥仪家的常客。董为人很正派，在专员中间有"智多星"之称，溥仪夫妇非常敬重他，有事也常找他商量。他曾留学美国，是搞无线电工作出身，知识丰富，我每次去他家，他都要和我谈溥仪的事。溥仪几次住过协和医院和人民医院，每次他都到医院看溥仪。他虽是军统旧人，但比我目标小得多，他去医院看溥仪时很少受到红卫兵们的阻拦。有天，董气冲冲地跑到我家，告诉我一个使人十分不安的消息，他说东北来了一批人，要把溥仪揪到东北去批斗，溥仪非常害怕，幸好政协的领导和一个造反组织都不同意，总算没让他们揪走。

溥仪过去住过几次医院，都没等病完全好就被送回家了。当时医院的造反派表面上不得不遵照周总理指示，要收留他。但他进去并未认真治疗过，几进几出，病反而越拖越重。如果当时能真正遵照总理的指示医治他，溥仪是不会那么早就去世的。

到了 1967 年的 10 月初，溥仪痛得在床上滚来滚去。他夫人急得没法，到处奔走，东求西请，总算把他送到了人民医院急诊室。当时医院的造反派头头们，只同意急诊抢救，想住院，没有门！李淑贤又跑到政协请求，最后才由周总理的秘书打电话给人民医院造反派头头，说这是周总理的命令，医院才同意把他安置在第九号病房。这事真太凑巧了，在中国历史上一直把九当成极数，所以对皇帝常常爱用九，如九五之尊、九重天子……而溥仪这位末代皇帝住院的病房为九号，这种无心的安排，好在出自造反派头头，要是别人，他们一旦听到读书人一指点，那还得了！

他住院的消息，周总理一直很关心，曾让许多有名的大夫去看他。但那时几位名大夫也正在挨批斗，所以去得少，只有蒲辅周老大夫去医院为他切脉后，认为病情严重，需要长期治疗，好生护理。最令人气愤万分的，是溥仪病成那样，东北还有人带着红卫兵到医院批斗他，致使他病上加病，如果不是同住医院的几位红卫兵小头目，还懂点政策，讲点人道，能把东北来的那些人赶走，否则真会把他当场折腾死。

当时人民医院的医护人员在造反派的控制下，对溥仪不敢好好照顾，怕被那些家伙扣帽子，同情帝、王、将、相。有时他的尿排不出去，如有造反派在场，便让他难受得大汗满头，痛苦万分，那些家伙反以此为乐。只有这群披人皮的畜生不在场，医护人员才敢为他导导尿。溥杰常常去陪伴他，也遭到造反派的刁难

和呵斥。专员中常去的有董益三、杜聿明、范汉杰等，也只能悄悄去看看。唯独我去看他时，被发觉了，总是被连推带骂赶出来。有次我看到原在保健室工作的一位护士在值班，她和我与溥仪过去都很熟识。我溜进去，以为她不会赶我走。她也无可奈何地说："头头们早关照过，不准你这个'严醉'去看溥仪，我让你去了我得挨批。说我到今天还划不清界限，我过去为你们服务，都是我的罪行，你原谅我吧！"听了她这番话，我只好走了。因我当时住在西黄城根，离医院不远，我就常常找机会，有天我趁他们不备时溜了进去，看到溥仪鼻子里插着氧气管，眼神无力，见我走过去，便拉着我的手，泪珠不断流出来。我也是泪珠滚滚，我强忍着心头的悲痛，劝他不要难过，总理很关心他，病一定会治好，到了那种程度，他仍然相信党不会不给他治病。我还想和他讲几句，一只冰凉的手，伸进了我的后衣领内，"给我滚出去！"我本能地想转身反击，他那只手的骨头就可能断成两截，但一想那是什么时候、什么地方，我和他拼了，对溥仪更不利，我只好挥手向溥仪告别。他又用了大把大把眼泪看着我被人推走。我当时真心如刀割，这是一幕"生死离别"，我到今天还没有能忘记。

从10月中旬开始，自西北高原随大风刮来的大量黄沙，在北京上空盘旋了几天。汽车停下来，一会儿就落上一层薄薄的黄土。许多关心"小皇帝"的北京老人，早知道溥仪病重入院，看到满天黄沙，便纷纷谣传"天发黄、小皇帝怕快……"老人们连最后一个"死"字都不忍说出来，都是这么爱他。而医院造反派却加重对他的折磨，让这位被中国共产党改造过来了的中国末代皇帝，终于在10月17日凌晨悄悄与世长辞。我们知道后都想去医院与他的遗体告别，政协造反派竟然不准，只让他几位家属去了一下。那时候，这些人为什么会失去人性而与禽兽无异呢？

周总理知道后，也很难过，他指示一定要在报纸上公布溥仪去世的消息。《人民日报》才不得不在第二天很不显眼处刊出："中国人民政治协商会议全国委员会委员爱新觉罗·溥仪先生，因患肾癌、尿毒症、贫血性心脏病，经长期治疗无效，于10月17日2时30分于北京逝世，终年60岁。"

徐远举的特务生涯

一、徐鹏飞的原型——徐远举

二、破获《挺进报》博得毛人凤赏识

三、骄横跋扈，目空一切

四、黎明前的捕杀

五、束手就擒，接受改造

沈醉回忆录

一、徐鹏飞的原型——徐远举

徐远举这个名字，许多人听起来可能比较生疏，但要说《红岩》中的徐鹏飞，那就几乎是家喻户晓了。我与徐私交甚深，对他在军统的特务活动更是十分了解。

徐远举

徐远举这个名字，许多人听来可能比较生疏，如果说徐鹏飞，那就几乎是家喻户晓了。

《红岩》中的徐鹏飞，有不少地方是与真的徐远举有出入的，因为那是一部小说，而不是历史资料或传记文学，所以不必写得那么真实。

我与徐远举前后相处近30年。由于他和我同年，又是两湖大同乡，不但曾在一起共事和共同改造学习，而且私交相当深，我认为对这样一个人物，还是应当保留下一点真实资料。除我写些有关他的情况外，更希望了解他的人，也都写点出来，尽可能把这个人的一生，写得能全面一些。

徐远举是湖北大冶人，1914年春出生，黄埔军校七期毕业后，在部队当过排长、连长，因与上级吵架而失业。1932年，经湖北同乡许忠五介绍，到南京洪公祠戴笠办的特训班受训。当时戴笠是复兴社特务处处长，为了扩充组织，专门招收黄埔军校毕业的失业同学，进行一些特务技术训练后，作为特务处的基层骨干。徐远举毕业后即留在南京，戴笠把他安排在复兴社南京分社任干事，主要是搞监视分社成员的特务活动。1933年，他到上海来玩，经复兴社特务处（军统前身）上海特区第一组（华界组）组长陈志强介绍与我认识。我当时任第二组（法租界组）组长，两人一见如故，谈得十分投机。他非常羡慕我当了组长，也希望能离开南京复兴社不再当干事，而到上海特区来。我也很愿意帮他的忙，有次戴笠到上海，我见到他后，便提出徐远举的事，他考虑了一下之后说，这人不宜在

上海工作，以后可另作安排。隔了好久，徐远举突然跑到上海，很高兴地向我辞行，说戴笠已向参谋部推荐他为九世班禅额尔德尼·曲吉尼玛行辕的少校随从参谋，不久即随同起程去西藏，为特务处开展西藏的工作。他很高兴这个特殊任务，认为很有前途，并感谢我曾在戴笠面前为他说了话。我留他在我家住了几天，为他准备去西藏的一些日用品等。我母亲当时住在我家，她老人家有天吃午饭时，仔细看了他的面部后，在当天晚上我去请晚安时告诉我："此人（指徐远举）不可深交，要注意。"我即回禀，我在和他的往来中还没发现什么，不知母亲有何教训？老人家当时就指出，徐生得圆眼尖鼻，这类人性必凶残，得志必暴戾，既不可得罪，又不可深交。我一直记住这些话，几十年中，我观察所得，果然是这样。

徐远举在我家住了几天，我正赶上有事要去南京，便陪他一道回到南京。他领我去见了那位被国民党政府封为"护国宣化广慈大师"的活佛。那天去参拜他的人很多，费了很大的劲，才由新任的随从参谋徐远举把我带到他身边，只做了两句简单的介绍："这是班禅活佛。这位是从上海来参拜您的记者（指我）。"还没有等我讲话，就被拥上来请他摸顶的善男信女挤到一边去了。我回到上海，我母亲还埋怨我没有能让活佛摸摸顶，我说徐远举告诉我，他在活佛身边一个多月，发现他和我们一个样，没有什么特别的地方。我母亲还狠狠地说了我一顿。

隔了不久，他就随同班禅由南京出发赴西藏去了。沿途他都有信给我，但行程很慢，而且到一个大地方都要停留，约在1936年前后，他才到达当时的西康省（现划归四川省）。等到他们到了青海省的玉树时，已是1937年初了。他到玉树不久，给我写了一封很长的信，除说这次一路风尘仆仆外，还告诉了我一件很奇怪的事，说班禅一行经过西康到青海的途中，有天晚上，突然被西康一个大军阀派兵伪装成强盗将他们包围起来，把班禅随身所带的金质法器（即金钹、金磬、金锣等打击乐器）全部搜出抢走了。虽未死伤人，却也够受惊的了。他说已将这一情况急电南京有关部门，请惩办肇事者并发还所抢走的金质法器，还要某大军阀亲到班禅行辕向班禅赔礼认错，并将严办肇事者的经过予以公布。他希望我到南京去帮他探询一下是否能早点得到满意结果，他在班禅面前也更能得到信任。我拿着他的信去南京见到了戴笠，向他说明如能圆满解决，对徐远举今后的工作会更有利。还没等我讲完，戴笠就说他早知道了，现正由护送班禅的宪兵司令部将情况向蒋介石报告中，不知道如何处理。还说这种事我们管不了，一定要由蒋介石决定。我只好回上海。隔了一些时候，我又托人去打听，还没有听说明令惩办肇事者的消息。据说是鞭长莫及，某大军阀坚决否认系部下所为，并称正在缉拿抢劫凶犯之中。强盗怎么能抓强盗？结果是一拖了事。不久，徐远举又来信说，班禅已死在玉树，他已接到去西昌委员长行辕调查课工作的命令，等到西昌后再给我写信。

他去西昌行辕后，很凑巧，当时西昌行辕主任是他的湖北同乡张笃伦，张对他非常器重，他在给我的信中说，除了戴笠外，张笃伦的知遇之恩，也是使他终生难忘的。由于西昌行辕编制很小，调查课课长是戴笠兼任，但他从来没有去过。以前由副课长徐昭骏代理，后来当了西康省政府委员，徐远举去了以后，张笃伦便让他代理课长，戴笠也因为反正是特务处派去的，加上徐远举还是他办的洪公祠特训班的学生，所以便同意由徐代理。按一般常例，不先征得戴笠同意，不但不会答应别人代为安排他派去的人，还得调回来给以处分，认为他的人被人收买了，以后不会听他的话，这次却出很多人的意料，戴笠竟同意张笃伦的意见。

徐在西昌期间，工作十分认真，他主要是了解西康地方势力的活动和反蒋分子与民主人士的情况。他与西康的一些军政头头们打得火热。那些人爱赌钱、打牌，徐是此中老手。通过这一关系，他很快结识了不少地方势力的中层骨干。他帮助他们走私鸦片烟，贩卖枪、弹等。据他后来告诉我，这些不会影响到蒋介石统治集团利益的事，张笃伦和戴笠都是睁一只眼闭一只眼，只要不闹得太大，便不去过问，而且可以拉拢地方势力不搞反蒋活动。

张笃伦有一个姓巩的亲属在西昌行辕负责事务工作，巩的侄女与徐往来很密切，最后与徐同居。为了这件事，张笃伦对徐不满，因徐早已结婚，不过其妻一直在家乡没有带出来。我和徐相识那么多年，从来没有见过他的那位妻子。他与巩某同居后，对外即公开承认是他妻子。重庆解放前，我才听说他把家乡那位妻子和孩子送往台湾，他自己和巩某则直到重庆快解放时才分手。他逃往昆明前，把巩某准备送往香港。这一段经过，他不愿多谈，也不知巩某后来去香港没有。

他在西昌那一段期间和我的联系少了，因为抗日战争发生，我的行踪不定，

也没有心思和他通信。直到1941年冬，我刚刚从重庆卫戍总司令部稽查处副处长下来，随戴笠去成都，住在成都金河街戴笠在成都的寓所中。有天听到传达人员告诉我，说有个叫徐远举的要求见戴笠，我马上跑出去接他，两人一见，高兴异常。除互道别后情况外，我问他为什么前天戴笠召集在成都的军统骨干开会他没有来，他说他去自贡和内江联系工作，今天才赶回来，所以前天没有能来开会。他告诉我，他当时的职务是国家总动员会成都经济检查大队大队长。我因职务未定，他说最好到成都工作，那里的气候比重庆好得多。我哪里敢向戴笠提出来，只说一切听安排，能在成都更好。

1942年，我被任命为军统局总务处长后，徐远举从成都赶到重庆为我祝贺。我说，从此天天和戴笠在一起，说不定哪天办错了事而坐牢，没有什么值得庆贺的。他却认为这是很难得的机会，先在戴笠身边工作一段时间，再调出去就方便多了。他非常希望有天也能调到军统局局本部工作，要我看机会帮他一下。我没有答应为他帮忙，因我对情况还不熟。他说不急，有机会就顺便提一下。

军统局第三处是主管行动工作的，暗杀、绑票、破坏、爆破、拘捕等都由这个处主管。我过去是长期从事这方面的活动的，所以我虽担任总务处长主管事务方面的工作，但这个处有什么重大活动，如在重庆侦破重大案件或计议在沦陷区搞重大破坏和暗杀等，戴笠和毛人凤都让我去参加。我当时希望调任该处处长，因为比搞繁琐的总务工作要轻松一些，但戴笠不同意。在1943年下半年，该处原任处长徐业通调升为国家总动员会军法监，遗缺由程一鸣继任，在研究什么人任副处长时，我便向毛人凤提出了徐远举。毛要我自己去向戴笠推荐，因毛

任少将总务处长的沈醉

和他接触少，不了解他的情况。第二天吃午饭时，我便向戴笠提出徐远举可以担任第三处副处长，主管人事的处长龚仙舫也由于我当天晚上向他提过，他也同意，不过他和毛人凤一样要我向戴笠提。戴笠一听我提到徐，便问龚仙舫还有更适合的人没有。龚比较灵活，只说一时还想不起更适合的人，不妨先让徐远举试试，他可能做好这方面工作。戴笠当场没有痛快地答应，只把头点了点。我又去请毛人凤提，还找程一鸣请他也去说，因我和程同在临澧特训班当教官，私交还不错。大约拖延了十来天，龚仙舫才在晚上睡觉时告诉我，徐调第三处上校副处长已批准了。当时我和龚的宿舍都在军统对外会客的漱庐，两人是对面房间，有许多事大都是在睡觉前谈一下，一到早上我便先走了。我听到后，马上挂长途电话到成都，告诉了徐远举，他非常高兴。不久，徐就进到了局本部。他担任第三处副处长约半年多，就与处长程一鸣吵过好几次嘴，吵得最凶的一次，是程一鸣因病没有去上班，在四川有一个县发现有中共地下党在活动，该县军统请示可否秘密逮捕，徐在请示报告上批示同意予以逮捕。结果主要人员跑了，只抓到一位刚参加工作的人员。程一鸣认为事前欠考虑，没有把主管人员抓到是因批示中没有周到的指示。徐一听很生气，顶了程几句，程官气十足，便骂了起来，徐就毫不客气地大嚷："我不是叛徒，再想找我的麻烦，也不能说我包庇共产党！我是从特务处开始就参加工作的，不是别处并进来的！"没想到这几句话狠狠地刺伤了程一鸣。程是早年由中共派到苏联莫斯科中山大学学习的，回国后已处革命低潮。当时南昌行营调查课课长邓文仪派人到上海专门接待从苏联留学回来的共产党员，让他们叛变后为他工作，起码按中校或上校任用。程就是这样叛变的。不久，调查课并入了戴笠领导的特务处，原在该处工作的程一鸣和张毅夫、王新衡等人都成了特务处的人员。徐远举有意拿这些话来揭程的老底，所以程一听气愤异常，但又不敢再吵，怕徐进一步揭他的丑。因为他在黔阳训练班当教官时，曾与另一叛徒陆逐初联合起来攻击一位教官，被戴笠大骂过一顿，说他们两人在军统内部搞花样，关了很久才释放。这些事徐远举都清楚，所以怕再闹对自己无好处，才一气之下请求调职。戴笠弄清这一经过后，不但没有批评徐远举，还认为他与四川旧军政人员关系很好，干外勤比干内勤更适宜，又把他调为川康区代区

长（因正式任区长资历还不够）。任代区长后，他便运用过去在西昌和成都工作时结识的四川中上层军政人员，大肆开展活动，很得戴笠和毛人凤的赏识。

二、破获《挺进报》博得毛人凤赏识

在徐远举亲自主持下，破获了《挺进报》，先后逮捕了地下党员130多人，除有20余人被释放外，大多数人员都在1949年以前被分批杀害了。徐远举由此而得到了一枚四等勋章。

抗战胜利后，戴笠死了，毛人凤以副局长的身份代理局长期间，徐远举投其所好，经常到重庆陪毛人凤或他妻子向影心赌钱打牌，而且总是变相贡献一些黄金美钞。徐记忆力很强，与四川军政人员赌博十有九次总是赢钱的，而与毛人凤等赌博便故意输一点出来。

国民党从重庆迁回南京后，便在重庆成立了绥靖公署，以代替过去的卫戍总司令部，集川康地区的军政大权于一身。徐远举也由毛人凤保举晋升为绥靖公署第二处少将处长。我当时已随军统局迁回南京，曾专为他晋升新职而赶到重庆去庆贺。他当面向我提出，希望我把军统过去招待张国焘住的观音岩张家花园4号住宅拨给他居住，并将军统招待美国特务的一些上等家具也借给他用，我当然都同意了。

1948年春天，重庆中共地下党把其主办的一份《挺进报》直接寄给了重庆绥靖公署主任朱绍良，朱看后气愤万分。他是这一地区的最高军政负责人，也是反共反人民的大头头。这种报纸居然直接送到他手中，这不仅是严重的政治问题，说明他统治的地方共产党能公开活动，而且把这种刊物直接寄与他，更是对他的莫大侮辱，是直接向他挑战。所以他把徐远举叫去后，把那份《挺进报》用力摔到徐远举面前。徐一看连忙说："报告主任，我也接到这报了！"朱绍良平日对徐远举还客气三分，因为他知道徐的关系，以不过分为宜，这次却狠狠地批了他一顿，说徐掌握的第二处工作做得太差，工作人员太无能，这张报已发行了十多期，都没有能破获，直到今天欺到了他的头上，叫他怎么向蒋介石交代，怎么还有脸来担任这个绥靖区主任……徐被他这番话说得哑口无言，一个劲地表示：一定遵示"限期破案"。

据徐远举后来告诉我，他回去后，晚饭也吃不下去，一夜没睡好。《挺进报》在重庆发行了很久，他是知道的，也看到过几期，但像这次直接寄给朱绍良，他是做梦也没想到的，这些共产党人真是太胆大包天了。

第二天，他即通知召开"丙种汇报"。这个汇报是国民党所规定的三种反共汇报中的一种。当时的所谓"甲种汇报"，是蒋介石召集的党、政、军、特领导人的汇报，一般是在蒋的官邸举行，所以也称"官邸汇报"，是制定反共政策的。"乙种汇报"，是由一个省或一个绥靖区主管官召集当地地区或省的党、政、军、特首领举行的汇报。"丙种汇报"，是区或省下一级的党、政、军、特机关负责人经常举行的一种研究和具体执行反共任务的会议，由当地党、政、军、特的负责人轮流主持。某一单位负责人如有特殊重要情况需要共同研究或配合行动时，也可临时召集。这里有一点必须特别说明的，就是这些机关，平日在争权夺利中，常常明争暗斗打得你死我活，但在反共方面，却是一致的。所以徐远举召开的这次紧急临时汇报，邀请的人有中统特务机关在西南地区的督导徐政、重庆市警察局局长施觉民、重庆警备司令部稽查处处长罗国熙、宪兵十二团团长沙吉夫，以及市党部与市三青团的负责人。徐在会上把朱绍良收到《挺进报》后把他叫去批评的情况和朱"限期破案"的指示传达后，便请他们提出破获《挺进报》、拘捕在重庆地区的中共地下党组织的办法。当时到会的人一致认为应设法派特务打入地下党组织，只有从内部才能深入进行大规模破坏。破获《挺进报》只是一个方面，主要在领导核心，而当时能做到的只有加强邮政检查、派特务在邮筒附近守候、搜索红色书刊、在新闻界布置线索和监视左倾文化界人士，以及学校、工厂等。

朱绍良接到了共产党寄给他的《挺进报》，保密局重庆站获悉这一惊人的消息后，便据实向南京写了报告。保密局长毛人凤也感到大后方中共地下党的活动越来

越厉害，不得不把这一情况向蒋介石如实报告。蒋听了非常生气，责令毛人凤要保密局后方各站，加紧侦破各地中共地下党组织，以免后方发生动乱而影响前方战事。毛人凤除责令保密局重庆站站长吕世琨，一定要设法搜集中共地下党活动线索，并严责了徐远举一顿。徐远举日夜不安，因朱绍良每星期举行周会时，常常当面问徐远举，“限期破案”有无消息，徐只能回答：“正在全力进行中。”

徐远举在紧张不安的心情下度过了一个多月后，忽听说保密局重庆站已派特务打入了重庆中共地下党组织，并且取得了信任，正逐步深入中。这一消息使徐喜出望外，但重庆站直属保密局，不归他领导。按照规定，他只能向重庆站汇报工作情况而不能过问重庆站的工作，因为秘密单位领导公开单位，这是戴笠定下的原则，所以他不敢把重庆站的这一线索要过来。正在这段时间，重庆站站长人事变更，原站长吕世琨调成都站，由颜齐接任站长。颜齐在军统中的资历比吕要老得多，吕是军统临澧特训班毕业的学生，颜是黄埔六期的学生，颜抗战前即参加了军统。颜刚从南京保密局站长讲习班学习出来。毛人凤过去在调整各省站站长时，几乎清一色换成了临澧、黔阳、重庆等特训班毕业的学生担任，因为这些人容易指挥，肯听他的话。鉴于过去秘密领导公开后，公开单位的一些老资格军统分子就不买这些后辈站长的账，蒋介石十分不满，于是于1948年初决定，各省省站长一律换成军统老骨干，原有的站长降为副站长或调任其他职务。在站长讲习班结业时，蒋介石特别召见所有站长，一再强调：为了更好地加强各地的反共工作，打击各民主党派的活动，各省一定要团结一致，共同完成这些任务，为了便于各省站领导人对外活动方便，可由国防部或地方最高军事机关按站长过去军阶原级或提高一级给以专员、高参等名义。所以颜齐到重庆后，即由重庆绥靖公署给以少将高参的名义，这比吕世琨任站长时没有公开名义方便多了。颜齐和徐远举是特务处时期洪公祠特训班的同学，两人走到一起更加紧密配合了。

不久，重庆站打入中共地下党组织的线索即交给了徐远举，由二处与重庆站合作起来搞。4月初，中共地下党开设的一家小书店被特务破获，逮捕了任达哉、陈柏林等。任达哉很快叛变。徐远举有他的一套办法，只要抓到一点可乘之机，他是从来不会放松的。他发觉捕到的几个地下党员中，任达哉有贪生怕死的表现，便拿出他穷追猛打、日以继夜的审讯方法。在软硬兼施之下，这个没有脊梁的软骨头，马上交出了他的上级领导——重庆市委委员许建业。徐远举大喜之余，又采用同样办法去审讯许建业，结果什么办法都用尽了，这位忠贞不屈的革命者口中没有吐出半点东西。徐回头又严刑追逼任达哉，任忽然想到了另一位不知身份和姓名的领导，常在某处活动。徐派人去守候，结果竟把重庆市委书记刘国定抓到了。徐远举连饭也不吃，不停地审讯。这个市委书记竟也是一个软骨头，稍受威胁，立即叛变。他这一叛变，一下就交出一大

挺進報
嚴重警告蔣方官員

当年的《挺进报》

批中共地下党党员来。这是保密局从来没有过的重大的破坏活动。堡垒只有从内部才容易破坏，如果不出叛徒，特务只能抓到几个便断线了，一旦出了叛徒，对党的损失真是无法估计。因为叛徒不但怕死而且想取得信任从而可以升官发财，所以就像发了狂的疯犬一样乱咬。十来天时间，中共重庆市委领导下的地下党员，几乎有一半被捕。更有一个市委副书记冉益智，也和刘国定一样，被捕后，稍经威胁，又看到他的上级书记已叛变，也就跟着叛变了。重庆市委书记和副书记的投敌，除重庆地下党员大部分被捕外，《挺进报》机关也被破坏，并在该报负责人陈然家中抄出了印刷机和尚未发出的大量《挺进报》。当徐远举把这一大喜讯去向朱绍良报告时，朱绍良也高兴万分，除将破坏重庆中共地下党全部组织和《挺进报》的情况向蒋介石报告外，还把这一情况在各大报上公布，以显示他负责的地区共产党的地下组织已被摧垮，地方从此安定了。

毛人凤得到徐远举破坏了重庆市委并逮捕了书记、副书记和许多重要党员的消息后，立即派保密局行动处处长叶翔之飞到重庆，指导徐远举继续进行搜捕，还和刘国定、冉益智等几个叛徒商谈，如何能破坏中共长江局及南京、上海地区的中共地下党组织。据刘国定交代，他曾和这些地区的几位领导人接触过，叶翔之便亲自带领刘国定去上海、南京。恰好当时上海方面刘国定所认识的那位领导

人离开了上海，才幸免于难，而刘认识的南京的几位地下党的重要骨干，却被刘出卖了好几位。毛人凤十分高兴地接见了刘，给了他十两黄金的奖赏。刘在毛人凤招待他吃饭时，更加卑躬屈膝，表示一定还要尽一切办法继续为保密局卖力，把上海、南京的地下党组织摧垮。

冉益智叛变后，也和刘国定一样拼命卖力。他亲自带领特务去万县逮捕了江竹筠（江姐）等多人，还把川东地区一个工委书记涂孝文出卖了。涂孝文被捕后，在冉益智的诱劝下很快叛变，并带特务抓了川东十多位共产党的主要干部。

接着，这几个叛徒又出卖了川康特委蒲华辅等一些负责人。蒲华辅被捕后，徐远举高兴异常，连夜亲自主持审讯，利诱未成，乃改用酷刑，蒲交出了川康特委一些上层关系和一些与地下党有关的上层人士，连打入国民党军队的党员也交了出来。徐远举仍不满足，还不断逼他进一步交代，直到重庆解放还不释放他，最后将他和涂孝文等四个叛徒一同杀掉了。

在徐远举亲自主持下，破获了《挺进报》，前后被捕的地下党员达130多人，除其中20余人被释放脱险外，绝大多数是忠贞不屈被分批杀害了，还有一些人于1949年11月27日在重庆屠杀中遇害。

由于这一案件，徐远举得到了一枚四等云麾勋章。毛人凤于1949年10月间到重庆视察时，还对徐远举大加赞扬。为了加强西南大后方的特务统治，特成立了“西南特区”。以徐远举为区长，任命原息烽监狱主任、毛人凤的亲戚周养浩为副区长，将川、康、滇、黔四省省站交特区指挥，四省所有保密局掌握的公开单位和各地警察局、稽查处、公路和运输部门的警务处、组、兵工厂的警稽组等40多个机构也交该区统一指挥。

重庆站站长颜齐，因协助有功，重庆站归并到特区后，便被晋升为重庆警备司令部稽查处少将处长，发给了一枚一等光华奖章。

朱绍良也得到了蒋介石的嘉奖。不久，朱调任福州绥靖公署主任，遗缺由张群继任。朱在离开重庆前，许多人为他举行盛大宴会。在向别人回敬时，他特地走到徐远举面前，拍着徐远举的肩向在场的上百人说：“老弟给我争了面子，否则我是要灰溜溜地离开重庆的。”因为把《挺进报》直接寄给他，如不能破获，便太丢人了。

张群接替朱绍良后，不久即将重庆绥靖公署升格为西南军政长官公署，张群也由绥靖公署主任晋升为军政长官，徐远举也成为长官公署二处处长。朱在向张介绍徐远举时，特地称赞他能干、精明。张早就认识徐，所以张在任期间，徐比过去更吃香，什么事都随心所欲去办。这时二处已成为公开掩护机构，许多事他可以用保密局西南特区的名义去办，西南长官公署无法过问。张群做人比朱绍良更圆滑，只求徐表面上承认他是上级就行了，而徐干些什么，他完全不愿过问。徐远举设在渣滓洞的看守所，关了些什么人，西南军政长官公署完全不知道，甚至连数目都不清楚。

叛徒刘国定和冉益智，因出卖革命人士有功，都被毛人凤批准授予保密局西南特区中校专员军衔。我于 1948 年 5 月由保密局总务处长调云南站长后，几个月没有侦察出中共云南地下党组织，听徐远举说刘国定认识云南地下党的领导，很希望刘国定能到昆明帮我一下忙。我正想去重庆找徐远举，毛人凤有天夜间打了一个长途电话给我，说徐远举和周养浩两人一开始合作就闹矛盾，希望我有空能去重庆劝说劝说他们，要以工作为重，不要为个人小事闹意见而影响工作。接到毛人凤的电话，第二天我即由昆明飞往重庆。徐、周两人都到飞机场接我。我与徐的私交比周要深得多，所以当周提出我应当住在他安排的杨家山戴笠的别墅时，我马上表示同意。徐则表示他在城内已经给我安排好了住处。我一听正中下怀，于是把眼睛对徐眨一下，徐马上意识到了我的用意，说乡下城内两处都可以住，便让周养浩把我接到乡下去了。

我虽然是奉命来调解他们之间的纠纷的，但更重要的是希望能把刘国定带到昆明去，帮我破坏云南中共地下党的组织。所以当天晚上我和周养浩谈了希望他和徐远举要以大局为重通力合作等一套外，第二天便和周一道去徐远举办公室。我要徐远举把刘国定找来，想当面问问他云南地下党的情况。徐远举很快把他找来了。这个叛徒穿着崭新的军服，佩中校肩章，看到我们三人坐在一起，便脱下军帽先向我们三人鞠躬。徐向他介绍了我之后，我便让他坐下。徐远举从茶几上拿一支香烟朝他丢过去，他很熟练地接住，不敢抽，我又把打火机递给他。他赶

忙从口袋中掏出火柴，连说："有火，有火。"那一副奴才相，看了使人发笑。

那次他给我的印象很坏，他表示只认识一两个负责人，对云南地下党工委在什么地方设有联络处并不知道，要抓到他们，只有到昆明街上去碰碰运气。对这种海底捞针的办法，我不感兴趣，加上刘国定刚从南京回来不久，又要到川西一带去破坏川西的中共地下党组织，所以我们只谈了一会儿，便向徐一使眼色。徐说了一声："你可以走了！"刘国定站起来向我们三人各鞠了一躬。他站的是立正姿势，向后转本应当右脚退后向右转动，他却左脚退了很远向左边转过去。我一向爱笑，见了他这种举动，几乎要笑出来，徐远举忙把我一推，我才没有笑出声。

徐远举因头天晚上接到我的长途电话知道是为他和周养浩的事要我去重庆，周也得到毛人凤的电话，要周和我好好谈谈，不要与徐闹翻脸，所以刘国定一走，徐远举便吩咐坐在他办公室门口的卫士：把门关好，暂不见客。以便我们三人好好谈谈。

我本打算让他们两人把一切误会都摆在桌面上来谈，我好向毛人凤去复命，没料到这些人都是阴一套阳一套，真正到了应当摊出来的时候，嘴上却一个劲地敷衍着。徐看不起周是因周凭江山人关系爬上来的。而周则自命是上海名牌大学毕业，看不起别人。谈了半天都不着边际，最后我不得不说出，毛人凤叫我来不是没有事，而是他得到各方面的报告之后，才决定要我来调停的。周养浩比较痛快点，最后也只是说，《挺进报》事件完全是徐远举一手包办的，他问都不能问。徐本来是急性子，易冒火，当着我的面不好吵，只说因为从去年开始他就一直亲自在抓，很多事只是收尾，所以没有能仔细和周详谈，以后有时间一定让周把全案过程看一遍，有不够的地方他再补充。周也同意。就这样算是把误会解开了，我也完成了任务。

三、骄横跋扈，目空一切

徐自以为立了大功，又得到毛人凤的赏识，便目空一切起来，开了几天会，几乎每天他都和人发生争吵。他的部下一开口劝，就被他骂回去，弄得大家都很不痛快。

徐远举一向是少年得志，相当骄傲，自破坏了《挺进报》，逮捕了那么多中共地下党员，受到蒋介石、毛人凤、朱绍良等人的嘉奖后，更是气焰高涨。有次，某一四川军阀请他吃饭，他刚一坐下，客人还没到齐，便先到桌上夹冷菜吃，一个十来岁的小孩看不过去，说了一句："客人还没到齐，你怎么先吃起来?"他一听，便火冒三丈，用力把桌子一掀，一桌的菜酒全部掀到了地上。然后拿起帽子，气冲冲地跳上汽车就走。主人赶出来向他道歉，他头也不回，便开车走了。这件事当时在重庆被传为笑谈，他自己还很得意。我为此事曾劝过他，让他不要这样粗鲁，以免得罪人。他虽表面上接受，但停了一会儿又补上一句："这种人得罪也是这样，不得罪也是这样，如果我们无权无势，他们怎么也不会请我们吃饭的，许多人说这种人是'水精猴子'，一点也不错，你和他们往来也得小心点。"

保密局西南特区成立后，一直有名无实。因为黔滇两省省站长都不听他的指挥。我虽然接到毛人凤的化名通知，说西南特区成立后，为了更好地对付西南地区的中共地下党组织，必须在特区统一领导下，共同行动……我接到这一通知后，马上致电徐远举，除向他祝贺外，还表示今后一定听他的指挥调度。而贵州站长陈世贤，当时兼贵阳警备司令，这个黄埔二期毕业的老大哥，过去在洪公祠特训班讲过课，是徐远举的老师，接到毛人凤的通知后，他根本不理会，从不与特区打交道。徐远举也不曾用特区区长名义给我和陈世贤发过文件，因为特区成立后，各省站一切仍直接与保密局联系，即使按规定在反共问题方面要由特区统一办理，陈世贤也还是直接向保密局请示，从没有和特区往来过。徐远举经常去昆明，也没有过问过云南站的事。周养浩却一直不愿屈居当徐远举的副手，经常

与徐顶撞。毛人凤听了周养浩妻子的话，又在重庆成立了一个保密局西南督察室，以周养浩为主任。按照军统一贯的做法，督察室不但与西南特区是平行单位，而且可以对西南特区和各省站实行监督考察，但谁也不理这回事，结果是徒有其名，从未实行过一次督察室督一督、察一察的权力。

1949年3月10日，毛人凤到重庆，召集西南和西北几个省的省站长与一些公开单位的负责人，在重庆举行“三一七”大会。过去军统局时期，开“四一”大会，是为纪念1932年4月1日特务处成立的，但自军统头子戴笠于1946年3月17日飞机失事摔死后，军统便将“四一”大会改为“三一七”大会，以纪念戴笠之死。到了1949年初，全国大部分地区已解放，剩下的几个较完整的省，都在西南和西北，眼看解放军即将横渡长江，保密局在蒋介石被迫退休后，也由南京迁逃台湾，所以毛人凤便决定到重庆召开这个一年一度的大会。为了欺骗蒋介石，还把这次大会也说成是全国性的，把广西和湖南两个省的负责人也召到了重庆。过去军统“四一”大会，连沦陷区的地下组织也派代表参加，外国各地的特务也有不少人回来参加。现在解放区也留有少数潜伏特务，却不能让他们参加，因为都是好不容易才潜伏下来的，出来了就回不去。

筹备这次大会的东道主当然是徐远举。他过去对此毫无经验，知道我在军统局任总务处长时，主办过几次大会，所以要求我早两天到达重庆，帮助他筹备。等到大会开幕前，毛人凤又指定徐远举为大会秘书长。在几天的大会期间，毛人凤一再在大会上表扬徐远举，说徐在主持破坏《挺进报》一案中，成绩很大，使得徐更加趾高气扬，经常因为一些小事和参加大会的代表们争得面红耳赤，也总是由我出来当和事佬。那次参加大会的人数虽只有过去“四一”大会代表的1/5，但也有三四十人，除各省站站长外，还有不少公开单位的代表，如各大城市的警察局长、稽查处长、交警总队长等。这些人中，有不少人学历、资历均比徐远举高。徐自以为立了大功，又得到了毛人凤的赏识，便目空一切起来，所以开了几天会，几乎每天他都和人发生争吵。我和他私交较深，出面还能劝阻他，他的部下一开口劝，就被他骂回去，所以弄得大家都很不痛快。

那次大会的主题是讨论所谓“应变”，一是加紧在西南、西北地区布置潜伏特务；二是搞“还乡运动”，要从解放区逃出的特务回到自己的家乡搞潜伏或搞破坏等活动；三是在西南西北地区组织游击武装，以便解放后在这些地方打游击。我是三项任务都要承担的，既要帮助保密局的潜伏布置组布置潜伏，又要把大批外省逃往云南的特务劝回去，更重要的是毛人凤指定要我去云南组成一支强大的游击部队，原因是云南地形复杂，又与外国交界，优越条件多。徐远举虽愿组织游击队，准备在四川打游击，他认为四川地形熟人也熟。几天会议下来，各人都分配到一项或几项任务，毛人凤便满意而归回上海去了。

当时的四川省主席王陵基和徐远举关系相当好，徐除促使他在反共方面全力以赴外，并请他在成都举行乙种汇报时，连所有在四川活动的民主党派也予以逮捕。王同意他的意见，先后把国民党革命委员会川南负责人李宗煌和川康地区负责人周从化等都抓了起来，送给徐远举去审讯，以扩大破坏民革在四川的组织。

1949 年 8 月间，蒋介石这个“退而不休”的老头，准备亲自到重庆布置西南地区的反共军事阴谋。此时，他既不是“总统”，也不再是军事委员会委员长，只留下一个国民党总裁的名义，以其职权而论，只能管国民党内的事。为了要加强他这次到重庆的声威，徐远举便与重庆市市长杨森筹相勾结，发动了十来万帮会分子与四川袍哥等，冒充重庆市民搞了一次盛大的夹道欢迎，很博得蒋介石的欢心。

卢汉

张群在接到蒋介石的指示后，也跟着召开了西南军政长官公署的扩大会议，指定徐远举作“敌情报告”。徐连夜打电话到昆明和贵阳等地搜集有关各地的人民武装部队的情况。我用了几乎一个小时，把云南和滇桂、滇黔边区的有关人民武装游击队的活动、人数、装备等都详细地告诉了他。他利用西南特区的关系和长官公署二处搜集到的丰富材料，向在西南地区的军政头目们做了敌情报告以及分析、判断。因此，深得张群和与会者的好评。会后他

立即打长途电话告诉我，许多与会的高级军政人员，除当面称赞他的报告很有内容外，还向他要材料，特别是云南方面的情况，因为我向他提供的许多东西，都是报上没有发表过的。当时云南局势十分引人注目，卢汉几乎是在公开和国民党中央闹分裂。他指使地方势力大肆活动，竟把中央派到云南的警备总司令何绍周赶走，并请求撤销警备总司令部，成立云南绥靖公署，由卢汉任主任，集军政大权于一身。1949 年夏天，又指使一些报刊，公开提出：“驱逐国民党中央在云南的机关，驱逐在云南的特务集团。”所以云南站表面上不得不撤走，连省站无线电台以及交警武装部队一同撤往重庆，只留我以国防部驻云南区专员名义与卢汉保持联系。云南省参议会中一些进步的议员，还不断在报上公开抨击国民党和蒋介石，特别是卢汉半公开地支持云南人民地方武装游击队，不但不派他的保安团队去打，还送枪弹给这些游击队。从这许多方面来分析，云南的局势很值得重视。由于这些原因，蒋介石于 9 月初决定要解决云南问题，但又抽不出军队加强在云南的统治，只好听信张群的意见，要卢汉到重庆走一趟，由他亲自来说服卢汉。他怕卢汉不去，又派蒋经国到昆明当面劝驾。卢汉考虑到起义时机还不成熟，所以只好硬着头皮去见蒋介石，答应蒋对云南来一次“整肃”。卢汉于 9 月 9 日上午由重庆返回昆明后，紧接着由蒋介石、毛人凤派遣执行“整肃”任务的徐远举便带着一大批特务于下午到达昆明。我到飞机场去接他，他一下飞机，带着几个特务急忙跳上我的汽车，要我直接驶往“民革”云南的领导人之一杨杰家中。结果杨杰在他抵昆明前已乘机飞往香港去了。徐扑了一个空，对我大加埋怨，说这是蒋介石亲自指示要抓的主要人员，并指示抓到后即由他乘坐的飞机押往重庆，现杨杰逃走了，如何向蒋介石复命？杨杰住在我家斜对面不远，我曾多次接到毛人凤要我暗杀他的密令，最后一次我正安排几个特务去刺杀他，不料被我母亲知道了，严厉责备我一顿，我只好暂缓一缓，结果让他跑了。我准备接受处分。后来毛人凤到昆明，总算找出一些线索，由毛人凤从台湾调派特务将杨杰暗杀于香港。

四、黎明前的捕杀

徐远举当面指示他们，让渣滓洞看守所所长及白公馆看守所所长立即行动，杀掉了两个看守所所有关押人员300多人，之后，又将渣滓洞看守所烧毁，制造了举世震惊的“11·27”大屠杀惨案。

徐远举没有抓到杨杰，立即要我当晚集合在昆明所有的公开单位的特务，由他去见卢汉，让卢同意解散省参议会，逮捕一些参议员，查封几家报社。并由徐远举和我出面，约集昆明市警察局、宪兵团和刑警大队等单位负责人开紧急会议，说明卢汉已接受蒋介石的命令，在昆明进行一次大规模的镇压。当晚全城戒严，分途逮捕，一夜之间捕到了300多人，其中有省参议员20多名，查封了几家报社、广播电台，并拘捕了所有的员工。整个昆明成了恐怖世界，家家户户都不得安宁。第二天，徐远举又亲自率领宪兵、警察、特务到昆明西部海口五十三兵工厂，逮捕进步员工30多名。接连三天大逮捕，虽已捕到近400人，但经初步审讯，并没有逮捕到中共云南地下党负责人和重要的民主人士。蒋介石接到报告后，很不高兴，又于12日派毛人凤到昆明加强镇压。随同毛去的有西南特区副区长兼督察主任周养浩（即《红岩》小说中的沈养斋）和贵州省站长兼贵阳警备司令陈世贤、保密局高级法官徐钟奇等。毛人凤在我昆明的家中住了一个多月。以他的保密局局长之威，也没有把云南中共地下党破获，仅仅派人到香港杀了杨杰。他希望借卢汉之手，把“九九事件”中抓到的人杀一大批，让卢分摊血债而不敢起义，卢一直不同意。直到9月22日，蒋介石由重庆返回台湾时，绕道昆明，停留了几小时，都不敢让卢汉知道。只有蒋经国、毛人凤、徐远举和我四个人，事先到机场等候，并告诉了昆明空军副司令沈延世和场长蒋绍宇。一直到蒋的座机快到昆明上空时，蒋经国才打电话通知卢汉到机场迎接，在卢汉家中吃一顿午饭便飞走了。因为蒋害怕发生类似西安一样的“事变”。

卢汉并不因蒋介石到昆明，当面指示他与毛人凤好好配合搞“整肃”而有所

畏惧，还是一个劲地推说杀人要按法律手续。毛人凤把要杀的人一减再减，他仍然不在名单上签字。毛人凤要徐远举先回重庆，把囚禁在重庆白公馆和渣滓洞的革命人士除已公开杀害的几批外，将现仍在押的列一详细名单，准备在必要时处理。当时毛人凤住在我家，他在审阅重庆送来的名单时，我看到有几个我认识的军统小特务，或因贪污敲诈，或因吸食鸦片烟，毛人凤也在上面圈了杀的记号。我请求他释放这些人，他把笔一搁，笑着说，留下来再给我添麻烦，不如一次解决算了。所以在那次大屠杀中，有几个虽是军统特务，徐远举也把他们列到了名单中。

10月15日，毛人凤由昆明飞回台湾。11月中旬，又由台湾飞抵重庆，这次是蒋介石认为西南已无法保住，让毛去主持大屠杀、大破坏的布置工作，徐远举则挑起了这两大罪行的重担。随同毛人凤去重庆的还有东南技术总队长杜长城和不久由台湾调来的一个技术大队，到重庆去执行破坏活动。11月下旬，重庆破厂办事处成立，由兵工署警务稽查处处长廖宗泽负责，受徐远举的指导。

11月27日上午，徐远举在二处处长室，召集科长雷天元、龙学渊和行动组长熊祥等，当面指示他们让渣滓洞看守所所长李磊、白公馆看守所所长陆景清立即行动，杀掉了两个看守所所有关押人员300多人之后，又将渣滓洞看守所烧毁。这就是举世震惊的“11·27”大屠杀惨案。

重庆渣滓洞监狱、放风坝

11月28日、29日两天，在徐远举、廖宗泽、杜长城的指挥下，特务们将重庆江北刘家台兵工厂炸毁，炸死炸伤护厂工人及家属80多人，附近居民死伤2000余人。其他几处兵工厂，因工人组织起来护厂，与特务做殊死拼斗，也都有伤亡，二十九兵工厂工人被杀的便有18人，伤的更多。

重庆电力公司大溪沟发电厂是重点破坏区，由于工人武装护厂，击退了进攻的特务，虽有部分工人牺牲，但保全了发电厂和设备。

遇害的宋绮云、徐林侠夫妇

11月30日，重庆解放前夕，蒋介石于黎明飞逃成都，毛人凤、徐远举等也在同一天逃离重庆。

1949年12月9日一大早，我刚洗过冷水浴，正在做早操，徐远举由成都打来长途电话，说他当天中午将与保密局经理处长郭旭、总务处长成希超，一同飞往昆明，要我为他们三人安排次日飞往台湾或海南岛的机票，我满口答应一定照办。

当时，我在昆明正积极执行所谓“应变布置”，筹备成立国防部云南游击总司令部，正是最忙的时候，由于我与徐远举、郭旭、成希超的交情都很深，所以再忙也得挤时间去机场迎接他们。那天找我的人很多，送走一批又来一批，直到昆明航空检查组的特务向我报告，他们乘坐的飞机已飞抵昆明上空，我才摆脱一些客人赶到机场。一见面，他们就向我诉苦，说他们从9月间杀害杨虎城将军全家和杨将军的秘书宋绮云全家后，一直在忙，特别是重庆解放前的大屠杀大破坏后，仓皇逃到成都，几天连澡都没有洗一次，过去他们每天都要洗澡的。我便陪他们先去昆明一家最大的澡堂，让他们好好洗了一下。那时，我每到一处都得与云南站保持联系，随时都有特务来向我汇报情况。他们一听到许多可疑迹象，都深感不安，害怕卢汉突然宣布起义，成为俘虏。徐远举听说卢汉已下令不准给到昆明的飞机加油，便附到我耳边，气愤愤地悄声说了一句：“老先生为什么还不给你下命令执行预定的计划？你得去催问一下才行。”我也感到再不给我下令，就没有机会了。

当年9月间，蒋经国第一次到昆明时，曾对我说，蒋介石要我做好暗杀卢汉

的一切准备。并说：干掉卢汉后，将由第八军军长李弥当云南省主席，二十六军军长余程万当云南绥靖公署主任，以确保云南这块可以与外国联系的“反攻复国”基地。毛人凤住在我家时，也不断催促我务必妥为准备，单等一声令下，就把卢汉干掉。

为了执行这一重大任务，我曾花费了不少精力，选择在卢汉的公馆对面和附近，布置了可以射击到卢汉寝室和会客室的轻机关枪，并在枪弹弹头上注入致命的毒药，只要碰到身上任何部分都可毙命。这一阴谋，只有徐远举知道，所以他看到形势变化成那样，便希望蒋介石和毛人凤早点给我下达杀卢汉的命令。

9 月 20 日，蒋经国赶到昆明为蒋介石到昆明做准备，还问过我和毛人凤，对这一阴谋的布置情况，我当时很坚定地答复：“只等一声令下，即可成功。”徐远举到昆明的那天，见还没有给我下命令，他为此而着急异常。正当我和徐远举在悄悄谈论时，又有特务向我报告，西南军政长官张群和去成都见蒋介石的军长李弥、余程万、龙泽汇都随张回到昆明。徐远举一听很高兴，认为张群来了，可以说服卢汉不叛蒋投共，至少在短期内无问题。我当时的看法与他相反，认为张群一来，可能会发现卢汉所做的准备而责问卢，促使卢会提前起义。因为那天卢把几个战斗力较强的保安团都调到了昆明附近，扼守在昆明的重要据点，并不准给经过昆明的飞机加油，让其飞离昆明，这是很明显随时要起义的表现。

我正一边和徐等分析云南的局势，一边做最坏的打算时，传令兵送给我一封张群邀我于当天晚上 10 点去卢汉家中开会的通知。

徐远举抢过通知一看，忙说：“没错，这是张群常用的图章。这一下你可放心去开会了。”我要徐远举住到我家去，好好聊聊天，并把郭旭和成希超送到皇后饭店我长期包租的两套房间安顿好。徐到我家的办公室后，我从保险柜中拿出毛人凤 11 月 20 日给我的一封亲笔信给他看。信上主要是说为了确保云南这一反共基地，让我便于统一指挥在云南的各路游击武装部队，他已呈请蒋介石批准，把原国防部驻云南区专员办公室晋升为驻云南区专员公署，把国防部云南游击司令部晋升为总司令部，同时晋升我为中将。并附来国防部委任我为云南区专员公署主任和云南游击总司令的委任状。还在信中再三叮嘱要我把家属立即送往台湾。最后特别强调，万一昆明不保，一定要把沟通缅甸与越南的滇西南保守住。徐看信时，我劝他不要去台湾，留在云南与我合作。两个新职任他挑一个，如果他愿意两个都要，我愿当他的副手。我认为他的办法比我多，为了整个大局，能保住云南，我什么都可以迁就。他看完毛人凤的信和听了我的话之后，沉思片刻，头一摇把手中的信用力向桌上一摔，气愤地说："到了这个时候，委我当西南军政长官，接替张群的工作，我都不会干。现在才来加官晋级，顶个屁用！你当少将七八年，我也当了四五年，用得着的时候才想到晋升一下，过去为什么不管！我看你也别傻，还是趁早走吧！"我说："跟我们这么多年的旧部和大批家属，怎么走得了呢？"他说："你管他们，谁来管我们！这次他们早坐上直飞台湾的飞机走了，把我们送到这里来担惊受怕，这个教训还不够吗？"

我正在和徐远举商谈时，周养浩也从成都飞抵昆明。他在飞机场打电话给我，要我为他安排当天或明天去台湾或海南的机票。他说他不准备进城来看我，让我把机票送到机场场长办公室。我答应马上想办法，只要有离开昆明的飞机便让他先走，同时派车去接他进城一同吃晚饭。他说看这里的情况很不妙，来的飞机已不让再加油，他不想离开机场，以便飞机起飞就走。我告诉他张群来了，晚上召开会议时，我会提出解决加油问题，一定会让他先走。他还是不同意进城吃这顿晚饭。

当时由成都起飞的飞机为什么不直接飞台湾或海南岛而飞昆明？这是蒋介石亲自决定的。因为逃到成都的国民党高级军政官员太多，飞机有限，无法把这许多人一起运走。解放军又已分两路向成都包抄过来，所以才决定先把这些大官们抢运到昆明，然后再慢慢转运。因为估计云南短期内不会有问题，所以许多人都是先飞昆明再飞台湾或海南。

徐远举不但是一个很性急的人，而且非常狡猾，他站在我身边一面抽烟一面听我和周养浩谈话，一只手还不住地翻阅我办公桌上堆着的文件。当他看到卢汉的副官处长朱子英刚派人送来的几张汽车"特别通行证"时，我把电话刚搁下，他便苦笑一声说："飞机不给加油，飞不走，就滚着走吧！"说完拿起一张"特别通行证"向口袋里一塞。还问我有没有别的证件，我打开抽斗说："多的是！"他

把云南绥靖公署、云南省保安司令部、第二十六军、第八军等证件都拿起一一看过后，又从口袋内掏出“通行证”看了一下，便拣出一枚保安司令部证章向口袋内一放。因“通行证”也是保安司令部印制的，他很满意地说，必要时就说是保安司令部的，比你那国防部和我这西南长官公署的证章证件都有用。最后还苦笑着说：“大丈夫能屈能伸，到时降几级，说成是下级军官，比将军更吃得开。”

本来徐远举是准备住在我家的，他听周养浩在电话中说的他在机场看到的情况后，便决定住到朱子英家中去。朱虽是卢汉多年的亲信随从，从勤务员一直升到了上校副官处长，但和军统特务却一直保持着相当深的关系。徐过去到昆明常住他家，所以他说要去朱家，我也没留他，只相约我和张群见面后，把开会的情况告诉他，并为他和郭旭、成希超三人安排明天飞台湾的飞机。当时我控制民航机票，军用专机则由空军副司令沈延世控制，我们两人相互交换，关照亲友提前乘机，所以只要有飞台飞机，不论民航或军用机我都可以想办法。

徐远举走后，我又不停地接到特务们从各方面搜集到的情报，卢汉的保安团不断频繁调动，形势十分紧张。我原来的分析，卢汉要完成起义部署，最快也得到 12 月中旬。解放军离云南至少有五六天路程，卢由保安团队刚编成的两个军，不论在装备和人数等方面，都不及国民党在云南的两个中央军，所以我曾向毛人凤发过两次密电，说明在 10 日前后，如果命令我干掉卢汉，还可以确保云南。由于我认定 15 日之前，卢不敢轻举妄动，所以蒋介石才决定把昆明作为转运站，疏散滞留在成都的高级军政官员。这天的急剧变化，我感到很不妙，于是在去卢汉家开会之前召集一些骨干开会，要他们做好充分准备，千万不要把希望寄托在张群身上。同时，我还亲自起草了一个给毛人凤的电报：“局势已发展到无力可挽回的程度，我判断失当，有亏职守，无力完成任务，只有来生再见。”

开会结果，我们在昆明的几个中央军事人员——二十六军军长余程万、八军军长李弥、宪兵副司令李楚藩、参谋长童鹤莲、师长石补天、空军副司令沈延世和我七人，全部被卢汉扣留强迫参加云南和平解放。张群早被扣留，是用他身上带的图章把我们召去的。张不愿随同卢汉起义，卢便在第二天把他送到香港去了。

五、束手就擒，接受改造

徐远举不时用袖子轻轻揩擦由于惊恐而不知不觉从他那鹰嘴尖鼻内流出的清水。好久好久，他才故作镇定，慢慢地站起来，走到窗口。他伸头向外望了望，连忙招手要周养浩和我过去。我轻轻地走到窗前，向外一看……

9日晚上发生的这一巨大变化，徐远举完全不知道，因他在朱子英家睡得太熟，外面又没有枪声惊扰他。就这么平平静静的一晚上使整个云南变了颜色，投入了人民的怀抱。

徐远举睡到上午9点多才醒来，一看朱子英还没回来，便问朱的副官："朱处长到什么地方去了?"这位副官一支吾，他马上感到不妙，加之我又没有把见张群开会情况告诉他，便判断大事不好，连脸都没顾上洗，就匆匆下楼跑到汽车间，看到朱家有一辆用来买菜等东西的旧美军吉普没有锁，立即从口袋内掏出"特别通行证"贴在汽车挡风玻璃上，用保安司令部的证章换下他原来的西南军政长官公署的证章，然后跳上驾驶台，发动引擎，准备开走。朱家的司机赶出来拦他，他把手一挥："我自己开车去找朱处长，请把我的行李收拾好提下来，一会儿我来拿。"朱家的佣人们见他没拿行李，肯定他会回来，再也没有拦他，便把大门打开让他开走了。原来他准备开到二十六军军部去，到了那里就不怕了，没想到他刚开出朱家不远，来逮捕他的昆明市警察局副局长，看到他正在开车，立即把自己的汽车一横挡住了去路。这个双手沾满了几百位烈士鲜血的大刽子手，一看寡不敌众，只好把车停下，束手就擒。

周养浩

周养浩是在昆明飞机场被清查出来的。那晚他看到情况不对，马上把军服脱下，换上了一件蓝色丝棉长袍，从飞机场场长办公室走出来，混进了一

大堆等候飞机的人群中。因他在昆明“九九事件”中，是随同毛人凤一道由重庆到云南，参加过审讯被捕的人，卢汉派去逮捕他的人都认识他，所以他虽化了装，还是被清查了出来。

云南保安团在昆明市人民全力支持下击退第二十六军和第八军的围攻之后，我也被卢汉从五华山主席办公室和宪兵副司令李楚藩一同送到昆明钱局街陆军监狱。我们三个《红岩》小说中所描写的人物徐鹏飞、沈养斋、严醉又相聚在一起了。开始是相对无言，一会儿便破涕为笑，互相庆贺：“大难不死，终于团圆。”

一年之后，我们三人先后从昆明被解押到了重庆。关押我们三人的地方，正是一年多前我们囚禁和屠杀革命人士的白公馆。历史真是这样无情吗？不！是公正！仅仅一年多，我们中谁能想到会被囚禁到这里呢？如果说有什么不同，那就是过去我们对待革命人士是那么野蛮残暴，而今天人民对待我们却是如此宽宏大量。过去这里听到的是一片愤怒的斥责与痛苦的呻吟，今天听到的则是朗朗的读报声和谈笑声。这些人过去指挥屠杀人民的手，现在却捏着棋子，在“黄河为界”的棋盘上，悠悠闲闲地对“杀”而取乐。完全用不着别人提醒，每个犯人都会理解，今天，在共产党统治下的监狱里“什么叫社会主义的革命人道主义”这一十分陌生的名词，更不需要别人去向他们作说明，他们比说明这个问题的人，会有更加深刻的亲身体会。

不过，当我们第一次听到数以千计的群众在囚禁我们的白公馆附近烈士陵墓祭扫时，爆发出的雷鸣般的口号声，吓得我们这三个血债满身的元凶首恶，都面色惨白，缩成一团，靠在地铺的墙上。徐远举不时用袖子轻轻揩擦由于惊恐而不知不觉从他那鹰嘴尖鼻内流出的清水。好久，好久，他才故作镇定，慢慢地站起来，走到窗口。他伸头向外望了望，连忙招手要周养浩和我过去。我们轻轻地走到窗前，向外一看，只见白公馆的监狱大门和侧门都闭得紧紧的，从门前的长长石阶直通向烈士公墓的那条土路上，增加了很多解放军的岗哨，还有大约一个排的解放军，像是刚从别处调来的，正坐在楼下，不少人还在脱帽擦汗。这一切，都说明是临时加强这里的警卫，防止愤怒到极点的群众知道我们囚禁在这里，而冲进来把我们拖出去。

白公馆

我们这三个过去只看惯别人痛哭流泪而无动于衷的人，这时也都禁不住流下一串串感激与悔恨的热泪。

我们在白公馆住的是楼上西边的那间大套间，这是过去白公馆的主人白驹住过的房间。军统用它作为监狱后，叶挺将军曾在这里关过，抗战胜利后，大汉奸周佛海也在这里关过。没想到由我经手买下来，由周养浩、徐远举用来囚禁过革命烈士的地方，我们三人与国民党四川省主席王陵基、川湘鄂边区绥靖主任宋希濂、兵团司令钟彬等又关在这里了。不久，西南公安部让我们交代过去的罪行材料，徐远举首先表示："决不保留，决不扩大缩小，老老实实交代。"他背地里告诉我，以我们过去的所作所为而言，杀一个共产党是死罪，杀100个也一样，不如痛痛快快一下子交代清楚还舒服些。所以他在交代罪行时，是很受审讯人员表扬的典型。我在他的启示下，也感到一个与100个是同样可以处死，还不如"竹

筒倒豆子”，一下倒出来。

两年后，西南公安部在白公馆后面修建了一座标准监狱，让我们搬了过去。我们两人一个房间，管理也比白公馆宽多了。徐远举原来认为交代完罪行就会按照惩罚反革命条例判处死刑。他和我站在白公馆楼上走廊里散步时，常对我指着解放前军统屠杀革命烈士的那片山沟说：“你我将来就和过去共产党员一样，倒在那里罢了！”自搬到新监狱后，我们不但还和在白公馆一样吃中灶伙食，而且还能随便出房门在院内散步，他才感到可能不会杀掉我们，也许就在这里过一辈子了。

西南公安部后来撤销了，我们由松林坡新监狱送到重庆市石板坡监狱，伙食虽未降低，但地方很小，没有放风的地方，每天闷坐在牢房内。这时，徐远举越来越急躁，他认为这一辈子就在这里面度过了。有天监狱的理发员给我们理发，是用剃刀剃光头。这位理发员可能是监狱的节约标兵，他只用一点点微温的水在我们头上浇一下，用一些零星肥皂在头发上搓一下。他这一动作，立即使我想到我过去在一个偏僻山区打猎，在招待我们吃饭时，陪去的一个乡长特别关照说，我们是从京里来的客人，要好好招待。主人在给我们做鸡蛋汤好让我们吃自己带的面包时，显得特别大方，他拿出一块和这位理发员拿的小块肥皂 1/8 那么大的盐巴，在汤里面涮了两下就拿了出来。那个乡长又提醒他，我们是京里来的京官，他才咬一咬牙，又把那块盐巴再去汤里涮了两下，马上拿出来挂到墙上。这位理发员没有那么大方，只把肥皂转了一圈就开始用刀来剃了。徐远举是络腮胡子，平时要用滚水加上肥皂抹上几次才能剃，这位理发员的肥皂是定量分用，根本不可能用到络腮胡子上，所以徐远举被他硬剃几下，胡子虽然下来了，两腮上的红肿刀痕几天才褪掉。他为此气愤异常，决心学叶挺将军的样，不再剃头刮脸，让头发胡子披在头上。他说当犯人就这么蓬头垢面算了。

我们在石板坡监狱住了约一年多后，一天监狱长来宣布，让每人整理自己的档案。徐远举认为快处决我们了。管理员抱来大批各人的原始档案，清点页数当面交与每人后，并再三叮嘱：不能丢一页。徐远举的档案只比王陵基少几十页，有近 400 张，他只花一个星期，便摘要整理完毕。管理员再三表扬他，说他整理得又好又快，他却冷冷地回答一句：“死也死个痛快嘛！”

事情往往是出人意料的，1956年初，监狱中一位常与我们打交道的管理员来向我们报告一个好消息，说再过两天，我们就要搬回到原来的松林坡去，那里的生活条件比过去好得多，新的床桌都已准备好，他已去看过了。这一变化，大家都很高兴。两天后，我们便由石板坡重庆市监狱又搬回松林坡的新建监狱，不过情况完全不同了，与我们同时搬去的，是在重庆和附近劳改农场挑选出来的已判刑正在劳改的犯人，文官是厅长以上，武官是师长以上。四川省公安厅厅长第一次向我们宣布：集中我们是为了对我们加速改造，要我们好好学习，只要诚心诚意接受改造，党和人民是能原谅和宽恕我们的。徐远举曾悄悄地对我说："看情况死不了啦，在这里住一辈子也不在乎了。"这时伙食费又有提高，新的衣帽穿戴起来后，再也看不出是囚犯了。

那次集中在一起的有100多人，大半都是熟人，王陵基的级别最高，不但是四川省主席，而且兼四川保安司令部上将司令。我们在重庆进行参观时，政府考虑非常周到，因王是老军阀，多年来在四川杀人不少，徐远举是"11·27"大屠杀的主要凶手，还有一个原兵工署警务处长廖宗泽，是解放前夕在重庆破坏兵工厂和发电厂的主要负责人，许多烈士家属都认得，怕他们在重庆参观工厂和学校时，一旦被认出来，会发生意外，便没有让他们参加，后来把他们送到北京去了。

不久，我也和另外三个军级高的战犯由重庆战犯改造所送到北京战犯改造所。我又与徐远举在一起了。我和徐不在一个小组，但我发觉分别虽只几个月，但他比我思想进步多了。我到每年3月中旬，总是爱向过去的军统老同事提醒一下："明天又到3月17日了。"军统头子戴笠是3月17日摔死的，过去我向徐远举提出时，他总是长长地叹一口气，这次我向他提的时候，他忙把我拉到一处没人的地方，用劝我的口吻说："以后不要再提了，你怀念戴笠的心情我是理解的，但现在是什么时候什么地方，你得慎重一点，你心里怀念一下就算了，不必再去提醒别人，何必让别人拿你去向政府人员表功呢。"我听了之后，连连点头，第二年3月中旬，我就再不向别人提了。

我们在北京功德林学习了一年多，便到北京郊外公安部农场去参加农业劳动，半天学习，半天到野外去从事轻微的体力劳动。我的体力比徐远举大得多，

逐渐能挑上百斤的东西，他也很想和我一样，但总是赶不上，我便劝他按规定做到力所能及，尽力而为就行了，不必太勉强。不久，他便得了一种少见的病，粪肠炎，经住院一个月左右才好。回来后，他体力大不如前，但还是坚持劳动，从不偷懒。后来又组织我们写国民党的历史资料，利用半天学习时间写，徐远举最卖力气，也毫无顾虑，知道什么便写什么，从不回避写自己的问题，也得到了表扬。

我们出去劳动是整好队一道走，可回来却可以不那么整齐，只要不落后很远，先跑回来没有人阻止。往前跑的人，多半是想多有点时间洗洗擦擦。徐远举每次总是跑在最前面，他不是去洗擦，而是去管理员办公室领取当天的报纸。他先抢着看标题，看有什么重要新闻没有，看过之后才一队一队去分送。我们都亲切地称呼他是“义务报童”。

1959 年 9 月 16 日下午，徐远举又在收工时先去领取报纸。我们大伙还在拖着疲乏的脚步慢慢腾腾往回走，他没有像往日一样把报分送出去，而是一手高举报纸一面大喊大叫：“好消息！好消息！”王耀武迎上前去，抢过报纸，大家也都不约而同地把王紧紧围着，只听他念道：“在庆祝伟大的中华人民共和国成立十周年的时候，对于一批确实已经改恶从善的战争罪犯、反革命罪犯和普通刑事罪犯，宣布实行特赦是适宜的……”王一边在念，徐却把另一些报纸匆匆分送几个小队长，自己拿一张跑到一旁去看。

这一天正是中秋节的前一天，许多人都没睡好，我也借上厕所在门外溜达，看到徐远举也从他那个小队的门内钻出来。我们虽然一天见那么多次面，不知怎的，这晚却不约而同地把手伸出来紧紧地握了起来，显得十分高兴。坐牢坐了十来年，谁又不希望早日得到自由呢？可是到了第二天，大家正在兴高采烈地包饺子的时候，我又和徐远举不约而同地在附近一条溪流边碰上了。照例，每遇包饺子，厨房大师傅总是把面和好，馅拌好，发给每个小队自己去包，包好后由厨房统一煮好再抬出来，让我们自己去分。一些北方同学便包做这一工作，我和徐远举这些南方人只能担任去厨房取原料和送包好的与抬煮熟的，所以别人忙着包，我们没事就可以在门口散散步。徐远举一见四面没人，悄悄地用一种警告式的口吻对我说：“不要太过于高兴了，你没仔细研究，报上说得很明白，是‘一批’

特赦战犯会场

而不是全部。”我一听也立即想到，的确说的是“一批”，可能是一些罪恶小民愤不大的人，像我们这些干过特务的，肯定轮不上，所以我把这一想法谈出来后，徐也很同意。

9月18日，下午收工时，徐又抢先看到《人民日报》上头版刊登的刘少奇主席颁布的特赦令和《改恶从善，前途光明》的社论。这一特赦令是昨天颁布，今天见报，也正是1959年中秋节。虽是巧合，但大家的心情却特别激动。过去常用“感激涕零”，只是一个形容词，这次却真正体会到这四个字的分量和恰如其分地表达出了内心的真实感情。不少人几乎是默默无言而泪流满面。这些不少是身经百战的将军，过去在连天炮火死伤遍野的场合中，也从不掉一滴眼泪，而现在则变成这样，如不亲见，谁又会想到仅仅因见到报纸上几行字，会使他们如此激动呢！

1959年12月4日，最高人民法院在功德林监狱礼堂举行“首批特赦蒋介石集团战争罪犯大会”。首席法官宣布特赦名单，只念了杜聿明、宋希濂、王耀武、曾扩情、郑庭笈等10名之后，便接着说：“以上人员，改造10年期满，确已改恶

从善，现予释放。从宣布之日起，给予中华人民共和国公民权。”最后由原国民党中央执行委员兼山东省党部主任委员庞镜塘代表在押战犯致感谢词。散会后，榜上无名的都耷拉着脑袋，默默地回到寝室。很多人都有一肚子的话不敢说，只有急性子徐远举沉不住气，他大声嚷道：“我也认真学习，劳动也流汗水，积极写材料，我哪件事不如人家，哪里不符合特赦标准?”他的话像一粒火星，使沉闷的空气爆炸起来，许多人不约而同地喊出：“是啊！我们哪点不如人家，为什么他们能得特赦，我们不能呢?”

管理人员针对大家这种思想，立即组织学习，座谈了好些天。表面上是平静下来了，因为都懂得一点，就是再吵再闹也跳不出高墙，还不如再等等看，用徐远举在座谈中和在墙报上的一句话作为“定风波”，就是：“既有首批，肯定会有二批、三批。”

1960 年 11 月 18 日，《人民日报》报道了国务院第 105 次会议公报，说第二批特赦名单已送人大常委会审议了。这一喜讯，又使许多人坐立不安，都希望第二批能有自己。第二批特赦，只比第一批多了一个，计有山东绥靖区中将副司令官李仙洲、东北“剿总”副总司令兼锦州指挥所中将主任范汉杰、庞镜塘和我，以及几个中将军长等 11 人。不过这次是由徐远举代表在押战犯致感谢词。我在离开监狱与徐远举握手告别时，叮嘱他好好争取一下，第三批一定有他。第一批特赦时代表致辞的是庞镜塘，第二批便有他，依此类推，第二批特赦时，代表致辞的第三批便肯定有份了。但徐远举却把头一摇说：“不合辩证法!”如他所说，第三批不但没有他，四批、五批也没有他，而且都是由他代表在押战犯致辞。送走一批接一批，就是没有轮到他。这件事在战犯改造所被传为趣谈。

1964 年，我们在北京的十多个特赦人员，由周总理安排，让政协派人陪同去各地参观，先到南方几省，后到西北几省。回来后，北京战犯改造所的领导要杜聿明、宋希濂和我三人去秦城监狱，向尚在改造的战犯作报告。上午，我们三人向他们介绍了到各地参观的情况和感受，鼓励他们早日争取特赦，下午便分别到他们的寝室，接受他们的询问。徐远举最希望知道的，是外边知不知道我就是《红岩》小说中的严醉。我说不但知道，而且不少剧团、电影厂还让我去介绍有关《红岩》中一些情节，对我没有一点歧视。徐听后很满意，他认为他出去也可以毫不避讳地说他就是“徐鹏飞”。分手时，他高兴地握着我的手说：“你等着为我接风吧！我相信我能争取特赦的。”没有料到，没过多久，一场空前浩劫开始了。

在“文革”期间，停止了对在押战犯的特赦，已特赦的，不少都挨了程度不同的批和斗。我和康泽、董益三这三个“姓牛的”（“特”字旁是“牛”，许多人叫干过特务的为“姓牛的”）又重新被投进监狱。

由于“四人帮”的横行，逼着许多人写诬陷一些老革命干部的材料，徐远举宁肯挨骂甚至挨打也不肯听从他们的安排去写陷害别人的东西。听说他在那几年内心情非常烦躁，常和人争吵，特别是“四人帮”的爪牙，为了要把秦城监狱原用作战犯改造所的那一幢楼腾出来，囚禁忠于党和人民的革命老干部，把一些原国民党中长期从事军事领导的如黄维和许多军长一级的战犯，都移送到抚顺原日本战犯管理所去囚禁，只留下一些军统和中统等十多名搞特务的来给他们提供材料，准备利用他们过去的身份来诬蔑好人。徐对此气愤异常，认为这不是党的传统和光明作风。

1973 年冬，徐远举在缝纫组劳动期间，因工作马虎，经他手缝制的十多件衣服，经检验，都不合格，让他返工，他不肯。和他私交较深的原军统老同事文强、黄康永表示愿帮他一把，将不合格的重新缝制。并劝他不要斗气，他不但不接受这些意见，还去与检验的人大吵大闹了一场。当晚他又在房内用冷水冲洗，刚走出卫生间即晕倒在床上，虽经医院抢救，但因脑血管破裂而无法救治，所以第二天早上便去世了。

张国焘在军统

一、叛党投敌也未荣华富贵

二、蒋介石只给他一个空头委员

三、“夹着尾巴”做人

四、贪财好利，口是心非

五、被蒋遗弃，晚年贫病交加

沈醉回忆录

一、叛党投敌也未荣华富贵

他在解放前逃往香港，也曾去过台湾，但国民党并不欢迎他。所以，他又跑回香港，每天得靠写写回忆录或是自传一类的东西，勉强维持生活。

中年以上的中国人和一部分外国人，提起张国焘这个人，多少会有一点印象的。按照他自己所吹嘘，他过去在中国共产党内是二三号人物，而且差一点点便是第一号了。在世界共产主义组织第三国际中，他曾代表中国共产党出席过会议。所以说他过去在国内外总算还是有点名气的，看来还可以遗臭几十年，似乎也可以闲话他一阵子。

解放前夕，他逃往香港，也曾去过台湾，因为成了国民党不受欢迎的客人，又回到香港，后来去加拿大定居。由于他叛党投靠国民党后，所得到出卖灵魂的代价，不能够让他过上舒适的“豪华”生活，在国外又无亲友接济，所以得靠写写回忆录、自传一类的东西，以及对中共一些领导人的分析等等，来维持生活。

他在香港好几年，和后来迁往加拿大去定居这一不短的期间内，几乎每天都得埋下头来写东西，由于稿费收入不太多，他在生活上还很想像一些腰缠百万美元的国民党官员们一样享受，所以弄得很不顺心。他又别无所长，便得天天写，他能写的几乎都写完了，但还有一大段他却没有勇气写出来，这不是他忘掉了，可能是羞于提笔。那便是他在国民党军事委员会调查统计局（即“军统”）担任特种政治问题研究室少将主任时那一段可怜的经历。他没敢写，为了不辜负与他有过同事之谊，我就尽我所知来替他写出来，以补充他自传与回忆录的欠缺部分，使之能够完整点。如果有人想给他编一个什么年谱一类的东西时，那十来年就不会是一个空白点了。

张国焘

二、蒋介石只给他一个空头委员

和国民党打交道，可没那么简单。投降的人不管你过去地位多高、名声多大，如果投降时不带上一份厚礼，手中无一点讨价还价的本钱，那就得听从安排了。张国焘满以为可以升官发财，没想到，蒋介石只给他一个无权的空头委员，他真是大失所望。

1942年2月1日，毛泽东主席在延安中共中央党校开学典礼上的讲话中指出：“张国焘是向党中央闹独立性的，结果闹到叛党，做特务去了。”毛主席当时没有具体指明，他到哪个特务机关去做特务，以及去特务机关干了些什么见不得人的事。“毛选”的注释中也没有把这些注释出来，张国焘自己也更不愿或者不敢写，这可能和毛主席指出的“张国焘是大不老实的人”有很大关系吧！

张国焘与毛泽东

张国焘不止一次告诉我和毛人凤、黄逸公等军统大特务，说他在国共第二次合作抗战之前，就作了投靠国民党的打算，因他在共产党内过去地位很高，经过长征到达陕北后，最使他感到厌恶的是：“不但无权而且受气。”他的那位太太也是这样，一说到他过去，便眉飞色舞地说他真是一位了不起的叱咤风云人物，后来便每况愈下直到终日忍气吞声……这可能是为他出逃寻求“正当”理由吧！

国共第二次合作后，每年清明节，国民党派官员去陕西黄陵县祭扫轩辕皇帝陵墓时，陕甘宁边区政府也照例要派人参加这一祭扫皇陵仪式。1938 年清明节，张国焘以陕甘宁边区代主席身份前往参加，据说这是他等候多时的一次叛党投敌的机会，所以他请求派他去参加。祭扫仪式完毕，他本应返回延安，但出人意料的是他竟向国民党官员表示愿意去武汉，当时去主祭的国民党官员闻之大喜，立即表示欢迎他去，并立即拍电报向蒋介石报告，蒋也复电欢迎。我过去调查过，这一次张国焘出逃，事前并没有人去策动过，完全是他蓄谋已久，早就决心要叛党投敌的。

他到了武汉后，共产党方面曾多次派人与他联系，希望他返回延安，但都遭到他拒绝。在无法挽救时，跟随他的警卫员也抛弃他回延安，不愿和他一道出卖灵魂，他真正成为名副其实的孤家寡人了。

陕甘宁边区政府代主席投向国民党，这在当时，的确曾引起过国内外许多人的重视，特别是他在接见记者时发表的许多言论，使一些记者很感到诧异。

蒋介石在武汉很快接见了他，对他投向国民党嘉勉了一番，当时他可能认为从此便可升官发财、青云直上了。但和国民党人打交道，可不那么简单。投降的人不管你过去地位多高、名声多大，如果投降时不带上一份厚礼，手中无一点讨价还价的本钱，那就得听从安排了。不久，出乎张国焘意料的是，蒋介石只任命他为国民政府军事委员会中将委员，这个名利心切的人，对于这样一个无权的空头委员，真是大失所望了。他有没有后悔？我没有听他和他家里的人谈过，即使有也不敢谈吧！不过有点使他聊堪自慰的是，他感到比在延安要好得多，那就是在生活享受上能使他舒服一些，也没有人会批评他，几乎是天天成为国民党官员们的座上客，而且在吃喝玩乐时，国民党官员们总是那样嘻嘻哈哈。笑里虽带着刀，但多年当官的经验，使他们能把刀藏得一点不露痕迹，表面上总是对他那么客客气气的。所以他感到这方面还是比在延安要好一点。

“西安事变”后，由于周恩来、叶剑英等执行了共产党的统战政策，说服张、杨和平解决了那场一触即发的内战，使蒋介石获得了自由。国民党再也不好意思高喊“攘外必先安内”。卢沟桥的日军炮声震醒了全国人民，蒋先生也只好喊出：

“地无分南北，人无分老幼，无论何人皆有守土抗战之责任。”不过从南京仓皇逃到武汉之后，国民党中确有那么一批人就在相互交谈中提出了：“日本亡我国而不灭我党，共产党不亡国而欲灭我党。”在这些人心目中，国可灭，党不可灭，灭了党他们就无官可做无财可发了。所以逃到武汉后的国民党，又叫喊起“既要抗日又要反共”了。正在这时，张国焘只身前来，恰恰迎合了这一需要，所以他被一些人称为“识时务之俊杰”。他也沾沾自喜，认为这一出走真真走对了，不过蒋介石在考虑给他安排一个具体工作时，却是从反共这一方面着眼的。国民党机关之多，要给张国焘安排一个像样的官，的确不成问题，可是蒋介石考虑来考虑去，最后却是决定把他交给军统特务头子戴笠去运用这个“活宝”。军统是一个专门反共反人民的特务机关，张国焘也是早有所知，所以当蒋介石在第二次接见他时，用了很有礼貌的口吻，指着站在他身边的戴笠说：“我想请张先生去给他帮帮忙。”张国焘听了一怔，据说他呆了一会儿才恢复正常。这的确太出他意料之外了，居然安排他到军统局去当特务，又不是当局长副局长，而是去“帮忙”。那有多大出息呢！当时虽一百个不愿意，总不能刚一踏进别人家的门槛，就连“最高统帅”的面谕也敢违抗吧！所以呆了一会儿之后，昏昏然的头脑才清醒了一点，便只好点头哈腰连连表示服从分配。戴笠开始都没有敢向老头子去要这位“大人物”，他听说，CC 头子陈果夫、陈立夫兄弟很想要他去“帮忙”。军委会政治部则认为更需要这样的人。胡宗南、康泽等人也纷纷向蒋介石请求要这位仁兄，蒋介石都没有答应。想要而不敢开口的戴笠，一天前有人向他透出消息，说老头子可能把张国焘交给他，这使他高兴得几乎连觉也睡不着，他认为这是老头子特别看重他，更认为有了这样一个“活宝贝”为军统工作，“消灭共产党，有何难哉”！

蒋介石和戴笠

蒋介石和戴笠都错误地、也可以说是过高估计了张国焘，要么是听信了他的自吹自播。都以为凭他过去在共产党内的地位和关系，可以大搞对中共内部进行打进拉出的阴谋活动，便对他寄予极大的希望。满以为只要他肯卖点儿力气，就可以搞垮共产党，至少在分裂共产党方面能起到一些决定性的重要作用。

戴笠平日就爱请客，他请的客人各种各样的人都有，除国民党中几个元老不大爱理他外，宋子文当了行政院院长后也是他座上常客。文官中一些部长、省主席，武官中除冯玉祥、薛岳、陈诚等少数人外，一些战区司令长官、副司令长官、总司令等到重庆见蒋介石述职时，他也会邀请他们去他家做客。他自得了张国焘这样一个部下之后，请客的次数更多了。为了炫耀自己，在他请客而邀请张国焘去参加时，往往先用电话告诉客人："明天你来吃饭时，陪客的是共产党里面坐过第三把交椅的风云人物。"他给客人介绍张的时候，也是用这种骄傲的口吻。

我是 1942 年调到军统局去当总务处长的。戴笠在他家中请客一般不用我去安排，他家中有一个专管这类事务的总管阿何。此人曾在香港半岛酒店当过多年的服务员领班，对这些事很有经验。我有时为了别的事而去戴笠家中，多次遇到张国焘，有次宴会完毕我和张同车回去，他在车上和我闲谈时，对戴笠说他过去是在共产党内的第三号人物还表示不同意，他竟大言不惭地对我说："在长征途上，要是我心狠手辣一点，我在共产党内的地位就不是第三、第二了。"我过去对共产党的历史不清楚，不知道他是指在红军长征途中，他和党闹分裂自立中央、并企图陷害毛主席的阴谋未能得逞。只是含含糊糊地点点头，嗯了一声，表示同意他这种大吹牛皮的鬼话。当然，他在戴笠向别人介绍他的时候，他是不好意思说这些话的。

张国焘刚到军统局，担任特种政治问题研究室主任。按编制主任是少将，工作人员也不多，这个求官心切的人对此是十分不满意的。因为当时在军统中，只有戴笠和郑介民是中将级，其他处长、主任，连毛人凤也都是少将，他在军委会是中将委员，去军委会开会时，便穿上军服，挂上中将领章，但到军统局工作，特别是去见戴笠时，他就不挂中将衔了，大都是穿便服。有次他刚从军委会回去，戴笠约了几个处长去吃饭，也邀了他，我们都是挂少将领章，只有他一个人挂中将，他便感到有点尴尬，因为别人虽只挂少将，但权力比他都大，他只是限于研究范围，所以大家在谈一些日常工作时，他一言不发。好在他不能参加军统

局的局务会议，要是他听到一些单位负责的大特务，汇报自己所干的那些无法无天的工作和处理人事与财务等情况的权力时，真会使他垂涎三尺了。

三、“夹着尾巴”做人

> 我火气上升，用力在桌子上一拍，大声冲着他说：“张主席！请收起你那一套吧，这里不是延安！要识相一点！”他一听，立刻羞愧得满脸通红，眼泪都要掉下来了。他一句话也没再说。

张国焘初去军统，虽然有许多使他不满意的地方，但戴笠、毛人凤等对他还相当客气，不用几天，便有宴会邀请他参加，不过国民党的酒席可不能白吃，吃了就得给人做事。他最苦恼的是逃出来时，只是光棍一条，什么班底也没有，可不像他当年企图分裂党中央时，还有一些人受骗上当，跟他去胡闹了。所以他一开始要做工作，就向戴笠提出要办一个训练班，由他亲自主持训练出一群专门打进边区去的特务，才能施展他的阴谋。他自己常说：他不但是为国民党工作，也是要报他的大恨深仇。他究竟是恨共产党还是恨批斗过他的什么人？他没有具体说出来过。

张国焘要求办一个训练班，由他亲自主持，戴笠对他提出的一切要求全部答应，不过用什么名称，却颇费心思。因为军统局一些大的训练班以地名为名的已有：临澧、黔阳、息烽、兰州、东南、重庆等，不能再在重庆设一个同名的班，经过几次研究，才决定用张国焘主持的单位成立一个“特种政治工作人员训练班”。因为在抗战期间，表面上还得承认国共合作，不能用反共或类似名称，所以在军统中凡是冠以“特种政治”四个字的单位、案情等，都是专门用来针对共产党的。

特种政治工作人员训练班的学生来源，戴笠特别指示军统人事处与训练处，要从军统其他训练班中挑选一批已毕业或正在受训、适合这项工作的所谓优秀分子，还得经过张亲自谈话、考核后才能进入这个班。这样郑重其事，这是军统办训练班以来从未有过的。可见戴笠对这个班所寄予的希望是超过任何班的，所以张要钱给钱，要人给人，张在这一时期也颇感得意。

据当过张国焘助手多年的黄逸公告诉我，张对于戴笠能言听计从，认为只要这样互相信任、互相配合，肯定可以做出一番惊人的事业来。黄逸公，安徽桐城人，早年在上海参加地下党工作，被送去莫斯科东方大学学习过。1932 年在上海被捕，被英租界巡捕房囚禁两年，放出后找不到党的关系，却遇上叛徒王克全，介绍他加入了特务组织。经过多年的考验，戴笠认为他忠实可靠，所以派他去协助张的工作，初任特种问题研究室秘书，张办训练班，他便任教务组长，戴笠兼班主任，张任副主任，负实际责任。一切训练工作全由张亲自安排。

戴笠一向是秉承蒋介石对共产党叛徒运用的几个基本原则："只能要他的，不能让他多了解我们"和"尊而不敬，用而又疑"。所以张国焘主办的训练班不能和军统其他训练班一样放在军统局乡下办事处的缫丝厂附近，而是设在磁器口的洗布塘。当时连张主持的那个研究室也不是设在罗家湾军统局局本部内，而是在外面另找的房子。军统局一切重要会议不邀张参加，偶尔与军统几个处长、主任去戴笠家吃吃便饭，以表示不把他当外人看待，实际上对他有点敬而远之。可能防止他对军统也来"研究"吧！所以军统局中许多科长一级的中等骨干都没有和张国焘往来过。有的只闻其名，未见其人。我由于负责总务工作，与各单位都得往来，除不过问各单位业务外，凡涉及生活方面的问题，我都能过问。不过我当时对张主持的那个研究室却不感兴趣，几年中我才去过两三次。记得有次我去那里为了检查房屋的修缮问题，张正在和几个人开会研讨什么。他和我谈了几句话便介绍了两三个我不认识的人和我握手。我立即告辞，请他们继续开会。黄逸公送我出来时，我便问他："那几个是什么人，我怎么不认识?"黄告诉我，有两个是属于中统特务系统的，一个叫何云，另一个叫什么我已记不起了。我回到军统局，马上去告诉毛人凤（当时毛是军统局代理主任秘书，主任秘书郑介民因在外兼职多，不能到军统局工作，由毛代他）。说张国焘找非军统局的人去开会，问他知不知道？毛才告诉我，为了对付共产党，军统与中统在这方面是合作得很好的。别的方面虽常闹摩擦，但在这个问题上却是一致的。因为双方都很明白，

共产党打垮了国民党，什么都完蛋了！他便提醒我：“你忘记了，你每月在漱庐（军统对外公开联系的地方）准备一桌酒席，招待来开会的不就有中统局局长和宪兵司令吗!”我这才想起，军统、中统和宪兵之间，为了争权夺利，往往打得头破血流，一直闹到蒋介石那里去。而在对付共产党方面，却能统一口径，能坐下来协商应对办法，都知道放松了这个方面的工作，就会同归于尽。

张国焘主办的那个训练班是半年毕业，因为学生是从别的特务训练班挑选来的，一般特务课程大都学习过，不需要再去讲授。刚满半年举行毕业典礼后，戴笠又立刻让他开办第二期，每期挑选的学生都是一百五六十人。当时戴笠对这些毕业学生寄予极大希望，在分配他们去西北前，戴分批接见并共进一次午餐，以示优待。接见时，戴笠一再鼓励他们应如何竭尽全力去完成“领袖”赋予的“光荣任务”。可惜很快这一幻梦便被粉碎了。原来由张国焘亲自主讲的那些什么对共产党的分析、研究，以及如何打入边区，怎样才能取得信任……真正运用起来，完全不是那么一回事。有几个张认为最得意可靠的学生，拿着他亲笔写的信去找他过去熟识的人，更是渺无消息，有去无回。戴笠一看急了。勉强把第二期办完，就宣布停办，张国焘也为此称病不敢去见戴笠，戴笠也急忙亲自跑去西北察看，不敢去见蒋介石。这一次实验证明，派人大规模打入边区的计划是失败了。

戴笠从西北回来后，据说胡宗南曾提醒他：张国焘在延安的关系不多，但在红军中还有些关系，由红军改编的八路军正在太行山一带敌后活动，他建议让张国焘派些人去试试看。据当时任二十七军军长驻在太行山边沿的范汉杰告诉我，常有一些特务拿了戴笠给他的信，请他帮忙把那些人护送到八路军防区去。结果怎么样，就没有听说过了。

军统在抗战前就奉蒋介石之命一定要在延安建立一个情报站或小组，配备一部特工电台，多年来却一直未能实现。戴笠自得到张国焘后，满以为通过他的关系，一定会毫不费力地建起来，没有料到，张不但不能把共产党和红军的重要骨干拉出来，连打也打不进去。甚至张满口答应在边区建立军统组织这样最有把握的“小事”，也完不成任务而无法向蒋介石做交代。据说，最后是在“阴阳交界处”的洛川县（洛川当地老百姓把洛川县称之为阴阳地界，阴间指国民党统治区，阳间则指陕甘宁边区），建立了一个所谓延安组并摆了一部电台，敷衍了一下蒋介石。

张国焘几年间搞阴谋活动也不是完全无结果，多次到处碰壁后，居然皇天不负苦心人，真有一个曾在红军中任过团长的朱某某跑去投奔他。这一喜出望外的事，使他兴致勃勃地打电话要求见戴笠面报喜讯。戴接见他时，也十分高兴听取他得意的汇报。当问到这位团长的队伍开到了什么地方时？回答是团长先出来联系好之后再去带部队。戴笠可能比张国焘还聪明一点，一个红军团长离开部队后再想去带人出来肯定不可能，只会是和张国焘一样，光棍一条！

尽管张国焘一再失败，无法完成他自己夸下海口担保能完成的一切任务，但戴笠决不因此而不想再利用他，他自己也不得不从多方面去想办法，几经研究之后，最后打出的一张王牌是加强对边区外围的工作，先是在军统陕西省站之外，再成立一个陕北站，由他推荐黄逸公去担任站长，因站部设在榆林，也称为榆林站。还在汉中设一个特别侦察站，由戴笠选派程慕颐任站长，配合汉中军统掌握的汉中统一检查所，搞些半公开的活动，对去陕北或从陕北出来的革命人士、爱国青年进行检查、扣押等活动。同时加强在西北为军统工作的耀县地区行政专员梁干乔的对边区封锁外，张还建议应在接近边区一些地方成立几个所谓策反站、组，据说这是要用“小虾钓大鱼”。可是我却一直没有听到这些站、组的“小虾”们钓了什么“大鱼”出来过。可能是像他那样的“大鱼”，只那么一条，早已被名和利钓出来了。

大约从1943年以后，戴笠对这位“宝贝”也看透了，估计从他身上榨不出多少油水，并通过一些“反共专家”们仔细分析后，认为张国焘这块牌子在共产党内部已经批臭了，谁也不肯跟他走上绝路。当然，他们认为这与共产党内部的周密防范，也有很大关系。

经过张训练的那300名左右的学生，除派出去一小部分外，再也无法能派到边区和红军驻地去，最后只好另行分配，大部分是到各兵工厂警卫稽查组，以防止共产党派人到这些工厂去活动。张国焘本人在戴笠心目中便一天比一天感到讨厌起来。有时几个月甚至半年都不再见他，见了也是板起面孔和他敷衍一下，初来时那股亲热样子，已看不到了。有次不知为了一个什么问题，戴找张去曾家岩他家中谈话，我正好有事去见戴，只见张国焘垂头丧气地走了出来。我和他只点

了点头就进去了。我看戴余怒未息地看着门外说："这人太不知好歹，他不要认为这样就可以对付得过去！"

从那次以后，张很怕见戴笠，我当时负责事务工作，一切是看戴笠的脸色行事，他高兴的人我便恭维，要什么给什么，他不高兴的人，对不起，我也就爱理不理了。张国焘自然也不会例外，原来军统对他生活上的许多特殊照顾，也慢慢降低或取消。过去他有一辆专用的小轿车，我也以汽油进口越来越困难为理由，改为有事出门需要用车随叫随到，但这随叫就不一定能随到了。

记得有过那么一回事，军统从国外弄来了几辆新的小汽车，我便去试试这些车的性能。陪在我身边的汽车大队长、中队长等正在向我介绍这几辆新车各自的优点时，一个值班员跑过来向中队长报告："张主任来电话要车。"我便问了一声："哪个张主任？""报告："是张国焘主任。""派一辆三轮车给他，就说今天小汽车都有事出去了！"站在我身旁的汽车大队几个负责人都笑了起来，知道我是在整张国焘，也只好照我的指示派一辆三轮车去了。

当我把几辆新车轮着试了一下，正从最后一辆新车的驾驶室走出来的时候，只见张国焘被雨淋得周身湿透，坐在三轮车的边斗上开进汽车间来。因为重庆的气候说不定什么时候会突然来一阵骤雨，雨过又是晴天。他一跳下车就气呼呼地直奔那个中队长的办公室，指着那个中队长大声斥责并一再质问："有这么多小车为什么不派，而派一辆破车给我？"我立即跟着走了进去，看到那个中队长正一个劲向他赔礼、解释，他还在发火，我便歪着头，用一种瞧不起他的神态，阴阳怪气地说了一句："不要怪他嘛！是我叫他派的嘛！"平日我们见面，表面上我对他还是挺会敷衍，开口一个张先生，闭口一个张主任，今天我居然用这种蔑视他的口吻来插嘴，他就更加冒火，把一肚子怨气冲着我发了出来，转过脸用手一指外边放的几辆新车质问我："你管汽车，自己就用这样的好车，我有公事出去，你却故意叫人派一辆这样的破车给我，你说得过去吗？"我在军统中，一向是"年轻资格老"的所谓"正统分子"，对这些"半路出家"的"外来客"，从来就不放在眼里。过去对他客气是戴笠重视他，现在知道戴笠已不重视他了。今天他反而敢来质问起我来，我也就火气上升，用力在桌子上一拍，大声冲着他说：

“张主席！请收起你的那一套吧，这里不是延安！要识相一点！”他一听，立刻羞愧得满脸通红，眼泪都快掉下来了。我余怒未息，还准备挖苦他几句，汽车大队几个负责人便连劝带推地把他拉出去，让他坐上一辆新车走了。他一句话也没有再说，可能估计到再和我闹占不了便宜，只会自讨没趣。虽然他一向刚愎自用惯了，但这时可能也会感到身在屋檐下，不好不低头吧！

当然，发生了这样的事，马上就有人向戴笠打了“小报告”。第二天一早戴笠找我去，一开口就骂我：“太没有政治头脑。”我故意装作不知道是什么事办错了，他唠唠叨叨地责备我很久，我已记不起我是怎样说了几句看不起张国焘的话，主要是他没有做出什么惊人的“成绩”。戴笠便用教训我的语气，说张到军统后的确没有做到他自己夸过口、许下过诺言的一些事，这不能完全怪他不卖力，因为他出走后共产党方面对与他过去有关的人都进行了教育和防范，所以他起的作用就太小。但有一点要注意到，他在世界共产主义组织第三国际中，还有相当的地位和影响，还是可以利用的，特别要注意的是不能让外面知道我们对他不好，这会使一些想来投奔我们的人感到寒心，无论怎样要维持表面上这一套……

为了挽回张的面子关系，同时也是怕想来投奔国民党的人感到害怕的原因吧，戴笠便请张国焘去吃晚饭，并且叫我一定要向张认错赔个不是。我在向张敬酒时，便表示自己说话太粗鲁，没有礼貌，请他原谅。张也假装笑脸，故意表示满不在乎地说：“那没有什么，没有什么！”并说这种小事他过了就忘了，真会忘记吗？我相信我那几句话，他是永远也不会忘记的，因为这些话正深深刺到了他那丑恶灵魂的痛处。

戴笠那次当他的面骂我太年轻不懂事，是一个十分任性的人，天天骂也骂不好。还说我十几岁就跟着他，没有好好读过书，所以一点政治头脑都没有，请他不要计较。张国焘也只好言不由衷地夸了我几句，戴笠却一再当他的面叮嘱我：“张先生以后需要什么，你都得照办，不准你自作主张。”我虽满口答应，心里却是有数，这是在敷衍面子，因为张还有一点点可利用的地方，同时要注意到不能影响到想来投奔国民党的人。

的确是这样，只要有一点用处，戴笠是决不会放过张国焘的。也可以说，戴

对如何去运用这个大叛徒，真是心机用尽。为了把张培养成为军统的高级情报员，便推荐他担任当时由各党派及民主人士与社会贤达（即社会知名人士）等组成的国民参政会的参政员。希望他在这样一个组织中去搜集情报，主要是先摸一摸国民党以外的参政员，对国民党政府有些什么意见和不满的地方，以便开会时能早做好对付的准备工作。据说，这一着棋又是失败了。因为共产党的几位参政员如周恩来等他根本不敢去接近，这几位见了他也从来不理睬。民主党派几位头头，也不屑与他交往，只有国民党的几位参政员还和他招呼一下，他自己也感到在那种场合中太孤立了。

每次国民参政会开会时，军统局党政情报处、军统外勤单位和渝特区等都特别忙，戴笠总是要我一定要很好地配合他们的工作。主要是由我派人在大会会场附近的夫子池安排几间临时工作组的特务办公、住宿的房子，除由电话局安装一部电话外，还得由军统局电话队装一部与军统局总机直通的电话，以便戴笠、毛人凤可以随时与这个临时工作组联系，除询问开会有关情况还可发出种种指示。军统党政情报处处长、副处长、党政科长等，往往亲自带一部分主管情报编审与分析研究的特务去那里工作，一直要等大会结束才能回家，所以要给他们安排好食宿，并派几辆专用小车供他们使用，我也从开始布置到结束得去检查几次，看看是否都安排得妥善，当时军统花钱不在乎，只要都把工作做好就行。记得有次我去检查生活方面的工作时，一个副处长和处长正在整理各方面送去的有关大会的情报，他们对我是不会保密的，我问什么他们也都如实回答。我一面随手翻阅堆在桌上的情报，一边问他们张国焘得到什么重要情报没有。出乎我的意料之外，他们一听我问到张国焘，便用不满意的口吻回答我一个字："屁！"

四、贪财好利，口是心非

他说："你的车队过关卡，不但不会受到检查，恐怕迎送都来不及，你要是带上几卡车的四川‘土产’（指鸦片烟等毒品），不用说你这辈子都花不完。”

我真没想到，这位自封为中国“真正老牌子的布尔什维克”会讲出这种话来。

抗战胜利后，军统头子戴笠乘飞机摔死了。郑介民继任军统局局长后，便决定改组缩编裁员，许多发了接收财和能自找出路的大特务都借此请求自谋工作，离开这个只有“家法”而无“国法”的罪恶集团。张国焘也因早不受军统重视，自知再待下去也没有什么好处，不知他通过什么关系，居然弄到了行政院善后救济总署江西分署署长这样一个美差。当我和几个大特务为他走马上任而饯行时，他在酒足饭饱之后，还不忘记要讨好国民党和诬蔑共产党一番。他说他去当这个分署长，主要是感到过去在共产党内工作时，对不住江西老乡，给江西人民造成了许多损失，他现在可以利用美国这些救济物资，来帮助老乡们一下，以表示自己的一点歉意而求家乡同胞对他的谅解！真是不知人间尚有羞耻事！也亏他能说出这种颠倒黑白、不分是非的话来！

抗战期间，国民党把各地许多名贵古文物等运到四川珍藏，抢运时不管用什么办法，只求不落入日本人手中。而胜利后要运出四川，考虑就多了。从水上运太危险，川江水急滩多，万一落水就捞不起来，字画、书籍一类东西即使捞起来也损坏了。飞机也有出事时，所以认为最安全是从陆路运送，汽车抛锚甚至翻车，东西也不会损失。刚好当时军统接收中美合作所，有2000辆十轮大卡车，并配有修理专车、吊车等。军统许多重要档案也是要求陆路运往南京，便拨出1000辆卡车，承包运输古物和档案，毛人凤派我负责这一工作。当我带着这支庞大的车队经过南昌，见了在江西的几个军统负责人后，本不想去看张国焘，不知是谁告诉了他，他便邀我到他分署去一趟，说有要事和我商量，我只好去看他了。

我真没有想到，这位自封为中国的“真正老牌子布尔什维克”会讲出那种话来。他一听说我带的车队有那么多车，一路之上的检查所、哨长不是我的学生就是我的旧部和旧同事，便说“你的车队过关卡，不但不会受到检查，恐怕迎送都来不及，你要是带上几卡车的四川‘土产’（指鸦片烟等毒品），不用说你这一辈子花不完，连子孙也够用的了！”听他这一语双关的话，我也就用俏皮的口吻回

敬他几句："四川土产，这么多年大家都吃厌了，谁稀罕那些榨芽、曲酒，现在兴'吃洋货'（指分配美国救济物资的）了，所以我没有带它，还想找你来换换胃口呢！"他听了放声大笑，连说："谁相信你那么清廉？"我便告诉他，我的确是一个贪官，不过我是利用办总务与商人打交道的机会多，而做大生意，可自己从来不出面，我不会亲自带什么"四川土产"发横财，因为沿途检查人员虽不会检查军统局的车队，但那些专门搜查毒品的警犬可不懂礼貌，它们要嗅出哪辆车有这类东西，会对着它狂吠不停，即使检查人员不搜查，我的脸放到什么地方去？所以每次过关卡，我都故意让那些警犬自己到处去嗅嗅，以示无毒品。他听了便把大拇指对我一跷："高明，高明！"玩笑话讲完之后，他把椅子拖到我身边，小声对我说，他希望见我，主要是他当了这个分署长后，虽然分配到手的救济物资不少，但都是一些军用剩余东西和美国人捐赠的旧衣服鞋帽等，可是军统江西省站的大小特务和在江西担任公职的军统分子，如南昌市长、省训团教育长、警察局长、检查所长等，不断以照顾家乡各县为名，来要求多给分配些东西，使他很感为难，因为这个县分多了，那个县分少了，就会吵闹起来说他分配不公平、舞弊。我听完了他这番诉苦的话之后，也仰天大笑，还开玩笑地说："没有关系，完全不用担心，你多分点东西给他们，他们分到家乡去时，保准会把你多分的部分放进腰包，结果和别的县一样，甚至还会少一些，你落得做个顺水人情？既不得罪人又照样做了工作，这有什么困难？"但他却不同意我的说法。因为还有人要来查对账目，最后他表示，明天请我吃午饭，邀请那些凶神恶煞们来作陪，请我当面叮嘱他们，多帮他的忙，不要给他出难题。我一听他第二天要请客，便告诉他："第二天一早我就得走，因为横跨赣江的车行公路木桥年久失修，怕出事。这么多的车如不能全部过江，我负责不起，所以必须连夜过完，这么多的车又不能停在市区，过完之后第二天早上就得离开。"听了我的话之后，他一面请我见到那些大特务时一定要告诉他们不能再向他要东西，一面叫人从他办公室后面抬出两大箱子罐头食品等送给我，我连连摆手，说车内装"四川土产"太多，装不下这些"洋货"了。他请我随意挑点我的孩子们爱吃的东西带回去，以表表他的心意。我一看尽是五磅大罐头装的黄油、奶粉等，我笑笑说：这里面没有我和我孩子爱吃的东西，这些我家里成堆放在那里没有人动。他不服气，问我和孩子爱吃什么，我说我爱喝的咖啡是“S·W”牌子的，另外爱吃火鸡和芦笋罐头，小孩子爱吃芒果、草莓、金钱鲍鱼等。他听后也承认救济物资里没有这些，他的一番盛情，我只能心领了。

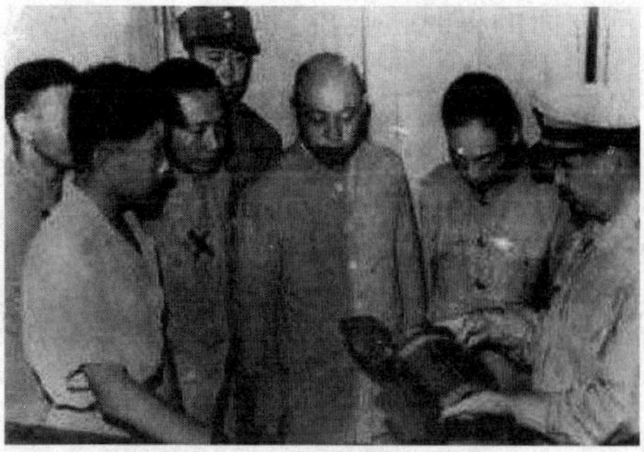
毛人凤（中）视察特务训练

我和张国焘认识后的几年中，我对这个人的印象是狂妄自大，骄傲异常，生活上却相当腐化。特别是听不得别人的意见，自以为是。有些情况当然并不是我直接知道的，主要是当时派到他家中去照顾他生活的勤杂人员说出来的；他们都是由军统总务处经我挑选后才派去的。这些人既是去照顾他的生活，也兼有“照顾”他思想言行的任务。可能他也意识到这一点，所以为了表示他对国民党的忠心诚意，不使人有怀疑之处，凡去见他的客人在会客室和他谈话时，从不把门关上，有时还故意把声音放大，怕别人误会。这种苦痛心情，可能是出于不得已。寄人篱下的滋味，使他变得如此小心谨慎。我听了有时也为他感到羞愧。

凡派在他家的工作人员，除了可以向领导他们的总务处主管人员汇报外，还有资格在发现重大情况时可直接向戴笠和毛人凤写“小报告”。他们常借口到总务处领东西、薪饷等机会找总务处庶务科长或勤杂士兵管训股长口头汇报一下张的日常生活情况，他们认为重要点的便向我汇报，我也只听听，从来没有听到他在背地里发牢骚讲怪话，更没有听到他骂戴笠或蒋介石等重大情况。一般总是对家里的人发发脾气，或对菜饭不合口味而训斥一下做饭的厨师等。

记得有次我听到他在电话中和人吵了起来，我便指示一定要继续注意弄清楚他是和什么人、为了什么事而吵闹，后来得到的情况是怎样我已记不清楚，总之没有什么重大的事，所以我印象不深，也没有向戴笠和毛人凤去汇报。

戴笠对于这些也不很重视，只问过我派去张家的人可不可靠？我说都是经过我亲自认真挑选和考核过的，相信不会有什么问题，他也就不再过问了。

有次我在毛人凤的办公室内与几个处长一起闲聊天，当我谈到张国焘许多生

活方面的事时，我说想不到这位仁兄很爱享受，和我们一样，毛人凤听了笑了笑说："如果他不和我们一样，就不会跑到我们这边来了。"

五、被蒋遗弃，晚年贫病交加

毛人凤劝他留在大陆，并说这不是他的意见，而是"老头子"亲自决定的。如他不愿意留下，台湾是不欢迎他去的。

我和张国焘的最后一次见面是1949年春初。毛人凤在上海蒲石路他家中请张吃便饭也邀我去了，那次是他们两人谈话多，我除了向他问好外，没有和他多谈。饭吃完后，毛人凤似乎是在重复他们原来谈话的主题：希望他能留在大陆不要走，并说明这不只是他的意见而且是"老头子"亲自决定的。他听了之后立即表示：他已考虑过了，他现在再也不想干什么，只希望到台湾山明水秀处当老百姓，写一点东西，其他的事都不想做了。毛人凤却一再劝他留下来好，并说经过多方研究、分析，共产党来了决不会杀害他，而留下便能在共产党内有一位共事多年的老朋友，这比去台湾的作用要大得多。

他听了之后，低着头在沉思。我和毛人凤都一声不作，等待他的回答。

好几分钟以后，他才把头抬起来。不难看出，他当时的心情是十分沉重的，也可能是很痛苦的。谁都懂得，这虽不是命令，但也是不好推托的麻烦事。他几乎是在尽力克制自己，用很低沉的声音说："你们的考虑是对的，他们来了，决不会置我于死地，但是批和斗肯定少不了。我年岁大了，听听几个老同事的批评，我还可以接受，要是落到那些年轻人手里，我实在受不了。人总是要面子的，这些人就专爱扫面子。"他特别提到他过去在党内受到过的批斗时，用眼瞟了我一下说："批斗我倒习惯了，如果见到一些老朋友不是批斗我而是讽刺几句，那比戳我一刀还不好受。"我完全没有料到，我前几年讽刺他的话，到此刻他还没忘记，真是俗话说的：“利刀割体伤犹合，言语伤人恨不休。”我过去讲话有时也真够缺德了。

晚年张国焘

那次他和毛人凤的谈话可说是不欢而散。毛人凤已示意过，如他不愿留下，台湾是不欢迎他去的。我和毛人凤送他出门登车后，毛人凤回来刚坐下点燃一支香烟，我就迫不及待地问他：“为什么要让他落入共产党之手?”毛人凤反问我一句：“过去他就没有做出过什么，让他去台湾还能做出什么呢?”

不过听人说，他在上海解放前还是去过台湾，有人看到他一副丧家犬的样子，和他当年从延安逃到武汉时的情景完全相反，根本没有人理睬他，所以他没有待多久便到香港。估计他当一届江西省救济分署长任内，油水也不会多，香港生活水平那么高，他别无所长，便得靠笔杆子来维持生活。他最得意而且赚过不少钱的，是他大肆吹嘘自己的《我的回忆》，分三大册出版，不过他全文几十万字中，却没有把我以上所写的这些收集进去，相信这不是忘记了，而是不好意思写，因与他大吹自己如何如何太不相称了，我念与他有过一番同事之谊，特为他补述一下，这也算是弥补了我对他那一次的讽刺吧!

他的回忆录写完后，于1968年和他妻子杨子烈，从香港迁往加拿大多伦多。解放后，我弟弟从加拿大来京，我才听说，张国焘在加拿大患了半身瘫痪病，因为没有钱，被送到一个官办的免费老人病院，住了两三年。有一天突然从病床上掉下来，等护士发现，没有来得及抢救，这位被毛主席指为“大不老实的人”便悄悄地与世长辞了。

汉奸周佛海的下场

沈醉回忆录

一、被“热情”地软禁在白公馆

那天的气氛是阴沉沉的。虽然戴笠向客人边敬酒边讲笑话，可是客人都是强颜欢笑在应付……我们意识到，这不像平时在局本部吃饭，可以天花乱坠、漫无边际地乱扯，这是座上客与阶下囚之间的关系。

1945年9月下旬，我当时在重庆任国民党军事委员会调查统计局（简称“军统”）总务处处长，刚刚忙完中美特种技术合作所（简称“中美所”）的结束工作，送走了在重庆的100多名最后一批美方官兵，清点美方匆匆丢下的十多个仓库的枪械与各种器材时，我忽然接到军统头子戴笠从上海打来的一个长途电话：要我立即把美国校级军官招待所那幢楼房打扫干净，检修家具，尽可能布置好一点，要调一个排的武装和一个班的便衣警卫，还要派一名厨师与几名勤杂人员，并指明要我手下他最喜欢的一个科长去主持接待客人的工作。我当时还有点不理解，这个时候大家都往上海、南京等地跑，还有什么客人要来重庆住。他在电话中指的美军校级军官住的楼房，是指过去用作看守所的白公馆，1944年后才改为美方校官级军官招待所。他在电话中为什么不直截了当说白公馆呢？可能有什么原因，我跟随他多年，知道他的脾气，他不告诉我的事，千万不要去问，只能照他的话去办，要自讨没趣去问一声，保准挨一顿臭骂。所以我只在电话中连声回答：“是！是！”我正在按照戴笠的指示去做的时候，军统局主任秘书毛人凤又把我找去，他一见面就问我：“接到戴先生的电话没有？”我说已接到并正按照他的指示在办，只等客人来了。毛人凤当时是爱和一些处长级的人开玩笑并以此来拉拢人的。因为，他虽是一名幕僚长，和处长们一样都是少将。但他在军统的资历浅，我们有些处长是特务处时代就参加了工作，他是抗战时才进军统的。按军统局的习惯他的工作叫“总其成”，即代替戴笠处理一些日常不重要的工作。每个处长有重要事都是直接找戴笠，可以不通过他，所以，他一天到晚都是笑容满面，并常常彼此开开玩笑。他一听到我说“只等客人来了”，便笑嘻嘻地问我：

周佛海

"你猜是什么客人来?"我也笑着回答:"猜不到!"他慢腾腾地抽了一口烟才阴阳怪气地说:"你早已闻其大名,可能还没有见到过,他是你的老乡。"他一提到"老乡",我立即想到他指的是周佛海了。前两年周佛海常从上海托人带东西给关在军统贵州息烽监狱的母亲和岳父杨卓茂,毛人凤总是把东西交给我,要我派交通科的人送往息烽,并常开玩笑地说:这是你的老乡托人捎来的,你一定要妥为转交。他一提是我老乡来,我便带点惊异的口吻问他:"周佛海不是替我们做过不少工作,现在还是京沪行动总指挥吗?怎么把他派到重庆来?"他收敛起笑容,考虑了片刻才说:"上海老百姓对于我们重用他很反感,社会上也议论纷纷,我们不能不注意影响,更不能不要老百姓。他过去功劳再大,也得照顾我们当前的利益。权衡得失,这就是政治!"我怕他会怀疑我为"老乡"打抱不平,便不愿再谈下去。只重复他最后一句话:"这就是政治!"他听了点点头。我准备走时,他又提醒了我一句:"一定要准备好,特别是要把警卫安排好。"

当天晚上,我刚上床,毛人凤又打电话给我,要我明天一早便去白公馆检查一遍,看看戴笠关照我的事是否完全照指示准备妥当。戴笠指定负责的那个姓侯的科长一定要负责保密,对客人生活方面要尽量满足。我回答都已办妥后,他才告诉我,上午10点多钟去九龙坡机场等他,他在11点前也去那里迎接戴笠和客人。同时要我通知杨家山戴笠的公馆厨师准备一桌丰盛的午饭。

当时重庆有好几处机场,除了最大的白市驿机场已由美国空军占用尚未全部交还外,戴笠平日总爱使用重庆市区内的珊瑚坝机场,现在,戴笠的专机却要在九龙坡机场降落。这是因为珊瑚坝机场人多,戴笠怕被人看到这些怪客,而且九龙坡警戒也森严些，所以才舍近而求远。我于10点多钟赶到那里，军统局警卫团派去的便衣早已在附近布置了不少岗哨，戴笠的那辆漂亮汽车和局里平日常用来捕人的汽车也开去了。毛人凤和中美所的主任秘书潘其武也在不到11点先后赶来。我们见面后，都小声交谈“客人”到来后一些应注意的事项。

11点半前后，一架军用客机出现在机场上空。在机场担任航空检查的一名军统特务急匆匆跑到我们面前，低声向毛人凤报告：“这架就是戴先生乘的专机，马上就要降落。”当机场的舷梯推到刚停下的机舱门口时，机门被打开，第一个露面的便是戴笠，他站在舷梯上先向四面看了一看才走下来。等我们点头打招呼后便叫我先回去准备，他们马上就到他住的地方吃午饭。我来不及看“客人”下飞机，便跳上汽车驾驶室，自己驾车赶到杨家山戴笠住处，看到一桌丰盛的饭菜已准备好，又去白公馆检查了一遍，才回到杨家山。我刚停下车，戴笠便先到了。他只问我一声：“都准备好了吗?”我回答已完全照他的指示准备好了，他才边走边又问到一些问题，我便把他指定的那个侯科长叫了过来，让他再说明一下。一会儿毛人凤、潘其武便陪着“客人”走到了会客室。可能因为在下飞机时，戴笠已把“客人”向毛人凤、潘其武介绍过了，所以坐下来后没有再介绍。我看过饭厅的饭菜已摆好，才走过来请他们去吃饭。戴笠没有为我介绍“客人”。等到落座之后，我才看了一下。我看过周佛海的照片，他一口湖南话，不用问我也知道是他。另外四个人中，我只知道周佛海的妻弟杨惺华，他是伪中央信托公司的总经理。罗君强做过伪安徽省长和司法行政部长，在周佛海兼任上海市伪市长时，他任秘书长兼警察局长，代周主持上海工作。丁默邨一向在汪伪政权中搞特务，也做过伪政治部保卫部副监（总监由陈公博兼，实际由丁负责）和最高国防会议秘书长等职。另有一个叫马骥良的，我过去没有听说过，后来毛人凤告诉我，这人是伪中央储备银行负责总务工作的，一向照料周佛海的生活，所以也把他一道带到重庆来了。

丁默邨

在开始吃饭时，戴笠才向这些客人介绍了我和他

们一下，只简单说今后生活上有什么问题，可以要我去办，同时把等在饭厅门口的侯科长叫进来，当面关照他，要好好照应这些客人。照例，他是不会让侯科长陪客吃饭的，即使平日他一人吃饭，侯在他身边听他安排工作时，也从不让侯坐下一同吃过饭。

那天的气氛是阴沉沉的。虽然戴笠边向客人敬酒边讲笑话，可是客人都是强作欢笑来应付一下。可能是找不到什么话可以打破沉寂的局面，戴笠便向周佛海指指我，说这是你的老乡。我马上补上一句："我是湖南湘潭的。"周也回我一句："我是沅陵的。"他正准备给我碰酒杯以表示老乡关系时，发觉我面前没有酒杯，只有一大杯汽水，便问我："为什么不喝酒？"毛人凤便替我解释，说我"在礼，所以不喝酒抽烟"。丁默邨和罗君强两人一听，都歪着头，几乎是同时问上一句："你也'在礼'吗？"我还没有回答，潘其武也笑嘻嘻地说我名醉却从来没有看见我醉过一次。这时，戴笠也哈哈大笑，说不喝酒也有好处，不会误事。其实，我并不是"在礼"，为了自己干的工作往往是不能随便说出的，怕"酒后吐真言"，所以我便以"在礼"来作挡箭牌。实际上我并未加入由一些道学家们组织的礼教，他们认为礼是永恒的，世上一切都是由礼而派生的东西，说什么"心内无物，心外无礼"。凡加入了礼教的人便得戒烟、酒、嫖、赌等，一般人不能强迫"在礼"的人饮酒抽烟。我口头虽说"在礼"，却从没有与真正礼教的人往来过，只在不饮酒时利用一下。

刚吃到一半，戴笠在埋着头用快动作吃了些他平日爱吃的几道菜后，他的秘书便走进饭厅，不像平日一样在他耳边轻轻说几句，而是有意大声说："侍从室来电话，委员长叫你马上去。"戴笠便用餐巾在嘴上一擦，站起身来说了一声："很抱歉！不能奉陪，要先走一步了。"说完，指指毛人凤、潘其武和我："你们好好陪陪他们，代我多敬几杯酒。"我一看这情况便心里有数，不是蒋介石找他而是他急于去找蒋介石汇报。这些已成了阶下囚的客人，他是不会愿意再陪他们的。周佛海一听是蒋介石找去，便轻轻站了起来送戴笠走，并用恳求的口吻说："见到委座时，请为我们美言几句。"戴笠满面笑容，连说："那是当然的！那是当然的！"走到门口又转身和周佛海握了握手，又很认真地说："你们过去对党国的功绩，委座不会不重视，也不会忘记的。暂时委屈各位一下，一切包在我身上，请放心好了。”

周佛海等人望着戴笠走远了的背影，都不出声，把头低了下来。不难看出他们当时的心情，似乎把一切希望都寄托于戴笠这次去见蒋介石。不过，我一想到毛人凤说的“这就是政治”这句话的时候，我就感到这几位未免太天真了。

按照军统局的惯例，每逢戴笠和我们这些人在一起吃饭时，除了他肆无忌惮地高谈阔论外，别人都不是那么轻松的。说不定他话头一转，随便指着在座的任何一人说上几句或翻翻某人的老账，所以只要他一走，大家的话匣子便打开了。可是这次却不同，戴笠走后，毛、潘和我虽然有点故态复萌，准备边吃边谈，可是一看到五位客人面部的表情和支支吾吾的谈话，我们立刻意识到，这不像平日在局本部吃饭，大家可以天花乱坠、漫无边际地扯一顿。这是座上客与阶下囚之间的关系，不能和平日一样。所以我们也变得谨慎起来，再没有心思劝酒，而是匆匆把最后上来的点心水果吃完。稍许休息了之后，毛人凤要我先去把车上的行李按他们的住房安排一下。我到白公馆安顿了一下后，在大门口等候了一会儿，毛人凤和潘其武就陪着周佛海等人沿着白公馆长长的石梯走了上来。客人们一边走一边看，当他们一走进大门，看到屋内的房间窗门上都有铁栅栏时，都显出不安的表情。毛人凤领他们上了楼，指着靠西边一间大房间请周佛海进去。这个房间，过去叶挺将军住过（解放后，我和王陵基、宋希濂、徐远举等也住在这里），前面是一大间，后边还有一小间，周看过之后，勉强点了点头。接着，毛人凤便让侯科长把另外几个人都按原来的指示安排好了。毛人凤临走前，又当着他们的面关照我和侯科长：一定要好好招待这几位客人，要什么便给什么，不准有半点怠慢。当他们送我们走出中间大厅到下楼的门口，看到站在那里的武装和便衣警卫时，便黯然神伤地说了一句：“我们不便再送了！”

毛人凤走到楼下，看到站在院子里的警卫连长时，便告诉他：“今后要特别注意，没有事先得到通知，任何人都不准进到楼上去。”我也补充一句：“发现什么事要马上告诉侯科长。”我说完回头向楼上一望，他们五个人都靠在栏杆上垂着头，相对无言地站在那里一直看着我们走出大门。

我当时由于对汪逆政权的许多内幕不了解，出于好奇心，便常常借照顾周佛海等人的生活之机去找他们聊天。他们也因为没有人去看望，对我去十分欢迎。我前后与周佛海等谈过十来次，每次总是一两个小时，主要是听周谈，有时由丁默邨、罗君强、杨惺华补充几句，只有马骥良没有插话过。由于事隔多年，现在凭记忆想到的一些东西可能不全面或有不够确切的地方，我尽可能地找到一些与汪逆政权有关的资料参考对证了一下，相信还有不少遗漏或错误之处，请了解当时情况的人士给予补充订正，因这方面的材料过去搜集得不多，发表的也很少，我相信还有不少潜力没有挖掘出来，应当加强征集。这些材料我认为还是较有教育意义的反面教材。

二、追随汪精卫，投靠日本人

> 我问他："那时重庆军统和中统的特务那么多，而且水陆空交通都由军统严密控制，怎么能跑掉那么多的重要人员？"

我过去和周佛海不认识，抗战前连他的名字都不知道，他逃出重庆以及后来在南京汪逆政权中的许多情况，后来才逐渐了解一些。特别是我到军统局局本部工作后，军统在重庆扣押了他的母亲并把他的岳父杨卓茂从湖南弄到息烽监狱，而且对这两位老人特别优待，我得经常过问他们的生活。加之从1942年以后，周佛海不断派人或托人从南京、上海带补药及日用品给老人，都是经我手转去的，我才知道他和军统有秘密往来。

周佛海逃离重庆时，曾是国民党中央执行委员兼中央宣传部代部长。到了汪逆政权后，虽然在汪精卫、陈公博之后居第三位，实际上他的权力却超过了陈公博。不过后来汪逆死后，陈逆代理汪逆当了伪主席兼行政院院长之后，表面上才比周重要一些。周从汪逆政权成立起到垮台止一直任财政部部长并兼任军事委员会副委员长、行政院副院长、警政部长和特工委员会主任委员、伪中央储备银行总裁等要职，最后还兼上海市长，真是集权力财力于一身。抗战胜利后，他被蒋介石任命为国民党军事委员会京沪行动总指挥。他不止一次向毛人凤和我谈过，在抗日战争胜利后，如果不是他运用日寇大量武装部队和他掌握的伪军维护了上海、南京、杭州等东南大城市，在附近抗日多年的新四军和地方人民抗日武装便会先国民党军队而进入这些地方。

周佛海

我开始和周佛海谈的第一个问题，是问他们怎样脱离重庆的。因为那时重庆军统和中统的特务那么多，而且水陆空交通都由军统严密控制，怎么能跑掉那么多的重要人员？周佛海对这个问题很感兴趣，我也投其所好。首先问他的都是他过五关斩六将的得意之作，以便引起他的兴趣。他告诉我的一些情况，与我过去所掌握的不少地方有出入，但我还是相信他讲的比我听到的要真实一些，即使带上几分吹嘘自己的地方，但毕竟是他亲身经历的。

他说他们之出走，先是由汪精卫考虑了很久才决定的。汪走的前几天，便让他妻子陈璧君去昆明，借口游览地方名胜，实际上是去找当时云南地方的最高军政负责人。得到他的全力保证支持之后，由陈用约好的暗语与汪通长途电话，汪才叫当时交通部部长彭学沛给他弄了三张去昆明的飞机票。那时买飞机票，是要通过军统直接掌握的重庆卫戍总司令部稽查处航空检查所审批后，航空公司才肯卖票的。由于航空公司是由彭学沛以部长名义要买的，所以他们便不经航空检查所审批，作为公司内部人员因公而拿到了三张机票。汪精卫还不十分放心，又叫陈璧君从昆明飞回重庆，当面把她和云南地方负责人的态度和保证以及为他们包租去越南河内的飞机等等弄清楚，认为有绝对的把握后，才于 1938 年 12 月 18 日，在离飞机起飞前三分钟，赶到机场。这时在机场担任检查任务的军统的特务们一看匆匆赶来的客人中有国民党副总裁和夫人加上一位副秘书长，便不敢阻止

他们登机，只好打电话向军统局的主管人员请示。接电话的一位股长不敢做主，等他去找科长请示时，飞机已经起飞了。当飞机在昆明机场降落时，云南地方某最高负责人早派专人前往迎接，并设盛宴款待，第二天即包了一架法国飞机，把他们送往河内去了。

我对周佛海谈的这一段经过不完全同意，因当时在飞机场担任检查的军统特务告诉过我：汪精卫逃离重庆时，是借口去成都视察四川省的党务工作，特务因事前未得到通知，又不是按正规手续申请购买机票的，所以便阻拦他登机，被汪精卫怒斥了几句，说他这位党的副总裁，连去外省视察党务都要受限制，这是什么人规定的？特务们万万没有料到他会叛逃，还担心他去找蒋介石吵闹，连戴笠也得挨批，所以让他和陈璧君、曾仲鸣上了飞机。当时那架飞机是由重庆经成都飞昆明的，他在成都机场休息片刻，正在成都的陈公博赶到机场见了他，悄悄说了几句，便送他登机飞往昆明。随后，陈公博借口去昆明几个大学讲演也离开了成都。他到昆明也是得到云南某最高负责人之助，乘法国航空公司飞机飞往河内的。陈公博当时是国民党中央党部的民训部部长，在汪逆系统中，一向与国民党政府的实业部部长顾孟余为汪的左右手。他知道汪叛逃后，他不早点出走是没有机会能走得了的。

关于汪的叛逃，最近看到台湾出版的《蒋介石传》中却说：汪是借口去成都视察，当时因蒋介石出巡不在重庆，所以没有人敢拦阻他，因而能从容飞往成都。到成都后，便有一架秘密飞机等在那里，把他从成都接去昆明，转飞河内。这本书是一个外国人写的，由台湾翻译出版。这位外国人可以说完全不了解当时中国的情况。成都的几个飞机场和附近的新津机场不但都有特务在检查，而且军用机场也有军统派在空军中的特务在搞监视侦察等活动，哪能容许什么秘密飞机停在机场等候？当时云南地方那位最高负责人也没有私人飞机，汪与日寇还没有勾结上，日本更不可能派飞机去成都接他了。实际是那架班机只是在成都民用机场加油时，停了一会儿汪逆曾走了下来与陈公博密谈了几句，又上了原机飞往昆明。这件事经过几种传说便越说越神，越传越离奇了。

据周佛海告诉我，汪精卫离开重庆时，曾留一封很长的信给蒋介石，不过是等他离开了中国国境后才送给蒋介石的，汪在这封信中，除了分析当前的国际国内形势和抗战前途的艰难外，还说他之离开有不得已之苦衷，希望蒋谅解他，并再三强调：国土已沦丧大半，所剩后方几个省欲再撑持恐非易事，不如分途进行挽救祖国危急局面，故让蒋担任容易的方面，即继续抗战下去；他则担任最困难的方面，从敌人手下去拯救人民，实际上就是去搞所谓和平救国。周佛海说，汪在这封信中是说蒋介石继续主持抗日工作，将来不论是胜是败，凡参加过抗日的都将成为民族英雄，但为了保全国家元气去与敌言和，不论其如何苦心为国，必将落得个千古罪人之名。所以汪精卫认为为国家前途打算，只有和战并行，才是一条万全之策。这就是他们去当汉奸卖国贼的谬论。

周佛海说他偷偷离开重庆时，也留下了一封信给蒋介石身边主持机要工作的陈布雷，请他等蒋出巡回来再转呈给蒋。信中也是说明自己离开重庆的苦衷，是不惜牺牲个人名节去为沦陷区人民做点工作。他与我谈话中说他很感难过的是只把他的老婆杨淑慧带走而把老母亲丢在重庆，被军统抓去当了人质，最后死在军统息烽监狱中。对这点，他几次都表示过十分伤心，还说不了解他的人，说他不忠不孝。

由于汪精卫和周佛海临叛逃前都有信留给了蒋介石，而且是赤裸裸地说明虽是分道扬镳，目的都是一样，所以当时许多人便传出了这是蒋汪在演双簧，一个在战场上唱红脸，一个则到敌人统治区去唱白脸。

有一次听周佛海在津津有味的丑表功，说他们是如何苦心救国不惜牺牲个人名节时，我曾禁不住脱口而出：“你们不怕老百姓骂你们是汉奸卖国贼吗？”这句话刚一出口，我自己也感到太冒失而有点后悔。没想到他听到后也唰的一下站了起来，在房中急急忙忙走了几步又转过身来冲着我，几乎是要大发脾气又极力忍下去的一种我从未见过的表情。我当时也做了一下准备，如果他要顶撞我，我也丝毫不会在一个汉奸面前示弱，会用更强硬的语言回击。我想顶多是不再和他聊天，没想到他可能也看出我那副做好准备的样子，而感到人在矮檐下，不敢不低头。他只是长叹一声之后，用略带牢骚的口吻，也是汉奸们常用以自我解嘲的语言尽力压低声音，但还是可听出比平日说话的声音大得多：“说我们是去当了为

国人不能谅解的汉奸，我们承认，也有时感到这两个字的可耻。但说我们是卖国贼，杀了我我也不承认！因为我们无国可卖，只是替被敌人占领了的国土上的老百姓做点事，这些国土是敌人交给我们的，怎么反而说是我们卖掉的呢？说实在的，有条件有权力卖国的决不是我们，而是……”一看到他那满腹委屈的样子，本来可能最后说有条件有权力卖国的是蒋介石集团，但他没有敢说出来。我本想再驳他几句，但一看到他已把头快垂到胸前，丁默邨也在外面长吁短叹，这些几个月前还可随意杀人的大汉奸今天已落到这可耻的下场，我也不愿再去刺激他们，便敷衍了几句就走了。虽然这次没有因这句话而和他闹翻脸，但也使我懂得：即使到了那种地步，这些人还死要面子，不肯承认自己是汉奸卖国贼，还有一套为自己遮羞的谬论。

三、汪精卫反蒋被追杀

> 这封信使得蒋介石咬牙切齿，他立即把军统头子戴笠叫去，要他马上派遣一支暗杀队去河内将汪精卫杀掉。

我和周佛海谈话中另一个重点是汪精卫在河内遇刺未中的问题。因刺杀汪的主持人是我姐夫余乐醒，所以我对此案既熟悉又感兴趣，想从他口中得到另一些我不完全了解的情况。因为当时很多人认为蒋介石命令戴笠派特务去河内行刺而误毙曾仲鸣，是故意做出的两人誓不两立的一种姿态，怕被人说成蒋汪是互为勾结有意派汪投敌的。其实，那次的确是蒋决心杀汪，一些有政治头脑而深知内幕的人也认为杀汪不是假而是真。蒋怕日本人得了汪之后，不再以蒋为对手进行和谈，故必须将汪除掉。

据周所了解的情况是，汪等三人到达河内后，即住在国民党高级将领朱培德在河内高朗街27号的寓所内，日本首相近卫文麿得知这一消息，便于12月22日

汪精卫公开与日本人合作

(汪抵河内四天之后)重新发表“调整中日邦交根本方针之声明”，取消过去他所发表的“今后不与国民党政府为交涉对象”的声明。另提出所谓“善邻友好，共同防共，经济提携”三原则。我曾问周：“近卫改变声明，是不是由汪精卫向日方提出取消不与国民党政府为交涉对象，而转以可代表国民党的汪精卫为谈判对象?”周对此既不肯承认也不加以否认，只含含糊糊地说：“近卫改变这一声明，可能是由于看到汪出走后才决定的，事前他没有听说先由汪主动提出过。”他说，不过近卫声明发表后，他与随后追到河内的陈公博都与汪研究过好几次，拖了一个星期，汪才亲自起草了1000多字的一份长电发给重庆的蒋介石和国外许多新闻单位。这一电报即现代历史上臭名昭著的艳电（十二月廿九日在诗韵中为去声二十九韵，电报为了省字，便以韵目来代替）。由于它是在报上公开发表的，所以引起了国内外一片震惊。在这一电报中，汪精卫的面目便完全暴露出来了。

据我当时从军统了解到的情况，日本方面为什么能这么紧密配合汪精卫，在他出走后才几天就重新发表声明，“调整中日邦交方针”，主要是汪在重庆时，曾秘密派遣国民党外交部亚洲司司长高宗武和科长董道宁，经香港去日本联系过。这两个“日本通”从抗战一开始就一直与日本有勾结。日方一向主张拉拢汪的大特务也有两个，一是日本“南满铁路”驻南京的代表西义显；另一是日本参谋本部的影佐祯昭。他们一向认为汪可以代表中国不主张抗日的投降势力，因汪不但是国民党副总裁，还是国民党国防会议副主席（总裁和主席为蒋介石）并兼任国民参政会的议长，是全国一人之下的人。所以，他一脱离重庆，日本方面便决定了要支持他。日本的陆相板垣还代表首相近卫写了一封信给汪，表示坚决支持新生的反共政权，要彻底消灭有共产党参与的抗日政府。所以，汪才敢于在艳电中

公开提出要国民党政府根据日方三原则交换诚意，恢复和平，还特别强调日本既已改变主张，和平谈判之途径已开等一派投降论调。而当时重庆方面的主战与主和两派虽为此而展开过激烈争论，但由于人民抗战热情高涨，主和派也知道汪逆这种反共投敌的叛国行为得不到人民宽恕，最后才不得不同意于1939年1月1日在国民党的中央常务委员会上决定“永远开除汪精卫党籍”。与此同时，却又让国民党行政院代院长孔祥熙去函劝汪要悬崖勒马，早日返回重庆……汪接信后马上回一信与孔。这两封信都没有公开，我只记得汪复孔的信中有两句是流传开了的，是说他主张投降“是人人意中所有，而人人口中所不敢言”。这种侮辱国人之词，曾激起了主战派极大的愤怒。但蒋介石还是派汪逆系统中一向与汪私交较深的中央委员谷正鼎前往河内劝说，请汪即使不回重庆也不要与日本人去合作。汪即向谷表示他愿去法国居住。谷正鼎回来向蒋转达后，蒋再次派谷去河内，除给汪和陈璧君等送去出国护照外，还送去一笔巨款劝他早日离开河内这一是非场合到法国去定居。结果，汪不但没有去法国的迹象，还暗中去策动云南地方当局脱离国民党中央而搞独立活动。当时军统派去云南和河内等处的特务，侦察到汪亲笔写了一信，从河内派人送往昆明云南最高负责人。送信的人无法直接送到收信人手中，要经过他的亲信机要秘书之手，这个人却是军统早就收买了的一个特务。他一看到这信，马上秘密启开拍成照片送交给军统云南省站。信的内容大致是说：“艳电主张已为日方所接受……弟久居河内，欲有所裨益于云南，待先生之布置已三月有余，未知先生布置如何？到时弟回内地，则声势迥然不同，各方趋附有其目标，国际视听，亦有所集，则事半而功倍……”谁知这信让收信人看到之日，也是蒋介石同时看到之时。这是明明白白要在云南地方竖起反国民党中央和反蒋旗帜后，汪再返回云南，这样附和的人就会很多，蒋介石就无法应付了。

这封信使得蒋介石咬牙切齿，他立即把军统头子戴笠叫去，要他马上派遣一支暗杀队去河内将汪精卫杀掉。戴笠便派我姐夫余乐醒和陈恭澍负责这一工作。余乐醒刚从军统局临澧特务训练班副主任下来未安排工作，因他在苏联学过特务，在军统局中一向训练特务，是早年的留法勤工俭学学生，在法国生活多年，能操一口流利法语，去河内十分合适。他奉命后，即找我商量，要我为他选派可靠的行动特务。我推荐了当时在军统特务总队行动组工作的旧部陈邦国、程步云，这两人随我去上海工作时是很亡命的。余自己又挑选了杭州特训班毕业的学生唐英杰，这是一个武术很好的山东人。陈恭澍也向戴笠要了在军统中一向搞暗杀的王鲁翘等三人，这个由这样几个人组成的特别行动组，由余、陈带领分批潜入河内。当时军统派在河内的特务许念曾、方炳西，都是国民党外交部驻河内领事馆的人员，他们便以重金在汪精卫居住的高朗街寓所斜对面租到一幢二层楼房，并买了一辆汽车，准备跟在汪的汽车后面，找机会在路上将汪干掉。每次都由余乐醒亲自驾车，怕雇用的人不可靠。余留法时在雷诺汽车厂实习多年，所以汽车开得很好，到河内后便考上了驾驶执照。他们驾车跟踪汪精卫时，有两次在路上本来可以很顺利完成任务，都因临时发生意外而失去机会。特别是有一次汪的汽车经过河内的达莫桥时，遇上这桥快要吊起来，让河中的船通过时，两岸所有汽车都得等在那里约半小时左右。那次他们紧迫在汪的汽车后面，只要一停车，汪车里的人都会被杀掉，一个也逃不了。而事情竟那么凑巧，汪所乘的汽车到达时，离停止通行还有一分多钟，便抢先过去了。等余乐醒开的车追上来，却被挡住了，失去了这一次机会。

正当他们准备另找机会下手时，军统又得到密报，日本方面已派特务犬养健从东京赶到河内，正在与汪商谈接汪去上海筹备组织伪政府。犬养健系日本大特务犬养穆堂之子，与汪早有勾结，汪也在做去上海的种种准备。军统在香港的特务也侦察到曾仲鸣的妻子方君璧和儿子曾孟济正准备离开香港去河内。从各方情况分析，汪随时有离开河内之可能。戴笠又被蒋介石叫去骂了一顿，便电责余乐醒、陈恭澍为何迟迟不执行杀汪命令，他们才决定于3月21日晚上冲入汪的寓所内进行暗杀。当时在高朗街住的人除汪精卫夫妇和曾仲鸣外，只有秘书陈国琦（陈璧君的侄儿）和国民党元老朱执信的女儿以及两名警卫。余、陈两人都知道戴笠的脾气，如不执行而让汪走了，回去非受严厉处分不可。对于搞暗杀工作来说，在没有内线帮助又不熟悉对象家中环境的情况下，要进去搞暗杀是非常不利的。只因戴笠催促，故他们决定在晚间翻墙而入。

当天，他们观察了一个整天，汪没有出门，而是在寓所二楼那间较大的房内

汪精卫与曾仲鸣（右）、陈璧君（左）

活动，便认定汪是住在那间房内，在半夜看到房内熄灯后，由王鲁翘率领唐英杰、陈邦国等五名特务越墙进去。余乐醒和陈恭澍则在对面房内观看动静。王在军统中一向是杀人不眨眼的行动员，经验丰富，其余五个也都是干这一行的老手。在出发前，按照惯例，余、陈向他们每人敬酒一杯，再三叮嘱：一定要完成任务。六个特务也都表示不达目的决不生还，而且都保证万一被捕决不供出余、陈两人和他们住的地方。王鲁翘临出门时还紧握余、陈两人的手，含着眼泪表示决心以死来报答军统多年培育之恩，并请他俩一定向戴笠报告，他为服从命令而无所畏惧，如死了，请加厚抚恤他的妻儿。

当时这六个特务的分工是两人在外面放风兼保卫掩护，四人从后花园墙上越人，又留下两人在下面警卫。王鲁翘带唐英杰直趋二楼那间白天看到汪在内的大房间，他们用力推门，里面闩得很紧没法推开，原来携带的一柄准备用来劈门的利斧，因翻墙时掉在花园草地上没有找到，便只好用枪柄将房门上面一块小玻璃打碎。这是平日用来看外面推敲门用的，里面还挂有一块绒布。这个小窗只有五寸见方而且较高，无法把手伸进去开门，只好用手电筒向里面照射以便射击。在打碎玻璃时，王鲁翘在外面已听出房内的人惊慌忙乱的声音，谁知又偏偏这么凑巧，平日他们看到汪精卫整天在里面活动的房间，那天却让给了曾仲鸣夫妇。因曾的妻子方君璧刚由香港到达河内，汪就让他们住在那里，自己搬到隔壁去住了。当特务在外推门时，方君璧睡在床边，早吓得滚下床来，钻到床下去了。曾仲鸣也急忙从床上坐了起来准备下床。特务从手电筒光中看到曾仲鸣光着的身子和汪精卫差不多，肯定是汪无疑，便两支手枪一齐从小窗口射了进去。当他们看到倒在床上的曾仲鸣鲜血大量涌出向床下直流，认定必死，才匆匆下楼。汪的两个住在楼下的警卫，一听到楼上的枪声，有一个刚一冲出房门，就被守卫在楼下的特务一枪击倒，那一个便紧关房门不敢出来。汪的秘书陈国琦也是听到枪响刚一探身出房，就被特务一枪击在手臂上也不敢出来了。等四名特务从里面逃出时，越南的巡警已闻枪声从四面包围过来。巡警们知道这些人都带了枪，都不敢靠近而是骑着自行车在后面紧紧跟着。当时除王鲁翘和唐英杰从小巷内逃掉外，陈邦国等四人不但街道不熟，更不懂越南话，只有拼命分散逃跑。而追的巡警越来越多，四人最后都跑得精疲力尽而晕倒，才被警察抓去。由于他们什么都不说，所以便囚禁在河内直到抗日战争胜利，国民党第一方面军总司令卢汉去越南受降时，军统才派员去大肆鼓吹，将四人作为爱国志士迎接出来。余乐醒等另外四人则在国民党驻河内领事馆的掩护下回到了重庆，被戴笠狠狠骂了一顿。

河内的报纸和越南通讯社于第二天发布消息，曾仲鸣被暴徒当场击毙，曾妻与秘书则只受轻伤。汪精卫夫妇在隔壁房内吓得直哆嗦，一直等到河内警察局局长赶来，他才敢开门出来。

汪精卫一向有糖尿病，自从 1935 年 11 月间在南京被刺未死，有一颗子弹尚留在体内未取出，所以很容易发肝火动气。曾仲鸣之死，他很清楚是成了他的替死鬼，曾是他最亲信的部下，曾的姐姐曾三姑——曾醒，是同盟会老会员，与汪夫妇有很深的交情，曾妻方君璧又是黄花岗七十二烈士之一的方声涛的胞妹，他们之间的关系不同于一般。今一死一伤，汪气愤已极，为了对蒋介石进行反击，说明他主张“和平救国”是得到国民党中央和蒋介石同意过的，便于五天之后，写了一篇题为《举一个例》的文章，在香港和国外及上海等沦陷区报纸上发表出来，当时曾引起国民党内从蒋介石到基层干部与老百姓的极大震惊。汪在文内把抗日战争开始不久，1937 年 12 月 6 日上午 9 时在汉口中央银行

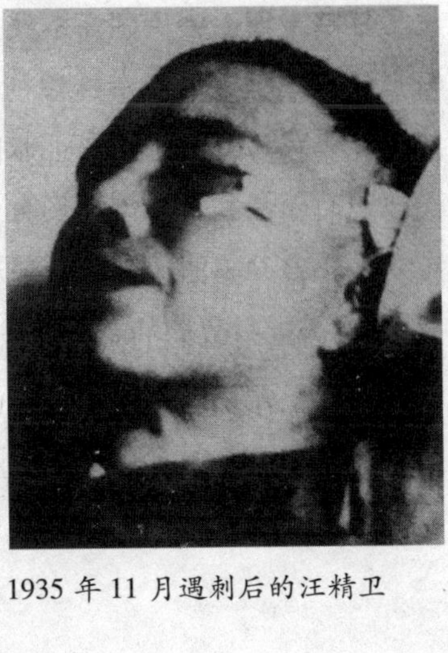

1935 年 11 月遇刺后的汪精卫

会议室里召开的国防最高会议第54次常务委员会中所讨论的关于准备与日本和谈的内幕重点抖了出来，以证明他发表的艳电是有根据的。那次会议是汪以最高国防会议副主席身份主持的，出席的常委有于右任、居正、孔祥熙、何应钦，列席的有陈果夫、陈布雷、徐谟等。秘书长是张群，秘书主任是曾仲鸣。会议主题是听取外交部次长徐谟的报告，德国驻华大使陶德曼在调停中日战争中，接到德国应日本方面要求，转达中国政府的七个条件，其中有内蒙古自治、扩大华北国民党军队的不驻兵区、扩大上海停战区、共同反共、停止排日等，与他的艳电所主张的并无多大差别。而且这些条件，当时在南京的蒋介石听了也认为可以考虑接受，并立即要徐谟陪陶德曼去南京和他面谈。汪精卫也跟着赶到南京，并与在南京的顾祝同、白崇禧、唐生智等高级军事将领，应召一同与蒋商谈。对于日方提出的七个条件，蒋表示：德国愿意调停，不应拒绝。而日方提出的七条，尚不算是亡国条件。不过华北虽不驻军，但政权仍应保留，并要求日方立即停止军事行动。由于日方军人不愿停止进攻，陶德曼的调停没有结果。文中还有后来退到重庆，还是准备继续与日谈和等内容。一大堆为外界所不知道的一段丑闻内幕公布出来后，在国民党内部曾发生过很大很久的骚动。不少人便攻击戴笠和军统，说这一暗杀激怒了汪精卫，才把这些见不得人的事抖了出来，特别是几天以后汪精卫离开河内去了上海，这时攻击军统和戴笠的人就更多了，都说如果不去打这几枪，汪精卫便会去法国而不致去上海。因为在上海显然是要组织伪政府与重庆对抗。另有不少人却说这是蒋汪在做戏给中国人民和日本人看的，故意打死曾仲鸣而使汪去投敌，就不会使日方怀疑。关于这一点，我曾问过我姐夫余乐醒，也询问过当时河内的总领事许念曾，以及胜利后从越南释放回来，由我推荐去的陈邦国、程步云，都说不是故意打死曾仲鸣而不打死汪精卫，那次的任务和目标的确是去杀汪的，误中“副车”，完全出乎他们的意料。

戴笠正在重庆受到各方面攻击时，幸好传来日本派人秘密护送汪去上海的情报，证明汪去上海，是与日方早已勾结谈判过的预谋，即使不打死曾仲鸣，汪也不会去法国。

四、汪投敌成立伪政府，周佛海形影相随

日本首相竟接见了张彬人，并当面表示，希望汪能早日出面组成一个有威望的伪政府。当张把这一情况向周佛海汇报后，周和汪都感到是莫大荣幸。

影佐祯昭

据周佛海告诉我，汪精卫去河内不久，日本即已派特务头子影佐祯昭与汪在香港的一些骨干取得了联系。当时去香港的几个汪的得力分子陈公博、陶希圣、梅思平等，都住在香港荷李活道49号汪的对外联络处，影佐曾多次去与这些人联系，日方急盼汪早去上海和南京筹组伪政府。汪在河内则经常与影佐派遣的犬养健有密切联系，当时日方怕国民党的特务发觉，并避免引起法国方面的注意，犬养健与其手下人都化装在河畔垂钓，汪派去之人员也装作垂钓，借以进行交谈和交换文件。汪已同意先去上海，正在这时，发生了打死曾仲鸣的事件。日方即警告汪如再不走，军统还会派特务去打死他，只有去上海，日方才能保证他的安全。汪也感到再留在河内，危险性很大，希望早日离开。日方特务机关又拟采用在天津用过的、悄悄把满清末代皇帝溥仪弄去东北的老办法，让汪精卫夫妇坐在一个大木箱内，在河内装上日本商船，当成货物一样运走。汪听了非常生气，曾坚决表示：宁可留河内被人打死，也不能让别人把他当成货物一样偷偷吊装到船上去。由于汪的态度很坚决，日本特务机关才决定让汪先秘密离开高朗街，避居到日本特务安排的河内附近一座小山上的别墅内，等日本派大船来河内将其接走。不久，影佐祯昭便从日本乘坐了一艘大货轮“北光丸”去越南了。不料由于船大不能停靠河内码头，只能停泊在红河口，无法开进去，最后只好临时租了一条100多吨的小船，于1939年5月7日半夜，汪上船悄悄离开了河内。汪和陈璧君坐上小船后还提心吊胆，害怕军统特务在红河中拦击，如这样他就只

有死路一条了。不料，小船驶到红河入海处却找不到“北光丸”，这一下可把汪气坏了，也急坏了。陪同他一起上船的日本特务犬养健也不知是怎么一回事，赶忙上岸去联系，后来找到等在那里的特务，才知道影佐也害怕被国民党特务发觉，已将“北光丸”驶往北部湾海面等他们，要他们赶快开去。那艘100多吨的小船向北部湾行驶时，虽没遇上大风，却也颠簸异常，汪精卫一直发脾气摔茶杯，但由于已落入日本特务手中，无论怎样吵也得听人摆布，只好躺在床上生闷气。这艘小船摇晃了100多海里才找到了等在那里的“北光丸”。影佐把汪扶上大船后，一再解释：因红河口停泊的船多，怕人发觉引来麻烦，所以临时决定到北部湾。汪虽对此气愤已极，但也别无办法，只好和影佐敷衍一顿，随船直驶上海。这一情报被军统获悉后，在重庆作了内部公布，有些过去把汪去上海投敌而没有去法国的责任都归咎到军统和戴笠头上的人，看了后才没有再责难。

汪精卫等人到达上海后，影佐和日本上海驻军及特务机关研究了很久，把汪等安排在虹口地区日本势力范围内的北四川路底一座花园洋房内。汪精卫认为在那个地区活动处处会受到日军的限制太不方便，一再表示要迁出那里才能有所发展。日本方面也希望汪能尽快组成一像样的伪政府，也同意他可以迁出虹口地区，于是很快又找到了英租界的愚园路1136弄口一座大花园洋房。汪夫妇和周佛海、褚民谊等都搬了进去。这所大洋房是原国民党交通部长后任上海大厦大学校长王伯群的，是王任大厦大学校长时期，与该校校花保志宁由师生恋爱而结婚，特建此豪华住宅作为藏娇金屋的所在。上海战事发生后，王离沪，这房一直空着无人住。汪搬去后，立即在花园四周修建了瞭望台，墙上加了铁丝网，保卫十分严密。汪精卫就在这里指挥筹组伪政府的工作，重要会议也在这里召开。周佛海等又设法把附近一些房屋占了下来，这一带便形成了各种残渣余孽们求名求利和出卖自己灵魂与人格的交易场所。从满清的遗老遗少到北洋政府时期的文官武将以及国民党的党政军特们，每天都像苍蝇一样在这里飞来飞去，好不热闹。

当时他们的活动经费，是日本方面同意将抗日战争以来被日本冻结的中国关税中发还一部分、由日本正金银行支付的，名目是“和平运动”的开支。另外，上海一些有意与伪组织合作的帮会头目，如张啸林、季云卿等，也经常自愿提供一些费用。

汪精卫在上海筹建伪政权之前，先建立了一个庞大的特务机关，公开名称叫“中国国民党特务委员会特工总部”。任务一是为了保卫汪精卫和周佛海等叛国诸逆的安全，害怕再发生“河内事件”；二是搜集情报和搜罗附逆分子；三是通过这一组织去筹措经费。周佛海自己常向我表示：他很懂得，办一切事都要花钱，只要有钱就有权有势。所以从一开始他就是汪逆身边主管财政的人，向日本正金银行去领钱和领出的钱如何开支，都是由他负责的，这个最先成立的“特务委员会”便由他担任主任委员。下设的“特工总部”，在英租界极司斐尔路76号。这所大花园洋房原是国民党安徽主席陈调元的别墅，也和愚园路1136弄一样，是英租界在沪西的越界筑路，路面归英租界管理，路旁的房屋却又是属中国主权的，这是过去上海特有的畸形现象。

汪伪特工总部原址——极司斐尔路76号（今万航渡路435号）

早在汪等去上海之前，国民党军队撤出上海不久，日特务头子土肥原贤二便于1939年到了上海，在梁逆鸿志等组织“维新政府”时代，土肥原即已收容了原中统特务李士群，在上海忆定盘路诸安滨10号建立了一个特务机关。李原为“中统”（即国民党中央党部调查统计局）一个中级骨干，曾去苏联学习过，本为共产党员，被捕后叛变当了中统特务，因利用职权搞贪污，受到处分后不满，由重庆逃到香港，经人介绍结识了土肥原，被任为上海日特机关中一个小单位领导，经常往来于香港、上海之间，为日本人搜集情报和发展特务。“中统”头子徐恩曾，很想利用这一关系去搞对日情报活动，派该局第二处处长丁默邨到香港找李士群，想说服他为“中统”继续工作。丁是李过去的上级领导，与李也有一点私交。可是丁到香港很久没有找到李。当时，李在上海的工作越来越发展，已不常在香港，丁却在香港遇到了周佛海。周在国民党中央党部是部长级领导，且是“CC”系十名最高骨干之一。丁又是周的老部下，所以经周一劝说，丁不但不再找李士群为“中统”工作，自己反而随同周佛海到了上海，与李士群合伙了。由于丁过去地位比李高，所以“76号”特工总部成立后，丁默邨当了主任，李士群甘愿当他的副主任，原在忆定盘路的那个特务机关也并了进去。这个特工总部搜罗了在沦陷区的不少败类，在上海几年中，真是坏事干尽。几十年后，人们对他们当年所犯下的滔天罪行，仍愤恨不已。

在“76号”中，除丁、李外，还有主任秘书黄敬斋，办公厅主任傅也文，下属几个行动大队长，更是一个比一个凶恶，尤以其中军统投顺去的林之江、王天木、万里浪和“中统”的胡均鹤以及原在公共租界的特警潘达、戴昌龄，和几个帮会分子夏仲明、杨杰、吴四宝等为最著。仅以吴四宝为例，他原是流氓出身，开过汽车，没有文化，但身体魁梧，体重达150余磅。他生来野蛮成性，只要博得上司欢心，他几乎没有什么坏事做不出来的。他曾带人把江苏农民银行职工宿舍内几十名职工在一小时内全部杀死，老少一个不留。在中国银行营业厅放置定时炸弹，炸死十多人。这些都是他的得意之作。他的老婆佘爱珍，也是一只母大虫，专门审讯搜查女犯。他俩在审讯被捕的爱国人士时，只要两三句话不合他们心意，马上一顿皮鞭，打得皮开肉绽。当时上海人民恨“76号”这些凶神恶煞，并不亚于恨日本宪兵、特务。

汪精卫到了上海后，国民党内大部分主战人士，还希望他能悬崖勒马，不要自绝于国人，并通过很多渠道去劝说他，他均置之不理。蒋介石又命戴笠倾全力去暗杀他，汪也特别提防，除与他有深切关系的人外，一概不见客人，更不出头露面，暗地里却叫周佛海与日本积极进行商谈。军统虽一批又一批地派出去，执行暗杀汪的特务却都失败了。有的被“76号”抓去处死了，有的投降了。蒋介石为此十分生气，怒骂戴笠：“太不中用!”这个一贯自认为擅长搞暗杀的恶魔，也不得不经常在军统局的“纪念周”或在会议上大骂特务们“太不中用!”

日本方面很希望汪精卫早日出山，因为“维新”和“临时”等伪政府的梁鸿志等傀儡实在没有什么号召力，虽然他们俯首帖耳甘心为虎作伥，但作用不大，所以才不惜花大气力把汪弄了出来。汪在上海却先来一个装腔作势，采用欲擒故纵之术，故意向日方透露出重庆正在极力争取他回去的消息。于是，影佐和犬养便力劝周佛海去东京一趟，以便直接去和有关负责人商谈。周也故作姿态，自己不去而派他一个老朋友张彬人随犬养去日，没有料到日首相平沼竟接见了张彬人，并当面表示：希望汪能早日出面组成一个有威望的伪政府。当张把这一情况从电话中向周佛海汇报后，周和汪精卫都感到是莫大荣幸。特别是张拿了平沼首相邀请汪赴日面谈的信回到上海后，周佛海便极力主张汪应当接受邀请赴日，以增加身价。

1939年6月中旬，汪精卫偕同周佛海、褚民谊、梅思平等亲信，在影佐祯昭陪同下，乘坐日本派来的专机飞往东京。平沼派人到机场迎接，还亲自去汪下榻的宾馆拜会了汪。第二天，平沼与汪进行了一次“恳谈”，同意汪逆以中国国民党领导人身份在南京建立政府，成立军队接管日军所占领之华东华中领土，以便把这些地区的日占领军抽出，这些地区便可全部交给汪领导的伪组织去统治，今后继续占领的地区，一俟军事状况结束也交给汪。当时双方都保证暂不对外公布这一消息，可是汪逆等人悄悄回上海后，军统已得到了这一情况，蒋介石便指示将这一情况在重庆报上公布出来。同时，对汪精卫、陈璧君、周佛海、褚民谊四逆明令通缉，罪名是“叛国投敌有据”。汪精卫和周佛海都非常吃惊，周佛海曾

命令“76 号”特务组织迅速查明是什么人泄露的。虽然他们感到有点惊慌，但决没有因此而有所收敛，反而更积极进行卖国活动，直到他们上演国民党和国民政府“还都南京”的丑剧为止。

我在和周佛海谈到过去许多重大事件时，总感到周对随汪投敌不但不认为是叛国投敌的丑行，有时还用很得意的口吻来大谈特谈。我虽认为他太不知耻，但为了想要了解一些内幕，也不便去反驳他。他一直吹嘘他在汪身边的重要性，使汪对他几乎是言听计从。有一次我实在忍不住地问他：“是不是你因为更能得到日本人的信任汪才那样言听计从?”他毫不考虑即回答我：“当然是这样!”因为汪有些事还不便和日本人去直接交涉，都是通过他先去联系的，因为他在国民党内是“真正”的“日本通”。

有次周佛海用发牢骚的语气和我谈道：在汪伪政权中，还有不少人说他是“CC”系派来的，因他过去与汪逆的改组派向无渊源。汪过去的亲信褚民谊等还常在汪面前说他的坏话攻击他，幸而他懂得“钱能通神”，一直掌握汪伪政权的经济，所以，许多人即使不满意他，还不敢公开和他闹翻，怕他不给钱。

他在和我谈到曾仲鸣被军统打死时，表现出很庆幸。他肯定曾如不死，他和曾在许多问题上一定会相处不好，汪会更相信曾。我便用开玩笑的口吻说：“那你得感谢我们帮你扫清道路了。”他也笑笑说：“这是各人的命不同，曾没有这份福气。”他怎会知道，人民对曾的评价和对他的评价是那样不同呢?

五、杨淑慧遭军统勒索牢骚满腹，周佛海白公馆中度日如年

杨淑慧到重庆决心和周佛海共患难，但没有多久，军统就逼她把财产交出来，又把她从重庆押回上海，到一些银行保险柜取出金条、美钞、珠宝玉石等价值几百万美元的财物。另有不少房地产，她也都献了出来。

周佛海到了重庆以后，因为不能与外界接触，能去看他的只有毛人凤、潘其武和我等几个人，所以他见到我们时，总是希望了解一点蒋介石将怎样处理他。毛人凤有次笑着对我说，他去看周的时候，周一再希望毛能在戴笠面前为他美言几句，早日得到一个确讯：对他怎样安排？毛说这人太无自知之明了，并说他过去搞了那么多钱，连一半都没有能拿出来，谁还会给他说话？没过几天，周佛海的妻子杨淑慧和儿子也被军统从上海送到了重庆与周佛海囚禁在一起。我知道杨淑慧对军统处理周佛海十分不满，她在周被解送重庆后，在上海向许多熟人说过：周在抗战时对国民党和军统都做了不少的事，那都是冒着生命危险去干的。他当时除了敢对她说一点外，谁都不让知道。所以，她经常为此而提心吊胆过日子。没有想到胜利后，不但不认为周是立过大功的人，反而把他作为罪人囚禁起来，这是过河拆桥，太令人伤心了。谁知更使她伤心的是，军统把她从上海送到重庆的主要目的，不是她所想的是因她请求愿与周佛海一同坐牢共患难，而是认为她还有大笔财产没有交出来，把她押到重庆是向她勒索财物的。我不愿去见她和周佛海，怕这两位老乡向我发牢骚，我只从我派去照料他们生活的侯科长口中得到一些情况。

杨淑慧到重庆的第二天，就把她的弟弟杨惺华和丁默邨、罗君强都骂了一顿，说他们没有良心，到今天反过来不但不好好安慰周佛海，还对周责难，甚至说出是周害了他们。她质问他们：你们过去靠他升官发财，享尽荣华富贵不是那样感激涕零吗？怎么今天反来怨他害了你们？特别是对杨惺华，她骂得更凶，还是周佛海一再劝阻才慢慢好了一些。我当时对周佛海在那种情势下，仍不忘记把这些人带在身边，不让他们留在上海过其他汉奸一样的苦日子，感到已很够交情了。我去看他们时，表面上还都可以过得去，而侯科长早就告诉我，他们对周佛海很不客气。我因不愿过问他们之间的事，所以没有劝过他们，只把听到的一些可笑的事与毛人凤等作为笑料来说。有次我听说周佛海感到有些上火，请侯科长去叫人买些中药“六一散”。那是一种清火降热的常用冲剂，勤务兵买来后就放在桌子上，因看周佛海在睡午觉，没有叫醒他。等他醒来问勤务兵，知道已买回而被别人拿去冲服了，很不高兴。当时他们之间就为这点价值几毛钱的东西吵了起来。

侯科长打电话告诉我，我叫他立刻再去多买些，每人给他们几包。毛人凤听了，连连大笑几声，说想不到这些过去一掷万金的人，今天会为几毛钱的东西而争吵。

杨淑慧到重庆决心和周佛海共患难，但没有多久，军统就逼她把财产交出来，又把她从重庆押到上海，到一些银行的保险柜取金条美钞，我只听说，又取出可值几百万美元的财物，除黄金、美钞、珠宝玉石等外，还有不少房地产。这是没有被军统查出的逆产，她都献了出来，但并没有因为这样再让她去重庆陪伴周佛海，她更加感到气愤，成天发牢骚。有些小特务也去找她的麻烦，想再从她身上刮点油水，她这才感到做汉奸老婆的苦恼。

周佛海对住在白公馆逐渐烦躁不安起来，因为他们常常从照顾他们生活的勤杂人员口中，听出这里过去是座可怕的监狱，死过不少的人。当侯科长把这一情况告诉我后，毛人凤很生气，让侯科长把原来的勤杂人员全部撤换，并用很严厉的办法处理了两个爱和他们聊天的勤务兵，有一个差点被打死。这样一来，换去的人都不敢再和他们聊天了。

我把周佛海等对长住白公馆感到不满意的情况告诉戴笠后，他把眼一瞪，气愤愤地说：还要怎样招待他们？难道要替他们恢复过去在上海、南京的待遇吗？我看他那么不高兴，知道他对这些不但再无用处而且还是累赘的人早不感兴趣了，便站起身要走。他把手向下压了两下，我知道这是他要我留下的习惯动作，我便又坐下来让他考虑。他搔了几下头皮，才告诉我：可以把原来中美所副主任美特梅乐斯和参谋长贝乐利住的那一排十来间平房收拾一下，把周佛海等搬到那里去住。不过外围警卫要加强，可由原来的一个排的武装警卫再增加一个排，生活方面还是要尽可能让他们过得舒适一些。临走他又关照我，听到他们有什么意见，不要直接回答他们，要随时告诉他。

周等搬去之后，我又去看过他们，周认为比在白公馆好得多。在白公馆只有一个小院供他们散步，而且要从楼上下去，每次下楼都得先与管理的人员打招呼，站在楼门口的两个便衣警卫才同意他们下去，否则会遭到有礼貌的拒绝。他们总是客气地说："请等一等，我去请示一下。"等他们请示回来，才放他们下去。这样，他们宁可在楼上活动，也不轻易去碰钉子。而梅乐斯原来住的这座平房，房间里面安装有新式卫生设备，不用像在白公馆上厕所那样不方便，而且可以在四面有竹篱的院内随意走动，空气也清新得多。因这里四面都有松林，并且鸟语花香，周再也没有坐牢的感觉了。

过去总是我向他们提出些问题，请他们解答，自搬迁之后，他们也向我提出一些问题了。周佛海问我："为什么军统在河内刺汪之前，要派特务在香港去刺杀林柏生?"这件事我知道一点，便告诉他，那是知道他们在香港没有回重庆的打算，为了杀一儆百，便决定先杀一两个来警告他们，不一定是林柏生，别的几个住在荷李活道的人只要有机会就干掉。那次认为林柏生很适合，结果却没有能击中，反而打草惊蛇，他们不久都纷纷跑到河内去了。周佛海认为那次他太庆幸了，因为他活动最多，几乎成天往外奔走，找他的人也多。当时他思想上完全没有戒备，以为在香港地区，特务不敢胡来。林柏生被打了两枪而没有打中后，他才警惕起来。我一句话几乎冲到了嘴边又压回去了。我本想说："那次要把你打死了，就不会落到今天这样身败名裂的地步了。"因为曾仲鸣虽在汪精卫身边被打死，但却没有把他定为汉奸。

还有一次，周佛海指指在隔壁房内咳嗽很厉害的丁默邨，小声问我："默邨和戴先生也早有联系，为什么你们还要杀他?并且能找到那样一个漂亮小姐来搞这种工作，你们是怎样训练的?"我听后对这件事完全不了解，只说丁与军统的关系不及周与军统的关系，为什么要杀丁，原因在什么地方我不清楚，更不知道训练了什么小姐去搞这一工作。周听了我的回答才告诉了我这一简单经过。他说那个女孩子叫郑萍如，是国民党政府江苏高等法院第二分院（设在上海）首席检察官郑某之女，在上海法国人办的学校读书，还不到20岁，长得非常漂亮，不知通过什么关系，被丁默邨看中了。和丁发生关系不久，有天她搭乘丁的汽车外出，路过静安寺路一家大皮货店时，要丁挑一件皮大衣给她。丁同意了，下车一看，皮货店附近有两个人正在注视他，他估计可能发生意外，因当时军统在上海已打死了几名汉奸，但仍故作镇静陪同郑进入商店，立即又从另一门冲出跑到他的保险汽车旁。他每次停车下来，总是要司机不要熄火，随时可以启动。那两个人果然是军统特务，原来估计他进入商店，总得停留一下，没想到他一进入立即

因谋刺丁默邨未果，英勇就义的郑萍如

又冲出来，所以等到发觉他跑向汽车时，才抽出枪来，一连打了几枪，他已躲进汽车开走，只在汽车门上留下了几个浅浅的弹痕。他回去后找了几个特务一研究，肯定是郑萍如约好了军统特务在那里想干掉他。他本来要立即把郑拘捕，可是想找到她的有关上级，便不动声色，只派出一批特务在她住的吕班路万宜坊和她读书的法国学校去监视侦察。第二天，郑还打电话慰问丁，说真没有想到会发生那样意外事件，接着还和过去一样到“76号”去找丁。丁表面上还和她敷衍，却不敢再和她外出。因为她生得太美，丁真不想丢掉她。可是丁默邨的老婆联合了周佛海等人的老婆，一致提出非严办郑不可，这才把郑逮捕起来。另一军统投敌特务林之江，也是色中饿鬼，一看到这小美人，便自告奋勇，愿意设法把她的上级关系查出来，但要交他带回去慢慢侦讯，不能关押在“76号”监狱内。丁当然同意了。过了几天，毫无结果，许多人都担心林也被迷住了。丁默邨老婆等人便又提出：立即把郑萍如枪决，以免留下后患。周佛海也只好同意了，下令让林之江马上执行。据林之江身边的特务说，林确实被她迷住了，还准备带她逃走，到执行枪决时，她还拉着林的手说：“再不带我走你会后悔的。”由于派去监督的人一再催促，林才背过脸去，让他们把她拖走打死了。我听完这一经过，曾到军统人事处去查询郑萍如的档案，主管的科长告诉我，军统名单中并无此人。后来我问上海的人事负责人，也说没有这个人。我很生气，说为了我们的工作，人都死了，连一个名字都没有保存，太不应该了！后来他们才去清查当时在上海干潜伏的几个特务，方弄清楚，郑萍如只是军统的一个“运用人员”，还没有让她填表正式加入军统。我便向军统人事处提出，这才把她补上作为军统在抗战时，在沦陷区殉职的烈士。据认识她的特务告诉我说：她完全是出于爱国和好奇，才去干这一冒生命危险的工作的。

戴笠飞机失事的消息，谁也没有心思去告诉周佛海这些人，但他们从报上看到之后，据侯科长告诉我，周竟放声大哭，连说：“一切都完了，一切都完了！”那一天连饭都吃不下去。杨惺华再三劝他，他还是不停地哭。据说，他过去接到戴笠打给他的一个他母亲病逝的电报也不过哭了几声，不过，他却坚持要在沦陷区几家大报发“讣告”。有人提醒他：如果日本特务质问“这消息是从何而得来”，不是会暴露有重庆地下电台在为他传消息吗？他曾气愤地说：管不了这许多了，还是照样发了讣告，举办了丧事。在他披麻带孝时，也没有戴笠死讯传来哭得那样久、那样伤心。

六、叛国投敌落得财尽人亡

我问毛人凤：“为什么要把周由重庆送到南京，不一样都是由军统看守吗?”他说，送回南京是要把他们交法院去判刑，往法院一送，就没有我们的事了。我一听就感到有点说不过去，周为军统做了不少事，今天却撒手不管了。

戴笠死后，郑介民当了局长，毛人凤当了副局长，再也没有去考虑如何照顾周佛海等人了。他们在重庆被优待了一年之后，1946 年 9 月 17 日便由重庆杨家山原来的梅乐斯公馆，解送到南京军统设在南京宁海路 21 号的看守所，作为重要汉奸囚禁起来。这座房屋原来是国民党一位高级将领的私宅，沦陷后，被汪伪上海的特工总部占据，作为南京站。军统于胜利后接收，有几个大特务想作住宅，一听到曾在这里杀害过不少爱国人士，便都不敢要而改作看守所。这座房子前院

大后院小，共有三四十间，周佛海关在后院，我去看时，他与伪上海警察局长卢英同囚一室。抗战前，我在上海兼的公职是淞沪警备司令部侦察大队的行动组长，卢英是上海警察局侦缉总队长，不但常在一起开过会，而且为了一些案件彼此争功时还吵闹过，所以他一看到我佩戴少将领章，一改过去彼此怒目相向的面容，一个劲地奉承我。我问了问周佛海的生活情况后，他指指卢英，一看就知道他讨厌这人，我立即关照陪在我身边的看守所长，马上把卢英迁到别的房间去，让周佛海一人住一间。因为这些小事，用不着找毛人凤商量，我就处理了。周对这样一件事，也表示感激异常，还没有忘记告诉我，他对戴笠之死的悲痛心情。

看过周佛海，我回到保密局见了毛人凤，便问他："为什么要把周等由重庆送到南京？不一样都是由军统局看守吗?"他说送回南京是要把他们交法院去判刑，因为郑介民不敢负责再把他们留在重庆，将来往法院一送，就没有我们的事了。我一听就感到有点说不过去。周佛海真为军统做了不少的事，胜利后还保全了南京、上海、杭州等大城市，没让多年包围在这些大城市附近的新四军和人民武装力量进驻接收，总可以将功抵过了，今天却撒手不管。但我又不便于说，怕别人说我包庇汉奸，我便没有再和毛人凤说下去，起身便走。毛人凤又把我叫住，并让我把他办公室的门关上，才走到我身旁，轻声告诉我说："有人向他检举，周佛海的妻子托人送了一大笔黄金给了郑介民的老婆，要我去查查有没有这回事。"我去上海和南京找了一些人问了一下，都只是听说有这回事，但给了多少，谁经手的，却没有查出来。

周佛海等解到南京一个月左右便移交到了南京老虎桥监狱。1946 年 10 月 21 日，首都高等法院开庭，由高等法院院长赵琛亲自任审判长，临时借用夫子庙大殿作为法庭。那天旁听席上挤得水泄不通，对周佛海的起诉是："通谋敌国，图谋反抗本国。"而周逆却强词夺理说他最初是："通谋敌国，图谋有利本国。"到后一阶段便是："通谋本国，图谋不利敌国。"并举出他一直与戴笠、蒋伯诚（蒋介石抗战时派驻上海的秘密代表）、吴开先等有密切联系，而且到了后来几乎是根据重庆的命令在工作……虽然旁听席上不少人为他的辩护而鼓掌，但最后审判长还是严词驳斥了他这些无耻的自我丑表功，并宣布改日再进行宣判。

同年11月7日再次开庭时，改在高等法院刑庭，并限制了旁听人数，怕发生意外。因为上次他举出了在任伪政府统治时期的物价，比当时国民党统治下还要稳定一些，这些是深得一些人的同情的。因国民党于胜利还都南京后，物价猛涨，接收的官员大搞“五子登科”，越来越使人民产生了还不如伪政府统治时期比较好一些的各种反感。据说，这也是促成判处他死刑的一个原因。法庭说他还在继续与国民党政府为敌，所以当天便宣布判处他死刑，剥夺政治权利终身。他当场表示了不服这一判决，后来他上诉，被最高法院驳回，仍维持原判。

有一天毛人凤告诉我，说周佛海的妻子杨淑慧就住在保密局附近成贤街某号，要我去看看她，我去一看，真没有想到她住在那样两间破房子里，见我去还吓一跳，以为还要逼她交财产。我把毛人凤要我去看她说出后，她表示万分感激，希望能见见毛。她唯一希望是能把周佛海的死刑改判。我在谈话中暗示她，如果谁得了她的金条，这个时候就不应再有什么顾虑而跑去找他们拼了，因为反正已判了，不能再加刑。如不能达到减刑的目的，索性把它闹通天，救不了人，拿到的金条至少要退还。她听了频频点头。我又借机会追问她，究竟谁拿了她的大量金条。她一下泪流满面，却迟迟不肯说出来，只吞吞吐吐地说：谢谢您的指点，我豁出性命来也要试试看。从这句话中可以理解到确有人拿过她的金条，但她不敢说。我便和她扯了些别的话，她才打开话匣子说：她过去老是担心一旦日本人失败，会无路可走，周佛海常安慰她，说与重庆早有联系，并把他与重庆联系的化名叫“蒋信”，也告诉了她，取这个化名就是希望蒋介石信任他，没想到结果给判了死刑。她还说胜利时，周佛海可以调动几十万伪军，如果他不接受重庆的委任做什么京沪行动总指挥，带着这几十万人去投共产党，把京、沪、杭也交给共产党接收，她相信决不会不给他将功抵罪，绝对不至于判他死刑……我看她越谈牢骚越多，便引她谈她们的家庭情况，她说，周佛海过去家庭很贫穷，靠他自己努力，也得她父亲杨卓茂不少的帮助。她父亲是早年留美学生，自己虽未做过什么大官，认识的达官贵人却不少，对周佛海很有好处，周对之也与亲生父亲一样孝敬。最后她还谈到周在未投敌前，生活比较严肃，与她感情很好。投敌后，大家都是那样醉生梦死，过一天便享受一天。周不但在南京、上海有了外

室，连他常去的日本也有一个日本女人，还给他生了一个孩子。她说到这些又很气愤，不过她还是很安慰，因为不管怎样，周对她始终是很好的，没有因为有外室而对她不如过去，所以她无论如何也要为周保全一条命而奔走。她希望我回去告诉毛人凤，不但要求毛接见她，还请求毛带她去见见蒋介石。我回去把这些都告诉毛人凤之后，他只笑笑说："见见我还可以，要我带她去见蒋老先生，就是戴（笠）先生在世，也没有这么大的胆子吧！"

虽然我再没有去见她，但却听到不少关于她到处去活动的事，甚至有人相信，毛人凤真的带她去见过蒋介石。而更多的是她扭着那个拿了她大批金条送给郑介民老婆的人去拼命，非要带他去找郑介民老婆，吓得郑的老婆躲到汉口老家去了。

事情却也出人意料，1947 年 3 月 26 日，蒋介石果然用国民政府主席名义下了一道特赦令，说明周佛海在 1942 年以后，即屡经呈请自首，虽未明令允准，但在 1945 年 8 月 19 日军统续为转呈，该犯准备事实表现……该犯在敌寇投降前后，能确保京沪一带秩序……究属不无贡献，故准将该犯之死刑，减为无期徒刑。

这在当时还是第一个获得这种特赦的，所以很多人都说是"钱可通神"。汪逆政府的财神爷的黄金美钞毕竟比别人多，特别是丁默邨的家属更认为丁比周的罪小，而且也同样为军统工作过。胜利后，戴笠把他和周佛海等一同送到重庆保护，为什么能免周一死而不能免丁一死？还有一些港澳记者与反蒋文人都对这一"特赦令"做过仔细研究，认为特赦令中说周"屡经自首，虽未明令允准"，十分荒唐可笑。因周当时身在沦陷区，只能暗中联系，怎么能"明令允准"？而更可笑的是说周"1945 年 8 月 19 日，军统续为转呈，该犯准备事实表现……"查日本政府早在 1945 年 8 月 10 日即正式宣布接受《波茨坦宣言》，日皇于 8 月 14 日即宣布无条件投降。那么周在 8 月 19 日日本已投降五天后才"准备事实表现"，真是破绽百出。难怪其他被处死的汉奸家属不服，并且给许多人找出指责的借口。

周佛海虽然被免除死刑减为无期徒刑，但精神上的压力仍很大。当时他已 50 岁了。身体一直不好，很希望能"保外就医"，却没有得到批准，便认为只能瘐毙狱中了。毛人凤又要我去看过他两次。一次是宽慰他，说将来还有希望可以将无期徒刑改为有期徒刑，他听了也只勉强笑了一笑。第二次是他病重时我又去看过他，他当时握着我的手说，过去他虽做了一些对不起老百姓、对不起国家的事，但对蒋介石和戴笠是尽了一切力量的。他泪眼模糊地向我提出一个请求：他如果死去，希望能在他尸体上盖一面青天白日满地红的国旗，他就万分感激、无限安慰了。我当时还认为这不算是什么大事，虽没有当面答应他，但愿意为他去请示一下。如果准许了，下次就把国旗带来放存在他那里，准备以后可以用上。当我回去和毛人凤一谈，他马上表现出十分认真的样子，连说："这怎么可以！这怎么可以！"我还漫不经心地说了一声："给死人身上盖面国旗算什么了不起的事。"我这话一出，他便站了起来用很生气的口吻说："过去戴先生常说你年轻没有政治经验，这件事你就不懂得利害。我们同意给他死后尸体上盖国旗，最高法院提出来，谁把他的汉奸帽子摘掉而把他作为国家的功臣的？那我们怎样回答？这不是件小事，你太不重视这一分寸了……"他说了一大堆，我似懂非懂地答复他一句："不给他，他自己买一面就行了。"说完我就很快起身走了。他追到门口大声把我叫回去，要我告诉周佛海，就说他的请求没有批准，不准他死后盖国旗，这话刚说完，他又改口说，你就告诉他，这种事你做不了主，已代他向上面请求去了。他停了一会儿又说：你为什么不趁这机会问问他，他老婆被什么人敲诈去大量金条？相信你问他他会肯讲的。毛人凤要我去追问周佛海这件行贿的事，是因为那一段时间他正要我从各方面去搜集郑介民的贪污不法的材料，准备把郑介民这个局长搞掉，取而代之。我当时是他这一阴谋的主要支持者，搜集到郑介民不少的贪污材料，他还嫌不够置郑于垮台的地步，所以希望再从周佛海口中得到一些重要的东西。由于他不同意给周佛海死后尸体上盖国旗，我便没有好意思再去看周佛海，当然也没有法子按毛人凤指示让周说出谁得了他老婆的黄金。我只是回复毛人凤说：周不知道他老婆拿了多少黄金给什么人。这在当时确实是一个疑案，谁也不敢说，但又知道有这么回事。直到解放后我去上海参观才弄清楚：是上海一个与郑介民老婆做生意的姓吴的商人，直接找到周佛海的老婆杨淑慧，说戴笠死后，军统局（后改保密局）局长是由郑介民担任了，只有通过郑介民，周佛海才能免去一死。杨淑慧听了认为这是最可靠的救命恩人，但吴某一开口就要500根条子（5000两黄金）。杨淑慧表示，即使把所有的亲友财产全

部要来也不会有十分之一。几经讨价还价，最后以150根条子（1500两黄金）达成协议：吴某从中取去50根而把100根交给了郑介民的老婆。杨满以为这一下会和戴笠去世前一样，把周佛海保了起来，结果周被判处死刑。经杨淑慧找到吴某去拼命，郑介民老婆虽然躲开，但还是硬逼郑介民去活动，直到蒋介石下令特赦免死而改无期徒刑，杨淑慧才没有把这件事捅穿。我过去问她，她一直不肯说。最使我吃惊的是解放后，杨淑慧还向上海市人民政府捐献了在愚园路柳林街一座花园洋房，那样抄查追缴勒索，她手中还保存了这样一处房屋。据说这是抗战前安徽省主席陈调元为了拉拢周而赠送给周佛海的，因为周那时正在蒋介石身边工作，故不为外人所知。就连汪逆等由河内逃到上海，在愚园路1136弄王伯群住所作为基地，周等在附近找房屋时，也没有使用近在咫尺的房屋，直到解放后才捐献出来，真有她的一套。

1948年2月初，监狱方面不断传出周佛海病危的消息，到后来据说已瘦得连注射都无下针处，只剩得一身皮包骨。杨淑慧还四处奔走，希望能够保外就医，仍未得到批准。拖到2月28日，周瘐毙狱中，移葬于南京郊外永安公墓。那天去送葬的，只有他生前在南京、上海的汽车司机、警卫、厨师。据杨淑慧后来对人说，朋友和旧同事中只有一位搞新闻工作的金雄白，他还是刚刚从军统的看守所释放不久，其余的人都不敢沾边。那些过去跟他工作的司机等20多人，却还是那么忠心耿耿，像生前服侍他一样，边哭边把那口薄棺轻轻放入墓穴。